佛度有心人 II

福慧人生的圆觉菩提

卢志丹⊙主编

中国物资出版社

图书在版编目（CIP）数据

佛度有心人 Ⅱ/卢志丹主编．—北京：中国物资出版社，2010.11

ISBN 978-7-5047-3586-7

Ⅰ．①佛…　Ⅱ．①卢…　Ⅲ．①佛教－人生哲学－通俗读物

Ⅳ．①B948-49

中国版本图书馆 CIP 数据核字（2010）第 197627 号

策划编辑　王秋萍

责任编辑　王秋萍

责任印制　方朋远

责任校对　孙会香　杨小静　梁　凡

中国物资出版社出版发行

网址：http：//www.clph.cn

社址：北京市西城区月坛北街 25 号

电话：（010）68589540　邮政编码：100834

全国新华书店经销

北京京都六环印刷厂印刷

开本：710mm×1000mm　1/16　印张：17.5　字数：296 千字

2010 年 11 月第 1 版　　2010 年 11 月第 1 次印刷

书号：ISBN 978-7-5047-3586-7/B・0240

印数：00001—13000 册

定价：29.80 元

（图书出现印装质量问题，本社负责调换）

前　言

当今，打开报纸、网页，触目可见：跳楼、上吊，自杀者甚众；酗酒、吸毒，醉生梦死者颇多；砍幼儿，灭全家，暴力事件层出不穷。忧愁、烦恼、苦闷、狂躁、焦灼、沮丧、无聊、空虚、无助……这些阴暗灰色的词汇，成了我们这个时代的流行语。中国疾病预防控制中心精神卫生中心的一项调查显示：中国精神病患者超1亿，重症人数逾1600万。也就是说，每13个人中就有1人精神异常！

为什么物质越丰富，人们的精神问题越严重呢？人生为什么会烦恼无边？怎样才能摆脱内心的煎熬？现代人在探索中，不约而同地将目光投向了古老的佛教，想从佛陀睿智而穿越时空的伟大教诲中，寻求到疗治心灵痛苦的良药和洗涤烦恼浊垢的净水。

佛，是什么？佛是觉者，是觉悟了宇宙和人生真相的大智者。释迦牟尼因为觉悟到人生是苦，所以毅然出家，誓成佛道。佛陀大慈大悲，他成佛的目的，不仅是为了解脱自身的生死烦恼，更是为了救度无量众生，远离生死流浪的险畏，脱离六道轮回的苦海。

释迦牟尼佛点燃大法炬，洞穿人生和世事的真实相状；他椎响大法鼓，唤醒亘古以来流转于六道中的沉迷和颠倒梦想的众生；他遍洒大法雨，滋润众生被烦恼的火焰炙烤的几近枯涸的心灵。

佛说：一切象生皆有佛性，一切众生皆可成佛。在《佛垂涅槃略说教诫经》中，佛陀最后一次慈悲宣说："我如良医，知病说药，服与不服，非医咎也；又如善导，导人善道，闻之不行，非导过也。"佛是大医王，他开示给众生解脱一切身心苦痛的良方，但是否如方服药，选择权在众生自己；佛如同一位好向导，引领众生进入至纯、至真、至善、至美的极乐境界，但上不上道，决定权在众生自己；佛法是一艘载渡众生穿越烦恼苦海的宝船，然而登不登船，船票握在众生自己手中。

这张船票，人人都与生俱有，就是每个众生的那颗心。佛说：是心是佛，是心作佛。一念觉，即是佛；一念迷，即是魔。成佛成魔，全在众生的心念一转之间。众生心与佛陀心，心心相应，众生即是佛。

当今的人们，拥有怎样的心，才能与佛心心相应呢？观照现代大多数人的根性，笔者认为拥有这十颗心：菩提心、平等心、给予心、感恩心、出离心、克制心、当下心、淡定心、空灵心、平凡心，就能与佛心心心相应。因为这十颗心涵盖了大乘佛法六度四摄的全部精华，可以说是当今人们的学佛修行的基本纲领。这十颗心正是《佛度有心人Ⅱ》这本书内容架构的十大要点。

世人大多“平时不烧香，临时抱佛脚”，只有当遇到急难、痛苦时，才想到佛陀，才到庙里烧香求佛，希冀佛菩萨显灵救自己。其实，这是不了解佛法真谛的迷信行为。只要我们拥有了上述的这十颗心，就能时时见佛，处处与佛同在。佛不度我们，度谁？

现代人的烦恼、痛苦、迷失、狂躁、冷漠等负面情绪的产生，按佛法讲，是魔心在作怪，是自私心、分别心、索取心、忘恩心、贪著心、放纵心、怠惰心、浮躁心、愚痴心、猎奇心在肆虐。佛是为了降魔而出兴于世间，佛法要救度的就是众生的魔心。

《佛度有心人Ⅱ》这本书，正是帮助现代芸芸众生成功对治这十颗魔心：菩提心对治自私心、平等心对治分别心、给予心对治索取心、感恩心对治忘恩心、出离心对治贪著心、克制心对治放纵心、当下心对治怠惰心、淡定心对治浮躁心、空灵心对治愚痴心、平凡心对治猎奇心。降服了心魔，人人本具的佛性就会自然显露，我们的心自然与佛心圆满契合，我们的心愿自然与佛菩萨的本愿相互含摄，感应道交。佛不度我们，度谁？

“药医不死病，佛度有心人”。佛法医治的就是世人的各种魔心，佛陀度脱的就是明佛性、有佛心的人。这本《佛度有心人Ⅱ》，针对当今读者的根机和接受能力，以生动活泼的佛教故事、深入浅出的哲理语言，以现代的、生动的、浅易的方式，帮助人们战胜心魔，引导人们开发自身与生俱来的佛性，指导人们修炼一颗无坚不摧的佛心。愿它成为洒向物欲炽盛的红尘世间的清凉甘露，疗救现代人无穷烦恼和痛苦的心灵妙方。

卢志丹

2010 年 7 月

目 录

一、菩提心：誓愿广大，度尽苍生

大乘佛典《华严经》中说："菩提心者，则为一切诸佛种子，能生一切诸佛法故。"可见，只有发了菩提心，才能与佛心心相印。学佛的第一步，是发菩提心。佛法中一切法门的修学都是建立在发菩提心的基础上，任何一个法门都不能离开菩提心，一切法门所讲的正见都是为菩提心服务。只有发起大菩提心，佛法的正见才会有着落处。菩提心的"菩提"二字，是古印度的梵语，译成汉文的意思为"觉"。菩提心即是成佛之心，即是"上求佛道，下化众生"之心。发菩提心之内容，即人们常说的"四宏誓愿"——"众生无边誓愿度，烦恼无尽誓愿断，法门无量誓愿学，佛道无上誓愿成。"

二、平等心：众生平等，慈眼视之

现代意义的平等，指的是人与人的平等；然而，两千五百多年前佛陀主张不仅人人平等，而且人与动物平等，即"众生平

等"。所以，佛教的平等观，更为彻底，更为博大。《妙法莲华经·观世音菩萨普门品》中说大慈大悲的观世音菩萨"具一切功德，慈眼视众生，福聚海无量"。"慈眼视众生"，就是以平等心看待一切众生。在慈悲者的眼里，人与万物平等，众生皆有佛性，没有种姓门第的高低，没有智愚之别，没有贫富贵贱之分，没有美丑高矮的计较，对于一切众生，平等地予以关爱和救度。在现实中，我们如果真正拥有了这样的平等心，那我们的眼界该有多么宽广！没有了分别执著和万般计较，我们才能真正容纳天地六合，与万物融为一体！

三、给予心：广行布施，广植福田

大乘佛法修持的"六波罗蜜"（即六度）的"第一波罗蜜"叫"布施波罗蜜"简称"施度"。布施，说通俗点就是将自己的财物饮食、身体器官、知识智慧给予需要的人。布施是一种付出；彻底的布施是一种无条件的付出：不计较施与者、接受者和所施之物。但以佛眼观之，这是为自己修福报的最好的方法。因为有舍才有得，有给予才能有收获。有些人之所以贫穷，不是因为索取得太少，而是给予得太少。给予心契合佛陀悲天悯人的大慈悲心。胸襟在不断的给予中得以博大，福德在无私的给予中不断增长。广泛地给予，就是在广泛地耕种自己的"福田"，就是在广结善缘。改善命运，成就事业，怎能不从培养一颗给予心开始！

四、感恩心：四重深恩，终身以报

佛门天天要诵一首《回向偈》，其中两句“上报四重恩，下济三途苦”，其中“三途苦”指“三恶道”——地狱道、饿鬼道、畜生道的痛苦。那么，什么是“四重恩”呢？《大乘本生心地观经》中佛陀教导众生要知恩报恩，他说在世出世间中有四种恩德，需要我们去报答，这种四恩就是：“一、父母恩。二、众生恩。三、国王恩。四、三宝恩。如是四恩，一切众生平等荷负。”佛教所说的“上报四重恩”，就是这四种恩德。其中“国王恩”，现代称之为“国土恩”或“国家恩”。不管你有没有意识到，所有的人都在沐浴这四种恩德，都在受益于四恩德。既然我们每个人平等荷负四种恩德，就应该知恩报德。也就是说，每个人都要有一颗感恩心，都要终身报恩。

五、出离心：厌弃贪欲，远尘离垢

学佛修行，基本的目的是为了“解脱轮回苦，灭尽诸烦恼”，即从娑婆世界的苦海中解脱出来，离苦得乐。这就需要生起强烈的出离心。荷花之所以圣洁，是因为能从污泥浊水中出离；释迦牟尼之所以成佛，是因为能从五浊恶世中出离！在当今这个五欲炽盛、享乐主义横行的时代，出离心尤显重要。佛说：“生死疲劳，从贪欲起。”如果我们整天驰骛系缚于位子、票子、房子、车子，难舍难离于美食、美色、美景，那只好在生死轮回的险途中受苦受累，疲惫不堪。泛滥的物欲的厚厚尘垢，覆蔽了多少众生的性灵！可悲的是，对物欲的不厌足地贪著和追逐，就如同口渴者饮用浓盐水止渴一样，喝得越多越口渴；如果执迷不悟，不果断舍离，难免被活活撑死！

六、克制心：行有所戒，严谨自律

当今物欲横流，很多人纵情于声色和口腹之欲，且美其名曰“自由”。因肆无忌惮地向大自然索取，物种灭绝了，生态破坏了，人类也正在承受着大自然的种种报复。毫无节制的自由，使人们习惯于始乱终弃，视邪淫滥情为乐事。很多人不信因果，因而也就不克制自己的言行，假话妄语满口，互相忽悠欺骗；将公共财物据为己有，自诩“能干”；嗔恨心炽盛，怒火时发，蝇头小事往往就引爆一场冲突斗殴。放纵眼、耳、鼻、舌、身、意六根的现代人，实在需要修炼一颗克制心，遵守基本的戒律，严谨自律，自求多福。克制心是戒：戒杀生、戒偷盗、戒邪淫、戒妄语、戒饮酒；克制心是忍：忍辱、忍让、难忍能忍、无生法忍。克制心是修行的基础，是成佛的铠甲。

七、当下心：人身难得，寸阴是竞

《金刚经》中，释迦牟尼佛说："过去心不可得，现在心不可得，未来心不可得。"抓住了现在，就承载了过去，赢得了未来。不要无休止地追悔过去，也不要被未来的幻想所迷惑，最明智的选择是：以一颗当下心，活在当下！当下心，是对难得生命的珍视，是对宝贵时间的珍惜，是对"毗梨耶波罗蜜"（精进度）的实践，是对修行解脱的专注。一切善行，要从当下着手去做，不要拖延；一切恶业，要在当下去忏悔，不找借口。被过去的包袱压得喘不过气来，是愚人；被未来不可捉摸的灾难吓倒，是懦夫；消磨和浪费眼前光阴，是懒汉！纠缠于往昔，忧虑于将来，丧失于当下，不闻正法，不行正道，是人生最大的悲哀！"一失人身，万劫不复！"

八、淡定心：八风不动，笃定从容

对佛教影响深远的马鸣菩萨的《大乘起信论》，主张通过施、戒、忍、进、止观五门发起大乘正信，其"忍门"说"亦当忍于利衰、毁誉、称讥、苦乐"。利、衰，毁、誉，称、讥，苦、乐，是使人心动摇的八种障碍物，能煽动人心，所以叫"八风"。合己

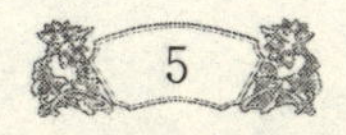

意或不合己意，为利、衰（又作得、失：得之合己意，则利；失之不合己意，则衰）；暗中毁谤或赞誉，为毁、誉；当面称赞或讥嘲，为称、讥；身心的烦劳或快乐，为苦、乐。中国禅宗对“八风”的超越，是建立在般若空观基础上的“不二法门”式的超越。禅宗认为“八风”最能磨炼性情，“此是行人磨炼佛性处”，认为“定者对境无心，八风不能动”“若得如是定者，虽是凡夫，即入佛位”。

九、空灵心：空有不碍，心佛无二

“般若波罗蜜”（即“智度”）是“六波罗蜜”之一，是大乘佛法的核心思想。般若是梵文音译，意译就是“智慧”。佛陀在《遗教经》中说：“实智慧者，则是度老病死海坚牢船也，亦是无明黑暗大明灯也，一切病者之良药也，伐烦恼树之利斧也。”但是，般若不是平常意义上的聪明机智，而是“空慧”。这种“空慧”，《般若波罗蜜多心经》中描述为“不生不灭，不垢不净，不增不减”；体现在日用中，就是《金刚般若波罗蜜经》所说的“应无所住而生其心”。般若空慧，众生自心本来具足，只是被无明和愚痴所覆蔽。所以，修行的过程，就是一个剔除自心中无明和愚痴的过程，就是一个开发自心无穷智慧能量的过程，就是一个修炼“灵光独耀，迥脱根尘”的空灵心的过程。

十、平凡心：凡夫即佛，佛在尘世

《金刚经》中说："一切法，皆是佛法。"其实平常日用的一切无不是佛法，修行是以平常心做平常事。释迦牟尼是由凡人修成佛，他来自红尘凡间，他食人间烟火；他不是神仙下凡，但他的智慧高于神仙。可见，佛法在尘凡间。因此，现代人学佛修行，要持一颗平凡心。以猎奇心学佛，为求神通而修行，即使与佛菩萨对面也难相识，反而易招致魔障，走火入魔。佛在迷悟一念间。心迷则万物皆乖，"看山不是山，看水不是水"；心悟则处处有禅机，"青青翠竹尽是法身，郁郁黄花无非般若"，山水云雷，皆演佛法。彻悟者虽持平凡心，行似平常人，但却能转烦恼为菩提，转生死成涅槃，在日用中显神通，以红尘为道场，化人间为净土。

后　记

一、菩提心：

誓愿广大，度尽苍生

大乘佛典《华严经》中说："菩提心者，则为一切诸佛种子，能生一切诸佛法故。"可见，只有发了菩提心，才能与佛心心相印。学佛的第一步，是发菩提心。佛法中一切法门的修学都是建立在发菩提心的基础上，任何一个法门都不能离开菩提心，一切法门所讲的正见都是为菩提心服务。只有发起大菩提心，佛法的正见才会有着落处。菩提心的"菩提"二字，是古印度的梵语，译成汉文的意思为"觉"。菩提心即是成佛之心，即是"上求佛道，下化众生"之心。发菩提心之内容，即人们常说的"四宏誓愿"——"众生无边誓愿度，烦恼无尽誓愿断，法门无量誓愿学，佛道无上誓愿成。"

佛道无上誓愿成

菩提心，是“阿耨多罗三藐三菩提心”的简称，是梵文的音译，意译为汉语，就是“无上正等正觉”。而“佛”是“佛陀”的简称，也是梵文的音译，意译为汉语就是“觉”，这种觉，有别于世间的所谓“觉悟”，是真正了解宇宙和人生的实相和真理，永离烦恼不受生死轮回之觉悟，就是“无上正等正觉”。可见，学佛，要发菩提心；成佛，成就的就是菩提心。

伟大的释迦牟尼佛正是由发菩提心开始而最终修炼成佛的，为六道一切众生树立了最值得仿效的光辉楷模。

释迦牟尼佛，本姓乔达摩，名悉达多。释迦是其种族名，意思是“能”；牟尼意思是“仁”“儒”“忍”“寂”。释迦牟尼合起来就是“能仁”“能儒”“能忍”“能寂”，也即是“释迦族的圣人”的意思。

释迦牟尼生于公元前565年，卒于公元前486年，大约与我国孔子同时代。他是古印度北部迦毗罗卫国（今尼泊尔境内）的王子，属刹帝利种姓。

2500多年前，古印度境内诸国林立，其东北部恒河边有个迦毗罗卫国，国王叫净饭，王后叫摩耶。

释迦牟尼出生后，净饭王给他取名“悉达多”。悉达多诞生刚七天，他母亲摩耶王后就因病去世了。净饭王把摩耶王后的妹妹摩诃波阇波提接进宫中，托付她抚养王子。

童年时代的悉达多王子，聪明伶俐，无出其右。

青年时期的悉达多王子，性喜清净。他对于宫庭中的声色喧嚣生活甚感厌烦，常思出门游赏大自然景物。

有一日，悉达多乘坐七宝轮车，从东门出游，看见一老人，伛偻曲背，手扶竹杖，举步艰难，有如蚁行。他顿时有感于人生老苦，心生忧郁。

又一日，悉达多从南门出游，见一病人，面色萎黄，形容枯槁，气喘

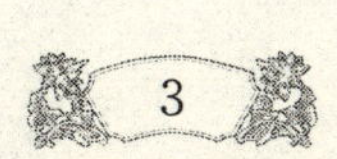

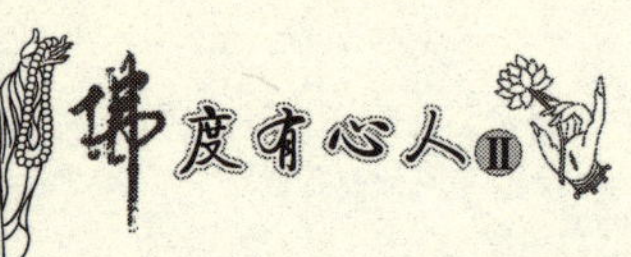

呻吟，痛苦万状。他怜悯病人，心生忧怖。

又一日，悉达多从西门出游，见一死者，直挺僵卧，淤血流溢，臭积难闻，一家老小，号哭送之。他又有感于心，惶恐苦闷。

又一日，悉达多出北门游玩，看见一出家之人，圆顶缁袍，相貌不俗，精神朗澈，威仪有度。那出家人告诉他修行解脱之道，王子听后，决心弃绝富贵享乐，刻意修行，以求解脱“老”“病”“死”苦。

悉达多王子请求父母允许他出家修行，净饭王和摩诃波阇波提夫人涕泣不许。他又向父母请求四愿：一不老，二不病，三不死，四不别。说若能满四愿，便不出家。净饭王一听，知其意仍要出家，重增忧戚。

无奈之下，净饭王苦心孤诣，令人建造春夏秋三时都百花盛开的宫殿，增设诸般妙乐歌舞，以悦王子耳目，又令人警戒守护，不许稍离，想使王子去掉出家之念。

释迦牟尼丝毫不为五欲的享乐所打动。二月初八的半夜，月色明朗。他悄悄起身，凝望着熟睡的妻子耶轮陀罗和儿子罗睺罗，默默地向他们告别，然后便出了房间。他看见宫女们和守卫之人都呼呼熟睡，犹如木石，又生感慨。

悉达多王子别了妻儿，唤起马夫车匿备马。车匿高声泣谏，想惊醒宫中之人，不料宫人们却都鼾睡不醒，他只得替王子备马。

王子跨上白马，取道北门逾墙而出，车匿也紧随其后。

王子出城之际，发下誓愿：“我若不了生死，终不还宫；我若不成佛道，终不还见父王；我若不尽恩爱之情，终不还见姨母妻儿。”

于是，悉达多王子与马夫车匿，一骑一步，乘着茫茫夜色，横渡清溪。到天明的时候，已达百里之外，走到了阿拔弥河边的深林，就是古跋伽仙人修苦行的地方。

悉达多王子见这里山林繁茂，寂静无哗，心中欢喜，便命车匿牵马回宫。车匿不肯，涕泣相劝道：“王子生长于宫中，安享尊荣，今到山林，伴随荆棘虫兽，怎经得住这诸多苦患险难呢？”

悉达多回答说：“你不必多言，须知我在宫中，虽能免有形的荆棘虫兽，却不能免无形的荆棘虫兽。我现在正欲解除老病死苦，而得永久真实的安乐。”

说罢，悉达多王子心中思忖：若不剃除须发乃非出家，即拔金刀，手自削发，且发誓言："我今剃除须发，愿与一切众生断除烦恼业障。"

这时，来了一个猎人，身着袈裟，王子就以身上的华丽服饰相换，完全成了僧人形象。马夫车匿见此情形，知不能挽回，只好牵马拜辞，寻路回宫。

释迦牟尼出家后，曾多方寻访名师，以求大道。他见众多修行之人，或以草为衣，或不食自饿，或跷一足，或卧尘土荆棘之中，或拜日月，或事奉水火，心中大不以为然，知其皆为外道。

后来，释迦牟尼从师隐居山洞的阿罗逻迦罗摩和乌陀迦罗摩学习禅定。前者教他"追随沉思默想步骤"，就能得到"空寂王国"；后者对他宣说"既非心理作用也非生理作用的状态"。

于是释迦牟尼独处一山洞之中，盘膝趺坐，面壁静心，以求觉悟。春去秋来，终无所得，他明白了这样不可能得到启迪，于是改变主意，决定去体验禁欲苦行，以求解脱。

释迦牟尼来到尼连禅河边伽阇山苦行林中，独自在树下结跏趺坐。他身无覆盖，不避风雨，目不瞬动，心不恐怖，摒除一切，全体放下。或限制呼吸，头脑发怵，如针刺骨；或牙舌顶颚，强压内心，汗如泉涌。据说，由于他净心守戒，不卧不起，乃至一只大雕在他头顶结巢哺雏，粪污其身也听之由之。

释迦牟尼独修苦行转眼已六年之久，他由最初每日食一麻一麦，渐渐至七日食一麻一麦，乃至于不饮不食。后来，他身体变得极度消瘦，有若枯木，手摩胸腹，能触背脊。

有一日，他忽然觉悟到：过度享受，固然不易达到解脱大道；但是一味苦行，也是没有办法进入大彻大悟的法门。于是，他决定重新进食，再参玄道。

尼连禅河边有两名牧牛女子，一名难陀，一名波罗，常赶牛在苦行林边放青。这日母牛入河洗浴干净，两牧牛女挤取乳汁，蒸成乳糜，盛了满碗，捧到悉达多面前，礼拜奉献。

释迦牟尼接受了供养，发愿说："今食饮食，得充气力，以保留智慧年寿，为度众生。"遂即服食。

自此，释迦牟尼每日皆受牧女供献乳糜。一月之后，体力强健，已恢复了昔日的壮实。他又去尼连禅河中沐浴洗衣，更觉得遍体清凉，容光

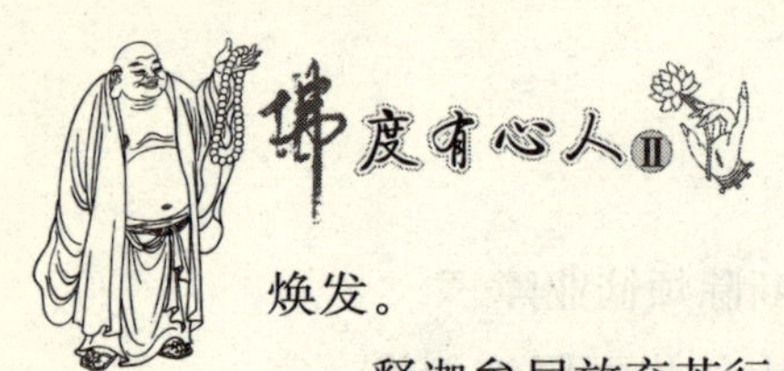

焕发。

释迦牟尼放弃苦行生活后，来到了今天名叫“菩提伽耶”的地方，在一株高大茂密的毕波罗树（又译菩提树，即无花果树）下坐了下来。他发下誓愿：“我如果不圆成正等正觉的佛果，宁可碎此身，终不起此座!”

他重新调整修行的方法，端身正意在菩提树下结跏趺坐，静思默想。他的思维追忆着过去的经历，用大智慧观照宇宙人生的本来面目，经过长时间的思索，进入一种“明白”或“醒悟”状态，达到了“既不知道满意又不知道失望”的境界，错误消失，智慧涌现，黑暗过去，光明即将到来。

释迦牟尼即将成佛，祥光上冲死亡与欲念之魔的魔宫，魔王波旬想阻挠他圆成佛果，便命令三个魔女前去蛊惑他。

三个魔女一名特利悉那（爱欲），一名罗蒂（乐欲），一名罗伽（贪欲）。她们盛装严饰，罗刹临风，兰麝馥郁，凌波微步，来到释迦牟尼身前，殷勤献媚，桃面嫣然。但释迦牟尼深心寂定，视而不见，犹如莲花出污泥而不染。

三个魔女不肯死心，竭尽种种妖娆之态，淫蝶之状，释迦牟尼训诫她们道：“你们形体虽好，心不端正，好比精美的琉璃贮粪瓶，不自知耻，还敢来诳惑人吗?”又使法力，使魔女得见自身恶态，只见骷髅骨节，皮包筋缠，脓囊涕唾，丑状鄙秽。魔女看后，意念一转，羞耻惭愧，匍匐而逃。

魔王波旬见魔女无功而返，震怒。他自恃神通，召集所属全部魔将魔兵、毒虫怪兽，带上毒雷、毒箭，如蜂如蚁杀向释迦牟尼。

释迦牟尼端坐金刚宝座之上，毫不恐惧惊动。魔王的毒雷毒箭，射到近处皆纷纷散落。他告诉魔王道：“我所以得成菩萨道是因为从三僧祇无量数劫以来，积集了无量福德智慧，圆满了六度万行。你来攻我，不是以卵击石，自取破灭吗?”

魔王不听劝告，一味蛮横，率众向前，释迦牟尼身放净光，魔众尽皆跌仆。天帝又请菩萨相助，菩萨使法，洪水滔滔汹涌而出，恶魔怪兽尽淹其中，狼狈败退。

释迦牟尼在菩提树下趺坐四十八天，已是十二月初七日，这天晚上，天朗气清，惠风和畅。他默坐金刚座上，示现种种禅定境界，遍观十方无量世界和过去世、现在世、未来世一切事情，洞见三界因果。十二月初八日凌晨，明星出现天上，他豁然大悟，得无上大道，成为圆满正等正觉的佛陀。

佛经上说，释迦牟尼成佛之时，大地震动，诸天神人齐赞，地狱、饿鬼、畜生三道的许多苦厄，一时止息，天鼓齐鸣，发出妙音，天雨曼陀罗花、曼殊沙花、金花、银花、琉璃花、宝花、七宝莲花等。

至此，释迦牟尼成就无上菩提道果，即成佛，于是开始广收僧徒，传授他所证悟的宇宙真谛。

可见，佛陀当初为了成道，不只是降诞、出家、修道，便能完成；他还必须要经过降魔的阶段。所谓外境有声色货利的魔魇，内心有贪嗔愚痴的鬼怪。在千生万死中，难免会有怯弱的时候；一旦心生退怯，就容易为魔魇鬼怪所击倒，所以成佛着实不易。然唯其不易，所以难成能成，如此才更加懂得佛道的宝贵。

没有比佛道再高上的，所以说“佛道无上”。大乘道位有“三贤”“十圣”“等觉”“妙觉”。“三贤”之上有“十圣”，“十圣”之上有“等觉”，“等觉”之上有“妙觉”，“妙觉”就是佛，没有比佛再上的了，故曰“佛道无上”。佛道虽然如此高远无上，我们为了度脱生死烦恼，度脱众生，必须发大誓愿，不至成佛不罢休！

“南无本师释迦牟尼佛！”释迦牟尼佛是我们的本师，我们是佛的弟子；作为弟子的应当跟本师学。释迦牟尼佛当初怎样发心，我们现在就应该怎样发心。没有成佛的誓愿，算不上真正的学佛人。

众生无边誓愿度

释迦牟尼成佛后，即从事说法传教。他知道曾追随伺候过他的五名侍从，其时正在贝拿勒斯鹿野苑中力修苦行，正待化度，便前往鹿野苑。

在鹿野苑中，释迦牟尼开示憍陈如等五人说：欲求佛道应防止两个极端：一为享乐纵欲的生活，这是堕落；一为禁欲的苦行生活，这是痛苦。避开这两个极端，行于中道，能导致智慧觉悟，即可修“八正道”，脱出生死的苦海。五人听后，顶礼拜服。他又向五人说了苦、集、灭、道四谛之法。憍陈如等五人便皈依了释迦牟尼，同时被度为比丘，成为佛陀最早的信徒。他们遵循释迦牟尼倡导的正道修行，不久就修成阿罗汉果。

此后，释迦牟尼一直在印度北部、中部恒河流域一带说法度众，广收弟子，建立僧团，奠定了原始佛教的教义。

几年之间，释迦牟尼先后度化了波罗奈斯国的王子耶舍、专修事火外道并甚有名声的摩诃迦叶等多人。在摩揭陀国王舍城，国王频婆娑罗及其子阿阇世也先后皈依了佛陀。在舍卫城，拘萨罗国王也皈依了佛陀。释迦牟尼弟子甚多，其中著名者有十人，即摩诃迦叶、舍利弗、目犍连、须菩提等十大弟子。

众弟子乞受戒法后，皆独行用心，勇猛精进，正心诚信，不曾放逸；并常去游四方，慈悲教化，普度众生。

释迦牟尼成佛的目的，不仅是为了救度自己，更是为了救度无量无边的众生，使其能够脱离生死轮回的无边苦海。今日学佛，就应当学佛陀发愿度众生。少数的众生需要度，更多数的众生更需要度。众生究竟有多少呢？在我们所居住的地球上，有五十多亿人口，这是单指“人道”说的；“畜生道”的众生有多少呢？实“非算数所能知”了。以佛眼观之，还有饿鬼道、地狱道、修罗道以及天道的众生，更“非算数譬喻所能知”了！这还是指着我们所居住的这个小地球说的。若依佛教地理看起来，虚空之内，有无量无边的“三千大千世界”。世界既然这样多，世界上的众生，真是多得不可思议了！这些无量的世界，无边的众生，都深受生死流转的痛苦！都需要我们去度！如果以为众生太多而生退心，那就不是发菩提心了。不怕众生是无量无边的多，我们都誓愿度尽他们，这才堪称弘誓大愿！

以慈悲为怀的佛陀教导人们要“心包太虚，量周沙界”，要“冤亲平等”，以完全平等的心态对待宇宙间一切众生；要关注、关心一切众生的生死荣辱、忧悲苦恼、生死轮回；要做到“无缘大慈，同体大悲”。

在我们凡人的人生实践中，就是不单对自己有关系、认识的人要慈爱、要同情，对自己不认识、没有任何关系的人也一样要平等地慈爱和同情。更进一步，不单对自己有恩或有价值的人要慈爱关心，就是对那些曾经伤害过自己的怨敌都要以同样平等的心态去关心爱护他们。佛陀伟大的思想还不只如此，一个真行佛道的佛弟子要立志“众生无边誓愿度”。所以佛弟子关怀的对象范围绝不是那么几个亲朋，而是十方世界无穷无尽的众生；不单要放眼整个地球，而且心胸要扩大于宇宙中无量无边的众生，这就是“地狱未空，誓不成佛；众生度尽，方证菩提”的菩萨情怀！

据《地藏菩萨本愿经》记载：释迦牟尼佛那时在忉利天宫说法，他对听法的菩萨和天龙鬼神讲了这样一个故事：

在过去无量无数劫之前，有一尊佛感应当时因缘成熟而出现在世上，佛名为清净莲华目如来。这尊佛的寿命长达四十劫。在佛涅槃后的像法时代里，有一位罗汉，专门以众生供养他而使众生得到极大的福报的方法而来度脱众生。

这个罗汉在度化众生的过程中，遇到了一位女人，名字叫做光目。光目准备了许多最美好的食物来供养罗汉。罗汉于是问她：“你发愿来供养我，供养罗汉是会得到大福报的，你想求些什么呢？”

光目回答说：“我母亲亡故不久，我想花点钱财为我母亲做些功德来超度她。我特别想要知道我母亲死后，究竟投生到什么地方去了？”

罗汉怜悯她的一片纯孝之心，为她入定作观，只见光目女的母亲死后堕落到恶道中，正在受极大的苦。

罗汉就问光目说：“你母亲活着的时候都造了些什么业啊？令她现在在恶道里受极大的痛苦。”

光目回答说："我母生前有个坏习气，专门喜欢吃鱼啊、鳖啊这类东西，而且特别喜欢吃鱼子、鳖蛋之类的东西。这种东西个头不大，数量不少，吃一次真不知要吃掉多少生命。是炒或是煮，放纵地大吃大嚼，所以这一辈子所吃掉的生命，不知道有多少个成千上万啊！尊者啊！您发发慈悲，可怜可怜我母亲吧！您看用什么方法才可以救度我母亲呢？"

罗汉为光目的纯孝之心深深感动，就给她想了一个办法说："你应当诚心地、恳切地念清净莲华目如来的圣号，同时雕塑、彩画这尊佛的形象。这样，无论是死者或生者，都可以获得很大的利益。"

光目听了这话之后，马上把自己家中心爱之物变卖了，用这些钱财来塑画清净莲华目如来的形象，同时又用种种灯、香、花、烛、食品、幢幡等供养品来供养清净莲华目如来。把这些事办完以后，又以极大的恭敬心，边哭边顶礼跪拜清净莲华目如来。由于光目救母亲的纯孝心和礼佛的恭敬心是如此的真诚，很快得到感应。夜里梦见佛的金身，如同须弥山那样高大，金色的光芒，灿烂辉煌，照遍了一切，佛开口告诉光目说："你母亲不久就会出生在你家里，出生后，刚觉得冷、觉得饿时，马上就会开口说话。"

不久，光目家里的一个婢女生了一个孩子，还不到三天就会说话，低头作礼，悲悲切切地向光目哭诉："生死都受业力因缘所支配，各人所造的业，各人自己承受。我是你母亲，自从死了以后，一直在黑暗的恶道里轮转，堕入大地狱里受苦。承蒙你供佛、念佛的福力，才能在今天投生到这里，但也只能做一个下贱人，而且寿命很短，只有十三年。死了以后还得堕入恶道中去。你有什么办法可以使我免受恶道之苦啊？"

光目听了这婴儿的话后，明白这婴儿就是她母亲的转世，因此更加悲痛，哽咽道："你既然是我母亲转世，应当知道你自己是造了什么深重罪业，才会堕入到恶道中去的呀？"

婴儿说："因为犯了杀生以及毁谤、恶骂的罪业才受这苦报。正是因为你用供佛、念佛的福力来救度我，我现在才能暂时出来；否则的话，我是不可能离开这恶道，还得等罪报满了才行呢！"

光目又问："地狱里的罪报情形又是怎样的呢？"

婴儿说："罪苦的事情，痛苦、残忍得没法说，要是想详细点说的话，就是几百年、几千年也说不完！"

光目听了这话之后，悲痛得放声大哭，向天发愿说："我愿我的母亲能永远脱离地狱，在这十三年之后，应当消除一切重罪业障，永远不再经历三恶道。十方一切诸佛啊！请慈悲怜悯我，能听我为我母亲所发的广大誓愿：倘若能使得我母亲永远脱离三恶道、脱离下贱的人身，甚至脱离女人之身永远不受的话，我今天对清净莲华目如来像前发宏誓大愿——愿我从今天起直到今后的百千万亿劫当中，所有一切世界、一切地狱以及三恶道中的一切罪苦众生，发誓要救济、超度他们，使他们永远脱离地狱、饿鬼、畜生这三恶道。不仅如此，还要使这所有的罪苦众生统统都成了佛以后，我才最后证菩提而成佛！”

光目发了这个广大誓愿之后，就听到清净莲华目如来告诉她说：“光目！你能发大慈悲心，为你母亲发这么广大的愿心。我以佛眼来观察，由于你以这么大的愿力来改变你母亲的因缘业力，你母亲在十三年生命结束之后，转世便成为修行清净道的梵志，寿命为一百岁。之后，又转世到无忧国土，寿命不可限量。在这漫长的日子里勤修佛道，最后终于成佛，同时也救度无量无数如恒河沙那么多的众生。”

释迦牟尼佛讲完上面这个故事后，又开示说：

“当时，那位用福力来度光目女的罗汉，就是现在的无尽意菩萨啊！光目女的母亲，就是现在的解脱菩萨；而光目女呢？就是现在的地藏王菩萨啊！在过去久远的大劫的年代里，就这么慈悲怜悯，发过恒河沙那么多的大愿，来普度一切众生。在以后遥远的来世中，倘若有那些不愿行善、专门作恶的男子女人，还有那些不信因果的、邪淫妄语的、挑拨离间的、恶言伤人的，甚至是毁谤大乘的，造这些恶业的众生，按照因果的规律，必定会堕落到恶道中去的。但如果能有缘遇到善知识，劝他在一念间皈依地藏王菩萨的话，那么这些造了恶业的众生，都能够解脱堕落三恶道的报应，而不会堕入到三恶道中去……”

地藏菩萨为佛教四大菩萨之一，代表“大愿”，与大悲观音菩萨、大智文殊菩萨、大行普贤菩萨一起，深受世人敬仰。因他“安忍不动如大地，静虑深密如秘藏”，故名“地藏”，因“久远劫来屡发弘愿”，故被尊称为“大愿地藏王菩萨”。

地藏菩萨屡发广大誓愿，广设方便，宁可自己不成佛道，而专心普度众生，尽令解脱，真正做到先人后己，值得我们崇敬和学习！

地藏菩萨由自己的母亲堕入地狱的痛苦，推想到一切众生堕入三恶道

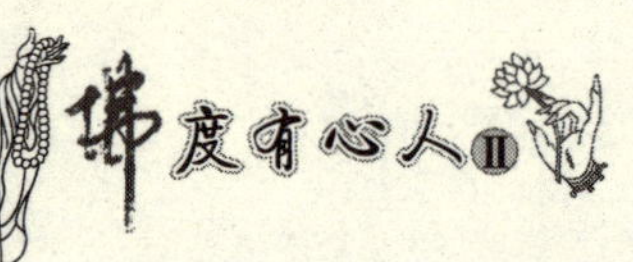

的痛苦，所以誓愿救拔："众生度尽，方证菩提；地狱未空，誓不成佛！"这是何等的伟大，何等的感人！

反观当今，"人不为己，天诛地灭"大行其道，很多人心里装着的无非就是那么几个人：父母、妻子（丈夫）、儿女，最多再加上兄弟姐妹、叔伯婶母等亲戚，还有几个要好朋友。至于与自己没有"裙带关系"的芸芸众生，他们的生死荣辱、忧悲苦恼，则和自己扯不上关系，属于漠不关心的行列。甚而至于幸灾乐祸，以谈论别人不幸事为饭后茶话。

自私者自认为富有理想，为名利奋斗不息，为创造幸福生活而拼搏。随着时光的推移，有一些人确实硕果累累，让一般社会大众投去了羡慕的目光，认为他们事业有成，十分了不起。其实，细观这些人的心态，则实在没有什么值得尊敬仰慕的地方。

第一，是他们心量狭窄，眼光短浅。他们孜孜不倦地追求名利，为的是自己及自己的亲戚等几个人的快乐幸福，并把此作为人生理想，他们的眼光就盯在这么狭窄的空间之内。

第二，这些人缺乏高层次的人生追求和理想。当他们经过辛苦拼搏，功成名就之后，则无非是为自己几个人营造"安乐窝"，花天酒地，纵情享受，再没有更高层次的追求和作为。

第三，这些人唯求功利，丧失了人世间美好的人情味。他们待人处事的出发点是对自己的事业有利。有大利用价值的人放在自己交往的重要位置，千方百计笼络接近；有小利用价值的人则稍加联系则可；而毫无利用价值，对自己名利没有什么帮助的人则冷漠无情，恣意对待；至于会给自己带来一些小麻烦、小不便的人，不管是亲戚或朋友，则避之如瘟疫，毅然砍断关系，用他们的话来说则是"提得起，放得下"。

在"弘扬佛法，度脱众生"的伟大事业上，平等心和广大心则更能够通彻心灵和行为。弘法利生的伟大事业应是不分对象、不分富贵贫贱、不分国界种族的。一切众生皆有佛性、皆可成佛，这与他自身的身份、地位、国界、种族没有关系。"下下人有上上智"是很好的说明，所以在弘扬佛法上，广大心的应用完全是可以挥洒自如，不分对象的。

菩提心，一颗无限美好、魅力四射、令人仰慕、令人崇敬的心，也是学佛必修的心、成佛应有的心。如果人人都能发菩提心，人人都是"众生无边誓愿度"的实践者，那么我们的现实世界，就会变为庄严净土！

烦恼无尽誓愿断

有一首流行歌曲唱道："最近比较烦，比较烦，比较烦……"确实，当今人们有很多烦恼，有些人面对烦恼，选择用酒精和毒品麻醉自己；有些人烦恼之极，靠杀人放火发泄；而有些人烦恼交迫，就去跳楼自戕。你能说震惊全国的富士康"十二跳"，那些员工不烦恼？其实，烦恼是正常的，无烦恼不成人生。烦恼的时候，大可不必轻生，读点佛典是很管用的，因为佛法就是对治芸芸众生的无量烦恼的方法。

佛教对于人生烦恼的研究可谓细致入微。佛教认为，四圣谛（苦、集、灭、道）的苦圣谛中，苦的生起因是我们过去所做的业及现前的烦恼。过去所做的业已造，现世要受报；而现前的烦恼决定于我们，可以要它生起或不生。那些修行的圣者，证果的圣人，可以把握自己的烦恼，不让它生起。凡夫则没办法，这其中有多个原因：一般认为这是众生业障深重；也有说众生的烦恼是眼、耳、鼻、舌、身、意六根接触外境后，因为迷惑而生起的。

一般的，佛教认为人生有六根本烦恼；六根本烦恼再分成十惑；再分成小随烦恼、中随烦恼、大随烦恼，等等。

（一）六根本烦恼

六根本烦恼就是贪、嗔、痴、慢、疑、见。贪、嗔、痴是根本烦恼中的根本，被称为"三毒"。

1. 贪：佛法中说贪是于三有及资具（顺境）染著不舍。三有是欲有、色有、无色有。因为众生贪欲界、色界的种种事物，及贪无色界的种种心态，使他们继续在欲界、色界、无色界（三界六道）中受生，再度轮回生死。众生对欲界的种种事物有贪爱，则生在欲界；众生对色界的种种事物

有贪爱，则生在色界；众生对无色界的种种事物有贪爱，则生在无色界。当一个人无欲界的种种贪爱，就会生到色界；对欲界、色界之种种贪爱已断除，则在无色界受生；断除这三界的种种贪爱，就再也不来三界，叫做不受后有，再也不贪著这三有了。

贪著三有及资具是讲贪著三界中的种种事物。我们生长在人间，贪求人间所享有的物资。比如贪著住富丽堂皇的房子，睡高广的大床，穿华丽的衣服，坐舒适的椅子，此种贪著使我们再来欲界受生。但是此贪心是过去的业习，它在我们过去业中形成了这种心理，就如一个人他本来没有抽烟，今生有人叫他抽，慢慢学习，对香烟染著，上了瘾，生起贪爱的心，看到香烟就想抽，以后没看到香烟也想要抽，我们说他对香烟有贪爱。凡夫对三界的事物也好像染上烟瘾一样，没有在眼前，内心都想要，所以造成下一世再来三界中的任何一界受生死轮回。所以贪是三有之贪。

2. 嗔：一般人对嗔的了解是发怒，生气等，但佛法中说嗔是于三苦及资具（逆境）憎恶不能忍受。

苦有三苦：

①苦苦：即是身心之苦受。如生苦、老苦、病苦、死苦、怨憎会苦。

②行苦：东西变化无常，我们做不了主。如五蕴炽盛苦。

③坏苦：即是乐受变坏或得不到。如爱别离苦、求不得苦。

对于这三苦，凡夫不能忍受，不想要它，但业报又是如此这般做不了主，又丢不掉，所以对这三苦起嗔心，然后对引起三苦的东西也起嗔恨。例如，某人嗔恨某某人，对仇人的东西也起嗔恨心。又如有人驾一辆跑车，半路抛锚了，不能准时赴约，结果苦恼起，嗔心生，连那辆跑车也都被敲、被踢，这就是对此资具也讨厌。

3. 痴：即是无明，于诸事理迷惑，是非不明，事理无知。对四圣谛、三宝的实、德、能（真实、功德、自能修成），不能信受。或是对一件事不知分辨对与错，这都是愚痴。比如说你爱某人，是爱他的优点与美德；你嗔某人，是讨厌他的缺点。这使你混淆，把两件事当做一件事，不知是对或是错，不能明辨是非，就产生愚痴。实际上，世间的种种事物是不可能十全十美的，但你要美满、美好，好的你要，坏的你不要，好坏在一起时，不能分辨是非，而产生不知取舍，结果不知如何是好，这就是愚痴。

我们对事理不明白，不知晓，这也可说是愚痴。当我们愚痴时，往往会做出各种傻事，比如看到人受病苦的折磨，我们可怜他，认为反正他是要死了，不如把他人道毁灭，让他早日解脱，这就是愚痴。因为我们不明白病苦中有因果业报，绝不会因为断了他的命就可以解脱。

4. 慢：把自己和别人相对比，内心产生高傲的心理，称为慢。慢有许多种，最普通的一种就是"自尊心"。当你比别人差时，事情做不成功，失败了，别人嘲笑你，你就产生苦恼，认为你与他平等，这就是慢。众生"慢"的心理可分三种情况来看：

①你的地位、名誉比他人高，而你也认为比他人高。

②你的地位、名誉与他人平等，而你却认为比他人高。

③你的地位、名誉比他人低，而你却认为与他人平等或比他人高。

慢的产生是把自己与他人作对比而产生的。比如他人有汽车，我没有，认为他人没什么了不起，我只是不想买罢了，这就是慢。再比如，同是听法的信徒，都是平等的，假设这其中有一位是大学生，他可能会认为自己是大学生而起慢心——比他人高，自己也认为比他人强。但他回到家里，进了厨房，他的妈妈可能就会说：你这个大学生有什么了不起，不会煮也不会炒，还是我比较行（慢）。所以慢心的生起是以自己的长处与别人的短处相比，而生起高慢之心。

5. 疑：对于诸真理常犹豫不决。历史记载两千多年前释迦牟尼佛修道成佛，解脱生死，你却认为有烦恼怎么能够解脱生死呢？对此真理产生不信的心理，称为疑。此怀疑使我们不能接受真理，并非真理不可让人怀疑，而是我们对于任何事物都存有怀疑之心，这是一种烦恼。我们对某些事理，在还没有真正了解之前是可以持有怀疑的态度。当我们真正彻底明了后，就要接受它、相信它，这种怀疑的态度佛法可接受。

6. 见：指"不正见"，即对于因果道理等起不正确之知见。

①身见：执著世间有个身心是我，称为"我执"。我执有两种：在行为方面的我执就是"我慢"；在思想方面的我执称为"我见"，也叫做"身见"。我执并非是听完无我，相信无我，也确定无我的道理是正确后，就无此烦恼，而是放下我见的烦恼罢了。我执中的"我慢"是我们内心中根深蒂固的烦恼，碰到任何一件事物，我们就有一个心境内、外的对立，外面的是外境，里面的是我。因为有我执就会生起贪生怕死之念头，就会起贪、嗔、痴等烦恼。譬如对"无我"的道理深信不疑的人，被人用刀子威胁时，

他会怕死，此怕死的行为不是我见，而是我慢。“我慢”不可凭听讲道理来破除，它必须以修道来断除；“我见”是一种思想上的烦恼，它可通过明了无我的道理，就可破除之。

②边见：由于“身见”对于我生起断见、常见，称为“边见”。先有我见，才有边见。执著世间有一个永恒的我，是“常见”；认为我死后一了百了，什么都没了，称为“断见”。

③邪见：谤无因果（业因果）、无作用（转世、父母）、无事实（佛、阿罗汉）。谤无因果，起种种邪见。认为做善无善报，做恶也无恶报，此是无果。有些人认为人的出生是“无因”的，就是由父母生出来；死后一了百了，即是“无果”。有些人认为杀死鸡鸭无须受报，鸡鸭是生下来让人吃的，此属于“无果”。世间有三世，既是过去世、现在世、未来世，但他不相信，此即是“无作用”。对佛陀所说的三宝、四圣谛等，以为“无事实”，而加以毁谤。

④戒禁取见：执持不正确之戒律。有人持牛戒，以为牛吃草没杀害生命，就认为人也应该吃草；有些人认为牛是干净的，所以吃牛肉，这些都是“戒禁取见”。

⑤见取见：执取诸见为己见，认为此见是最优胜的，最正确的，而生起斗争，称为“见取见”。执取前面四个见，认为是最正确的，也是见取见；比如你认为人死了一了百了，此是“边见”中的“断见”，而你却执著这种见解是正确的，这个执著称为“见取见”。世间人往往执著自己的思想、知见是正确的，别人的是错误的，乃至执著正确的知见是对的，亦是见取见的烦恼在作怪，并非我见。

这六根本烦恼中的贪、嗔、痴称为“三毒”。贪、嗔、痴、慢、疑为“五钝使”（思惑），要修道才能断除。不正见中的身见、边见、邪见、见取见、戒禁取见称为“五利使”（见惑），要见道才能断除。五钝使和五利使合称为“十惑”。

（二）随烦恼

随烦恼就是随着六根本烦恼而生起之烦恼，分小随烦恼、中随烦恼和大随烦恼三类，共有二十个。大、中、小随烦恼是以它的断除难易来分类。在一个人的修行过程中，小随烦恼难断除，中随烦恼比较难断除，大随烦恼更难断除，根本烦恼最难断除。

1. 小随烦恼：行相互违，各别生起。

①忿：对现前逆境，不能忍受，起嗔心。

②恨：对过去逆境起嗔心，念念不忘，不舍而起嗔心。比如说，现在人家骂你，你正在做其他事务，不理会他，过后再想起就生起嗔恨之心。

③恼：有了忿恨后，越想越苦恼，身心烦躁恼热，心跳加速，热血沸腾，并以粗暴言行骚扰他人，或疾言厉色地怒骂别人，使他人也苦恼。

④害：恼后就无悲悯及爱心，常以打杀、恐吓等侵损逼害众生。就好像他对我不仁，我就对他不义。

⑤嫉：即妒忌，不能忍受他人之成就、优胜而起嗔心。有些人妒忌别人的名誉、地位、财富等。妒忌别人比自己漂亮，妒忌别人的孩子比自己的聪明，妒忌别人做事有成就被赞叹，等等。此烦恼是与他人无关，没人惹你，是自己不能忍受别人比你优越，而生起妒忌的心理。

⑥诳：虚伪的夸大，或是以言行假装有才德，为求名利来欺骗他人。

⑦谄：以言行隐藏过失，并奉承他人，取信于别人，以免名利有损。拍马屁显然是一种谄。

⑧覆：覆并不是心的善、恶，而是后悔做错了事，但隐藏不愿让人知道，恐怕损己之名利。例如犯戒后，心想还好没人知道，这就是覆藏。

⑨骄：对自己的成就染著喜悦。漂亮的女人，大多数都是心高气傲，甚至有些只有几分姿色的女人打扮得漂漂亮亮后，就高傲起来。再如，有些人会缝衣、理发，事成后，就到处夸耀，对于自己的成就染著，内心欢喜，这就是骄。

骄与慢不同，骄是自己做事有了成就，产生高傲的心理；慢是以自己的能力与别人相比，自己认为比他人高一等，而心高举。

⑩悭：不欲施舍所得之物。悭就是悭吝，是因为贪而形成的一种吝啬，但是悭与贪不同，“贪”是希求多；“悭”是拥有很多财物，而舍不得施与他人。有些人有贪，没有悭；但悭的人一定贪，贪的人不一定悭。因为有些贪多的人，有人来乞求，他愿意施舍；悭的人贪得无厌，哪里愿意给人。所以悭的人对于自己的财物、知识、能力都不愿与他人分享。悭的人最容易收藏东西，见到有人来向他求乞时，怕的要死，因为他认为自己的财物减少了。

2. 中随烦恼：与一切不善心俱起。我们心中有不善的大、小随烦恼生起时，因为心中无惭愧，而令其他的烦恼继续活动。

①无惭：自己没自尊，对自己之过失及缺点，不自我反省，不自以为耻。假设偷东西的人，经过自我反省后，很后悔，称为惭。

②无愧：对自己之过失及缺点，他人指责非议不以为耻。假设一个人要偷东西，怕他人知道，而放弃偷盗的念头，则称为愧。

3. 大随烦恼：一共有八种，遍一切污染心。

①不信：对四圣谛、三宝的实、德、能（真实、功德、自能修成），不能信受。即是对于真理的实、三宝的功德、自己与他人能修行解脱，这三件事情没信心。

②懈怠：对已做、未做之善业不努力做，即是懒惰。对于好事，不愿意去做；对于坏事，也不愿去断除。懈怠的人不愿做事，最爱休息；坐禅或念佛人往往因懈怠而去睡觉。

③放逸：不警觉烦恼之生起，不约束自心，放纵它去造业。与懈怠相似。懈怠是懒惰不做；放逸是贪、嗔、痴驱使你不做。比如现在叫你静坐，你贪爱要看明天的那场戏，就坐在那儿想，结果因为贪而放逸；又如你嗔恨某人，静坐时就想起他，越想越气，因嗔而放逸，索性不静坐了。放逸的人爱做放逸心所想做的事。

④昏沉：于所观境，神志昏暗，不能了知。即是没有足够的心力保持所要修的境，这样会妨碍我们修种种的观行。例如，有人静坐时修数息观，从一数到十，没一下子就神志昏暗，频频点头，对于刚才所做的事，什么都不知道，好像要睡着了，称为昏沉。

⑤失念：于所观境，不能明记清楚。对于现前之念，没办法掌握，不能记得它。如念头专注在眉心不久，就跑去想其他地方，而不记得刚才心念是在眉心。

失念与昏沉之差别：失念与昏沉都是不能明记刚才所发生的境界。失念时神志清楚，但东想西想；昏沉是神志混淆，模模糊糊，什么都不知道。

⑥散乱：内心妄念纷飞，流散杂乱。此种散乱的烦恼是因为失念而引起的。佛说我们的心像猴子般跳来跳去，现在把它放在眉心，结果因为失念而妄念纷飞，心念流散杂乱起来。散乱不仅是对刚才的境，不能铭记，而且心念一直在转变，思潮起伏，一下子想这，一下子想那；失念则未必

如此，例如，静坐时原本你是在念佛，忽然间想起还有一件事没做完，要怎样安排与处理等，心念就想到那件事去了，这是失念但不散乱。

⑦掉举：于所观境，心不安定，常回忆过去境。比如，今天做了一件乐事，在静坐时一直回味，时不时想到它。当一个人修到初禅后要入二禅时，他一直会回忆初禅的境，称为掉举。

⑧不正知：对于所观之境，不能正确明了；对自心不知安在何处。例如静坐时观察呼吸，对于出入息的进出、粗细不能明了。

佛教认为烦恼之生起，由于内心先有烦恼业习种子为因，现前种种境界为缘，因缘会合烦恼生起。

佛陀见三界的众生，都患了贪、嗔、痴“三毒”的毛病，生出上述的无量的苦恼，在长夜漫漫中被煎熬和压迫，所以誓愿成佛，度脱众生的烦恼。

每个人有每个人的烦恼，上自总统，下至乞丐，都有他们的烦恼。世界各国的元首，今天忧国，明天忧民，有很多烦心的事；乞丐向人家讨饭，人家不布施，他会发脾气，生出烦恼。若想没有烦恼，唯一的办法，就是勤修戒、定、慧，息灭贪、嗔、痴。如果修行到家了，自然不生烦恼。

佛陀发大悲心，为有“三毒”烦恼病的众生，广说对治的方法。佛说八万四千法门，就是对治众生八万四千烦恼病；这八万四千种的药方，能灭除众生一切的烦恼苦患。所谓“八万四千”，是说法门无量多。所以，一个现代人要断除自己心中的烦恼，并且帮助他人摆脱烦恼，最好莫过于立志修学大乘佛法，所谓“法门无量誓愿学”！

法门无量誓愿学

发菩提心，为了成佛；成佛，为了度众生。成佛，自有门径；度众生，也须讲方法。方法和门径，简称“法门”。释迦牟尼佛一生说三藏十二部经，就是在演说修行成佛度众的法门。

佛教的“修法”即法门，佛教说八万四千法门，并非实指数字的八万四千，而是指无量法门。四弘誓愿中说“无量法门誓愿学”。

佛法的修学，我们第一个目标当然是了脱生死，超越轮回，这是一个大问题，正是佛在《法华经》上所讲的“一大事因缘”。佛陀在许多大乘经典上告诉我们，无论是理论或是方法，无不是以此为终极之目的。

佛说八万四千法门，因为众生有八万四千烦恼，有八万四千种“病”，这八万四千法门实际上就是八万四千个“药方”。我们是哪种“病”，就用其中的一种“药方”，遵照佛这位“大医王”的医嘱，老实“用药”，就一定能“药”到“病”除。我们这些生死凡夫，深处轮回，这是我们的“通病”，病的根源在于有“贪嗔痴”三毒烦恼，而且“中毒太深”，不除三毒，生死“大病”，不能痊愈啊！而由“三毒”再仔细分析，众生中的“毒”可以说是数也数不清。所以，众生的“病”可以说千差万别，无量无边。佛说众生有八万四千种烦恼，这是权说，是方便说；佛说法有八万四千种，这也是权说，也是方便说。事实的真相是，众生有无量无边的烦恼，无量无边种“病”；而佛有无量无边的法门，有无量无边种“药方”来医治。由此可见佛之伟大，佛之慈悲！

佛法中有八万四千法，一法中有八万四千门，法法圆融，门门互通。一个宗，一个派，一部经，一个咒，都是法门。佛法虽只有一味，由于接受者的程度——根性的高下不一，以及生存时代与生活环境的差异，对于佛法的看法，也就因人而有不同的解释了。佛经中说：“佛一圆音演说法，众生随类各得解”，就是指的这一层意思。站在佛的立场看佛法，法法可通涅槃城；站在佛弟子的立场，那就各有各的专长的法门了，比如最有名的十三位弟子，他们各具特色，这可算是佛教分宗的最初征兆。

佛教的法门，集中体现在各宗各派上；修行时选择什么宗派，相应的也就是选择了某一独特的法门。

佛陀涅槃后的四五百年间，单是印度境内的小乘佛教，就分有二十个部派之多，他们往往仅是为了一个很小的问题的争执，动辄就结成一团，分成一派。

小乘佛教分得七零八落，而失去了统一教化的依准力量之际，马鸣、龙树的般若空的大乘佛教，便在印度境内应运而兴。

到了佛陀涅槃后约一千年之间，由于无著、世亲以至清辨、护法的唯识空、有的思想抬头，印度的大乘佛教，也就分成了空、有二宗。稍后一些，由密宗的兴起，又将大乘佛教分为显、密二教，把空、有二宗，归入显教一类。这是印度佛教的大致情形。

佛教传入中国以后，最初没有宗派的门户之见，后来由于翻译事业的逐渐鼎盛，佛典的大量译成，以及佛教思想家对于佛法的分类判摄，才有宗派的出现。

佛教传入中国，经历了不同时期，传播至不同地域，受到经济、政治、文化、民俗等影响，各个教派也不断地更新发展，并根据中国的实际情况，建立了新兴的宗派。

中国佛教出现过许多派别，主要有八宗。一是三论宗又名法性宗；二是瑜伽宗又名法相宗；三是天台宗；四是贤首宗又名华严宗；五是禅宗；六是净土宗；七是律宗；八是密宗又名真言宗。这就是通常所说的性、相、台、贤、禅、净、律、密八大宗派。

（一）三论宗

主要依据鸠摩罗什译的《中观论》《百论》《十二门论》研究传习而形成的宗派，因为是依据中观派三论立的宗，所以叫做三论宗。它的教义以真俗二谛为总纲，以彻悟中道实相为究竟。二谛的“谛”字是真实的意思，从法性理体边说的叫真谛，从缘起现象边说的叫世俗谛。从俗谛说事物是有，就真谛说诸法是空，所以真俗二谛也叫空有二谛。色即是空，空即是色，色空不二，真俗不二就是中道，也叫诸法实相，这就是此宗的中心思想。此宗着重从真空理体方面揭破一切世出世间染净诸法缘起无自性，五阴十二处等虚妄不实，彻底破除迷惑，从而建立起无所得的中道观，以求实现其无碍解脱的宗旨。这一宗，实际就是印度龙树、提婆中观学说的直接继承者。

（二）瑜伽宗

是由印度弥勒、无著、世亲创立的宗派。此宗主要依据有《解深密经》《瑜伽师地论》《成唯识论》等。因为是依弥勒说、无著记录整理的《瑜伽师地论》为根本教典而立的宗，所以叫瑜伽宗。我国玄奘法师译传此宗并糅译十师之说为《成唯识论》，故此宗又称法相唯识宗，亦称慈恩宗。它的教义以五法、三自性、八识、二无我为总纲，以转识成智转依为宗旨。五法是：一名、二相、三分别、四正智、五如如；三自性是：遍计所执性、依他起性、圆成实性；八识是：眼识、耳识、鼻识、舌识、身识、意识、第七末那识、第八阿赖耶识；二无我是人无我和法无我。此宗教义深入分析诸法性相，阐明心识因缘体用，修习唯识观行，以期转识成智，成就解脱、菩提二果。此宗由玄奘法师译传而成立，是印度无著、世亲学说的直接继承者。

（三）天台宗

是以鸠摩罗什译的《法华经》《大智度论》《中论》等为依据，吸收了印度传来的和中国发展的各派思想，重新加以系统地组织而形成的思想体系，因为创始人智顗，住在浙江天台山，所以叫天台宗。它的宗义以五时八教为总纲，以一心三观、三谛圆融为中心思想。此宗把释迦牟尼佛所说的经教划分为五个不同的时期，称为五时教，就是华严时、阿含时、方等时、般若时、法华涅槃时。五时的名称都是佛经的名称，主张佛陀所说的经教不出这五个时期的范畴，所以叫五时。三观是修行的观法，即空观、假观、中道观。此三观可以于一心中获得，名为一心三观。三谛圆融：真谛、俗谛、中道谛叫做三谛；此三谛举一即三，虽三而常一，说三说一是圆融无碍的，所以叫圆融三谛。一心三观，三谛圆融是圆教的教义，说明诸法无碍，事理圆融。此宗总结了以前各派的思想，将佛教教义加以精密的调整，发展了大乘圆教理论，展示了中国独创的大乘思想。

（四）贤首宗

以《华严经》为根据，对《华严经》有深入的研究和精辟的阐发，是在前人三论、天台、慈恩、地论师、摄论师等学说发展的基础上形成的一个思想体系。创始人是7世纪末的贤首国师法藏，所以叫贤首宗，又名华严宗。此宗以五教来判摄整个佛教，以六相、十玄、三观为它的中心思想。五教：一是小教，即声闻小乘教；二是始教，即大乘开始初级阶段的教义；三是终教，即大乘终极阶段的教义；四是顿教，即大乘中顿超顿悟的法门；五是圆教，即圆满无缺，圆融无碍的理论。此宗把佛教分作浅深不同的五种教义，比之前天台宗多加一种顿教，所以称为五教。六相是：总相、别相、同相、异相、成相、坏相。这六相既同时表现在一切事物中，也同时表现在一个事物中。无论在一切事物中或在一个事物中，都是相反相成、同时具足、互融互涉、彼此无碍的，从此可以揭示出法界缘起的道理。十玄门是：一是同时具足相应门；二是因陀罗网境界门；三是秘密隐显俱成门；四是微细相容安立门；五是十世隔法异成门；六是诸藏纯杂具德门；七是一多相容不同门；八是诸法相即自在门；九是唯心回转善成门；十是托事显法生解门。这十玄门总的意义是显示华严大教关于一切事物纯杂染净无碍、一多无碍、三世无碍、同时具足、互涉互入、重重无尽的道理。三观：一是真空绝相观；二是事理无碍观；三是周遍含融观。六相、十玄、三观的建立，阐发了《华严经》的法界缘起、理事无碍、事事无碍、无尽圆融的教义。这种重重无尽、法界圆融的思想，虽说导源于《华严经》，而实际为中国所独创，它的法界缘起、一切无碍的学说大大发展了印度传来的大乘思想。

（五）禅宗

禅宗的禅是禅那（dhyana）的简称，汉译为静虑，是静中思虑的意思，一般叫做禅定。此法是将心专注在一法境上一心参究，以期证悟本自心性，这叫参禅，所以名为禅学。禅的种类很多，有声闻禅、有菩萨禅、有次第禅、有顿超禅。禅学方面，在中国有一支异军突起，那就是所谓“教外别传”的禅宗。这个宗所传习的，不是古来传习的次第禅，而是直指心性的顿修顿悟的祖师禅。此宗的禅法是在6世纪初由印度的菩提达摩传来的。过去说：禅宗单传心印，不立文字，称为“教外别传”。但初祖达摩以四卷

《楞伽经》传于二祖慧可作为印心的准绳，弘忍、慧能又教人诵持《金刚经》，这样，《楞伽经》《金刚经》便是此宗的经典依据。以后更有《六祖坛经》和许多“语录”的出现，不能说禅宗没有经典依据。禅宗在中国是很兴盛的。在 8 世纪间，此派曾分为南北两宗，北宗神秀（约 606—706 年）一派主张渐修，盛极一时，但不久便衰歇；南宗慧能（638—713 年）主张顿悟，后世尊为六祖，弘传甚盛。从唐到宋，南宗的禅师辈出，在此三四百年中又分为五家七派，可想见其兴旺的景象，一直是中国流传最广的宗派。南宗六祖慧能弟子中，有南岳怀让（667—744 年）和青原行思（？—740 年）两大支系，由这两大支系又分成五宗七派。从南岳先分出一派外沩仰宗，次又分临济宗。青原行思一系分出三派：曹洞宗、云门宗、法眼宗。由两系分为五宗，以后又从临济宗分出黄龙、杨岐两派，合前五宗名为七派，都曾兴盛一时，经过一段时期有的就衰绝不传了。后来的禅宗只有临济、曹洞两派流传不绝，临济宗更是兴旺。近代所有的禅宗徒众，都属临济、曹洞两派。

（六）净土宗

是依《阿弥陀经》《无量寿经》等提倡观佛、念佛以求生西方阿弥陀佛极乐净土为宗旨而形成的宗派，所以名为净土宗。此宗分佛陀说的法门为二道，即难行道和易行道：别的宗依戒定慧修六度万行，需经三大阿僧祇劫为难行道；修净土法门一生至诚念佛，临命终时，仗承阿弥陀佛的愿力往生安养净土永不退转为易行道。因此，此宗主张劝人念佛求生西方净土极乐世界。此宗的特点，简单易行，普能摄受广大群众。修学此宗不一定要通达佛经，广研教乘，也不一定要静坐专修，行住坐卧皆可称念“南无阿弥陀佛”，只要信愿具足，一心念佛，始终不怠，临命终时，就可往生净土。当然平时也要持戒诵经，广行众善以作助行。由于法门简便，所以最易普及。别宗的学者，也多兼修此法，因而使净土法门在中国得到特殊广泛的流行。

（七）律宗

主要是学习和研究戒律的。由于此一宗的盛行，中国僧人们在修学大乘的戒定慧三学中，仍然重视出家声闻乘的戒律。戒律有声闻戒、有菩萨戒。这里所讲的律宗，是依声闻律部中的《四分律》，由终南山道宣律师一系所立的律宗。就戒条戒相说，有五戒、十戒、具足戒之分。五戒：是出家、在家佛弟子共持的戒；十戒、具足戒：是出家弟子的戒。菩萨戒：有在家菩萨戒、出家菩萨戒。出家菩萨戒如《梵网戒经》有十重四十八轻戒，在家菩萨戒如《优婆塞戒经》有六重二十八轻戒。又总摄菩萨戒为三聚，三聚是三类的意思，称为三聚净戒：一是摄律仪戒，是戒相，是“诸恶莫作”；二是摄善法戒，是“众善奉行”；三是饶益有情戒，是“利益一切众生”。

(八) 密宗

密宗的教义在8世纪时由善无畏、金刚智、不空等传入中国，从此修习传授形成密宗。此宗依《大日经》《金刚顶经》建立三密瑜伽，事理观行，修本尊法。此宗以密法奥秘，不经灌顶、不经传授不得任意传习及显示别人，因此称为密宗。本尊是学者选择自己最敬爱、最尊崇的一尊佛、一位菩萨或者一位明王，作为学习成就的对象或榜样，就叫本尊。要成就本尊的所有功德智慧，就要修习三密瑜伽法。三密就是身、口、意三业，瑜伽（yoga）译为相应。三密瑜伽，就是三业相应。与谁相应？就是修行者自己的身、口、意与本尊的身、口、意三业相应。修法时，修行者要身作本尊的姿态，手结印契，口诵本尊真言，意作本尊观想或种子字，务使自己的三业与本尊的三密相应，名为瑜伽修法。此法如果修成，可以即身成就本尊之身。此宗最高理论还是以性空无相的法性理体为基础，所谓阿字本不生，不生就是空义。

虽然佛教各宗派之间对佛教的理论认识和修持实践存在分歧，但是求同存异、保持团结是各宗派并行发展的基本方法。佛教不同的宗派，因适应于不同的众生，适应于不同的文化环境，适应不同的历史时期，所以对佛陀的教法也有不同的表达方法。虽然有宗派的区分，但是他们之间的教义、教法不但互不违背，反而相辅相成、互相依靠，相互促进。

相同的佛教理念和根本信仰是佛教内部团结的基础。从语言上，我们划分了的汉语系、巴利语系、藏语系三大部；从中国的佛教历史沿革，有今天八宗之分。但是无论怎样，佛陀宣说的四圣谛、八正道、十二因缘、六波罗蜜、三世因果、六道轮回等基本教义，是所有宗派共同的基础。大家共同信仰佛、法、僧三宝，以诸行无常、诸法无我、涅槃寂静三法印，印证各种说法是否正确。这些都体现了佛教各宗派是共同团结在佛陀思想

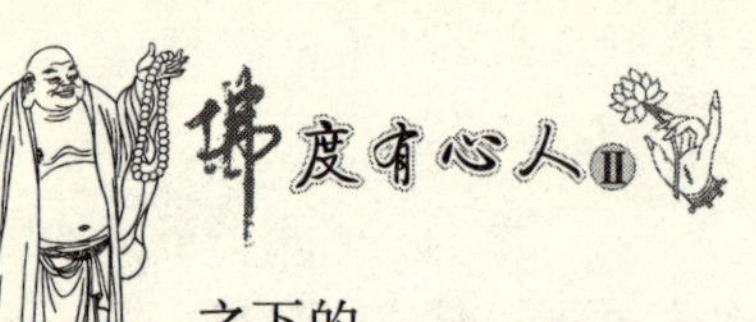

之下的。

然而，由古至今，很多人对佛法的理解常常以自我的无知来决断，乃至用邪见来判别。直至今日，我们仍能听到：大乘非佛所说；小乘顽固守旧；密宗只注重外在仪式，借用外道神通，而非真实佛法；净土宗为下根愚顿人所修；禅宗空谈无相等等邪见，这大多是由于各教派中的人相互了解的情况不同，认识不同，所以产生这样的误解，以至被后人断章取义形成邪说，因此对宗派厚此薄彼之人实在应该认真地反省自己。近代高僧弘一法师在《佛法宗派大概》中曾提到自己对密宗由误解到认知的过程："密宗，在大乘各宗中，此宗之教法最为高深，修持最为真切。常人未尝穷研，辄轻肆毁谤，至堪痛叹。余于十数年前，唯阅密宗仪轨，亦尝轻致疑议。以后阅《大日经疏》，乃知密宗教义之高深，因痛自忏悔。愿诸君不可先阅仪轨，应先习经教，则可无诸疑惑矣。"弘一大师作为一代宗师，以切身经历提醒世人不可妄断宗派高低。

《金刚经》云："是法平等，无有高下。"各宗教法，相辅相融，应机施教，广度群迷。佛说八万四千法门，门门皆是解脱之法。佛法之目的，是求觉悟，佛法本无种种差别，佛陀慈悲，为适应不同根性的众生而演说各各法门。历来祖师大德以不同法门各自契入般若慧海，并以菩萨之行，阐释各宗妙趣，以菩萨之心，引导后学之人。如果我们能够体解佛陀之悲心，菩萨之愿行，又何以对宗派有如此的我执、我见。我们近日已幸闻佛法，即当体解大道、深入经藏，破除对宗派差别高下的邪见。同时，以正确的知见，步入究竟解脱之路。

现代人由于时间和精力有限，在浩如烟海的"八万四千法门"中，应当选择一门认为能与己相应的法门，进行认真、刻苦、深入的钻研，所谓一门深入；但与此同时，也必须"广学多闻"，以充实和丰富自己的知识面，藉此为自己所深入钻研修学的法门，打下良好的基础，也才能避免在学佛的道路上误入歧途。

学佛修法，犹如"上楼梯"，从下而上一级一级地登上，并一步一个脚印，扎扎实实地学，刻苦勤奋钻研修法，尤其是要掌握入门必读的佛教基本知识。只有把学佛修法基础知识的"功底"夯实了，才能有资格谈"深入"经藏；也只有深入经藏，才能契入佛陀的大智慧，最终获得阿耨多罗三藐三菩提心，上成佛道，下化众生，彻底解脱，圆满究竟。

最胜菩提十行愿

现代人学佛发菩提心，有一个最便捷的途径，就是向普贤菩萨学习，以《普贤行愿品》为修行指南。

普贤菩萨是印度佛教经典中的著名菩萨之一，在中国佛教信仰中更被奉为四大菩萨（文殊菩萨、普贤菩萨、观音菩萨、地藏菩萨）之一。普贤菩萨是大乘佛教行愿的象征，是实践菩萨道的行为典范。《普贤行愿品》是佛教界流传非常广泛的一部经典。很多出家人、在家居士都以此为日常修持的功课。普贤的十大愿，在很多佛教寺院的早晚课中都会念到，主要是因为这部经典的修行法门，在修学佛法中太重要了。

《普贤行愿品》中的偈颂说："三世一切诸如来，最胜菩提诸行愿，我皆供养圆满修，以普贤行悟菩提。"可见普贤菩萨的行愿，是最殊胜的菩提心，是三世一切诸佛的本质。

何谓普贤？"道满宇宙"曰"普"，"德邻极圣"曰"贤"。就是指普贤菩萨的道遍满宇宙，德与圣人一样。什么叫行愿呢？愿，就是我们内心深处发出的愿望和决心；行，就是朝着所发的心愿去努力地实践。常言道："立志当高远。"没有大志，就不能成大事。同样，没有大愿，也不能成大行，这就叫格局决定结局。所以，行与愿的关系好比车之两轮，鸟之双翼，缺一不可。因为若没有宏大而正确的"愿"，"行"就是盲目的，就没有方向和目标可循。同样，如果只是发愿，而没有实际行动，那么愿也只是一句空话而已。所以，我们不仅要发愿，还要用实际行动去实现愿望，这样才能有愿必成。

菩萨是印度梵文"菩提萨埵"的简称，"菩提"译为"觉"，"萨埵"译为"有情""众生"。合起来意译为"觉有情"，即觉悟有情众生。可见，菩萨的特质不仅仅在于个人觉悟以自利，更重要的是济度众生、不舍世间的

利他行。

对于发愿，我们都不陌生，因为在人生的各个阶段，我们都曾有过不同的愿望。小的时候，我们就开始天真地发愿："我长大了要当科学家""要当老师""要当医生"；长大后，发的愿就更多更具体了："我要找份好工作""要赚好多好多的钱""要让家人幸福"等。但这些愿力，跟普贤菩萨的大愿相比，就显得太渺小了。因为普贤菩萨所发的每一愿都是以无尽法界的众生为所缘，并以广大无限量的心去行，而且尽未来际无有间断、无有疲厌，所以，普贤菩萨的行愿被称作是"愿王"。

菩萨发心济度一切众生成就佛道，并不意味着要等众生全体成佛之后功德才能圆满。如是这样，恐怕无人能成就佛道。因为众生是无限的，而佛菩萨之出世度众生，还需要具备各种因缘。唯有众生自身的善根福德因缘成就了，佛菩萨才有能力度化他，否则也是枉然。

如果菩萨发心度脱一切众生，并在修行中逐渐成就这一发心，那么，当他能对一切众生生起无限、平等的慈悲时，也就圆满了诸佛所具有的心行和品质，当下便与佛无二无别了。反之，若在其心目中还有一个众生被厌弃，菩萨就不能圆成无上佛果，因为他的菩提心还不彻底。

《普贤行愿品》正是普贤菩萨为我们成就诸佛无量功德所提供的修行捷径。《普贤行愿品》的核心内容为普贤十大愿王：

一者礼敬诸佛，二者称赞如来，三者广修供养，四者忏悔业障，五者随喜功德，六者请转法轮，七者请佛住世，八者常随佛学，九者恒顺众生，十者普皆回向。

从以上内容看，似乎也很平常，多数佛教徒都不会感到陌生。然而在《普贤行愿品》中却被尊为"愿王"，原因何在？

《普贤行愿品》出自《华严经》，其修行立足于华严境界之上。这一点，主要表现在每一行愿的开端和总结。如"礼敬诸佛"，其始为："所有尽法界、虚空界，十方三世一切佛刹极微尘数诸佛世尊，我以普贤行愿力故，深心信解，如对目前。"其终为："虚空界尽，我礼乃尽；以虚空界不可尽故，我此礼敬无有穷尽。如是乃至众生界尽，众生业尽，众生烦恼尽，我礼乃尽；而众生界乃至烦恼无有尽故，我此礼敬无有穷尽，念念相续无有间断，身语意业无有疲厌。"

"礼敬诸佛"，似乎多数学佛者都会。但一般人从狭窄的凡夫心出发，礼敬的内涵亦很狭窄。而在普贤菩萨之广大行愿中，是以尽法界、虚空界、十方一切诸佛作为礼敬对象，并且不是礼敬一天、一年乃至一生，而是尽未来际永不间断。纵使海枯石烂、虚空界尽，亦恒常依普贤行愿修持礼敬法门。

其余九愿的境界，皆亦如是。从中我们可以了解到，普贤行愿之所以被尊为愿王，关键就在于它立足于无限，以无限之心行无限善行。礼敬诸佛是以一切诸佛为所缘，度化众生同样是以一切众生为所缘，并且都是尽未来际。在对象上是无限的，没有任何一个众生被排除在外；在时间上也是无限的，既没有停息之时，也没有结束之日。

依《华严经》的见地发心、修行，是以无限为起点，而“无限”二字，正是菩萨初发心功德不可思议的关键所在。依有限的发心，即使做再多的利生事业，成就终归还是有限。若欲成就佛果的无量功德，必须建立于无限的发心之上。以无限之心修持善行，所行虽然有限，所获乃是无限。所以，若初发心菩萨以无限之心行利生事业，便能于念念中成就无限功德，圆成佛道资粮。

既然普贤行愿如此殊胜，那我们要如何把握它的精神，又该怎样落实到我们的现实修学中呢？

首先，我们必须明白，十大行愿在名目上虽有前后次第的顺序，但在究竟义上却是互相融摄的，一愿行含摄无量愿行，无量愿行又可摄归于一愿行。所以，在每一法中都可以同时实践十愿。因为，无论是礼敬、赞叹还是忏悔，乃至回向，都是没有固定相貌的，不拘泥于任何形式。比如你以一颗至诚恭敬的心来读诵《普贤行愿品》，你的身体虽没动，但内心却行礼敬之法，礼敬十方三世诸佛，也礼敬自己本具的佛性，总之以广大无尽之心普行礼敬，这是“礼敬诸佛”；你用每一音声来称扬赞叹如来的诸功德海，并从忆念这些功德中生起高山仰止之心，这是“称赞如来”；你以清净的身语意业供养十方三宝及一切众生，愿我诵经音声遍于法界，广为众生施与安乐，这是“广修供养”；你也深知自己福慧浅薄，业障深重，不能贴切恰当地理解菩萨的功德，所以我至心忏悔，这是“忏悔业障”；而对于所有读诵演说过《普贤行愿品》的人佛教大德，你都由衷地随喜与赞叹，并且见贤思齐，这就是“随喜功德”；对世间许多福慧具足、辩才无碍的大德高僧，你也真诚地祈请他们，讲经说法，久住世间，让佛陀的教法传遍每

一个角落，这就是“请转法轮”和“请佛住世”；你还发愿要永远循着佛菩萨的足迹，跟着诸善知识的步伐，从不断地学习效仿中获得进步与升华，这就是“常随佛学”；当然，你更不会忘记把众生摆在第一位，在佛陀智慧的引导下恒常顺从众生的善性，给人信心，给人方便，给人欢喜，给人希望，这是“恒顺众生”；最后，把你诵经的所有功德以及往昔所作善业都回向给法界一切众生，这就是“普皆回向”。这样，在你诵经的当下，就可以把十大行愿同时修习实践。所以说，只要我们善用其心，普贤行愿即使是在生活的点点滴滴当中都能圆满具足。

那么，普贤十大行愿的核心是什么呢？是恒顺众生。因为佛教的重点不是佛，也不是菩萨，而是众生。因为“若无众生，一切菩萨终不能成无上正觉”，所以，佛教是把众生摆在第一位，没有众生，哪有佛与菩萨？关于菩萨与众生的关系，《普贤行愿品》中有一个形象而生动的比喻，“一切众生而为树根，诸佛菩萨而为花果。以大悲水，饶益众生，则能成就诸佛菩萨智慧华果”，众生就像树根，诸佛菩萨就如花与果，树能开花结果，离不开根扎实的基础；同样，为了树能开花结果，就要精心呵护树根，常以大悲水来灌溉，这样才能茁壮成长。佛教讲缘起，认为一切法都是因缘而起，若无因缘，则一法不生。所以，我们都是生活在一个彼此依赖的互相关联大网当中，现有的一切都是众缘和合的成就。懂得了缘起的人生观，我们就能时时生活在感恩的世界里，感恩所有成就我们的众生，由此而能对一切众生都起深切的慈悲，“因于大悲，生菩提心。因菩提心，成等正觉。”如果我们能够随顺众生，就等于随顺供养诸佛；如果我们能于众生尊重承事，就等于尊重承事诸佛；如果我们能令众生欢喜，就等于令诸佛欢喜。所以诸佛众生，无二无别。

当然，恒顺众生也是有一定原则的，不是什么事都随顺，要是有人行凶作恶，你能顺从吗？或者有人想自杀，你会帮忙吗？所以，恒顺众生指的是顺从众生的善性，而不是恶性，对众生真正有利益的事，我们才顺从，可见，恒顺众生也是有原则的，要以智慧为前提，不能是非不辨、善恶不分。在恒顺众生的同时，要保持本色，不能同流合污，更不能度人未成反被人度。

佛教是心灵觉醒的教育，佛法就是心灵觉醒的方法，所以重在善用其心，同样的事情，若用不同的心态去面对，则结果一定是不一样的。普贤菩萨十大行愿的名目，看似简单而又寻常，可是真正实践起来，就不是那么容易了。因为现代社会的人们，总是处在不断执著的状态中，执著身体、执著外貌、执著名利、执著地位、执著财富、执著豪宅、执著名车、执著情爱……一切都执著。因为不断地执著，使得我们的心量打不开，有局限性，从而滋生烦恼痛苦。唯有效法普贤菩萨，实践普贤行愿的精神，才能开拓我们的心量，从而慢慢淡化执著，远离烦恼痛苦，离苦得乐，自利利他，一步步圆满阿耨多罗三藐三菩提心。

二、平等心：众生平等，慈眼视之

现代意义的平等，指的是人与人的平等；然而，两千五百多年前佛陀主张不仅人人平等，而且人与动物平等，即“众生平等”。所以，佛教的平等观，更为彻底，更为博大。《妙法莲华经·观世音菩萨普门品》中说大慈大悲的观世音菩萨“具一切功德，慈眼视众生，福聚海无量”。“慈眼视众生”，就是以平等心看待一切众生。在慈悲者的眼里，人与万物平等，众生皆有佛性，没有种姓门第的高低，没有智愚之别，没有贫富贵贱之分，没有美丑高矮的计较，对于一切众生，平等地予以关爱和救度。在现实中，我们如果真正拥有了这样的平等心，那我们的眼界该有多么宽广！没有了分别执著和万般计较，我们才能真正容纳天地六合，与万物融为一体！

蠢动含灵，皆有佛性

《华严经·如来出现品》载释迦牟尼在雪山示现悟道之初的情景：“释迦牟尼忽睹明星，廓然大悟，即成无上正觉。叹曰：奇哉！一切众生，具有如来智慧德相，但以妄想执著，不能证得。若离妄想，一切智、无师智、自然智，即得现前。”

佛典《三昧王经》云：“一切诸众生，皆具如来藏。”《小涅磐经》云：“一切有情皆悉具足如来藏。”《庄严经论》云：“真如虽然遍一切，无有任何差别相，转彼使净即成佛，故说众生具佛因。”《宝性论》云：“圆满佛身力用故，真如无有差别故，恒具如来种性故，众生常具如来藏。”如古诗常说的：“翠竹黄花皆佛性”“蝼蚁皆有佛性”“鳞甲何多，羽毛无数，悟来佛性皆同”“蠢动含灵，皆有佛性”“众生本是佛，悟了一体同”，云云。

佛教认为，佛性，是一切众生本具的自性，一切生命的本来面目，就人而言为本性，就宇宙而言为本体。佛教又称之为法性、真如、实际、般若、智慧、圆觉、中道、涅槃、如来藏、陀罗尼、自性清净心、首楞严三昧、师子吼三昧、胜义空、第一义空、法界，等等。这些都是佛性在不同经典中的异名，尽管所指示的意义并不完全相同，但与佛性基本相等或相通。通过不同名称，佛性分别表现心性、本性、本体、智慧、真理、工夫、境界等多重含义。

禅宗主顿悟成佛，密宗倡即身成佛，立论基础都是“众生皆有佛性”。天台宗的湛然进一步称“墙壁瓦石”等都有佛性，净土宗大德黄念祖老居士《心经略说》中说：“任何一个众生，不但在座的你我，任何一位，就如飞的苍蝇，小小的蚂蚁，以至于作为地狱中的鬼，都有和佛一样的智慧，和佛一样的德相。这是我们的本心，具有如来智慧德相的那个心，就是我们的本心，是我们妙明真心。这一点是我们学佛的最要紧的信念和基础。

要相信自己的心。这是释迦牟尼佛成佛时说的第一句话，对于这一句话不相信，虽能信佛说的其他的话，你就没信到根本上，而是信到一些枝叶问题上。”

正因为一切众生皆有佛性，所以佛教的传统祈愿文献不仅为个人祈愿，也为六道众生祈愿。

正如藏传佛教一般信徒都会念诵的《皈依发心仪》中云：

“成就自利利他故，发起求证菩提心。既发最胜菩提心，接引有情如大宾。乐行最胜菩萨行，为利有情愿成佛。”

“愿诸有情具足安乐及安乐因！（发慈心）愿诸有情永离苦恼及苦恼因！（发悲心）愿诸有情永不离失无苦之乐！（发喜心）愿诸有情远离爱恶亲疏住平等舍！（发舍心）”

“诸有情”即“一切有情”。“有情”一词，梵语作“萨埵”，古代汉文佛典译为“有情”。藏语直译为“具心”或“有心”，因此“有情”是指一切有感情、意识的生物，为“非情”（指草木、山河、大地等）的对称。有情又称“众生”。《瑜伽师地论》列出62种有情，其中第二种即为旁生（同傍生，又译畜生，丁福保《佛学大辞典》解释云：“佛家称畜生曰旁生。上自龙兽禽畜，下及水陆昆虫，皆是业轮恶趣。非人天之正道，故曰旁生”）。

佛教经典中对畜生也多有论述，如《正法念处经》（卷十八）言畜生总共有34亿种，并论述畜生的长相、颜色及各种特性。《大智度论》（卷三十）分畜生为空行、陆行、水行三种。《俱舍论》（卷八）载，畜生有胎生、卵生、湿生和化生等，畜生的寿命长短不一，各有不同。

为诸有情祈祷发愿，自然也包括了一切动物。佛教信徒常为六道众生祈愿，也表达了生命平等的意愿。

生命平等，并不意味着人与动物之间不加区别。佛陀中认为动物作为六道众生之一，处于三恶趣中，比起人类其处境是艰难的，其命运是悲惨的，从生存的现象看，人类自然优于其他动物，杜绝来世转生于三恶趣（畜生、饿鬼、地狱）也是修佛的最低目标。正因为如此，佛教主张慈悲和怜悯动物的处境，动物也是大乘佛教普度之对象之一。

大约四百年前，有一位叫莲池的高僧，他希望一切众生都能在阿弥陀佛净土的莲池中化生。

有一回，他看见有个人拿着串在竹条上的一串蜈蚣……它们正在苦苦挣扎。莲池说："请您行行好，放了这些蜈蚣好吗？"

"做梦！它们是能做好药材的毒蜈蚣。我不会放了它们的。但是如果你付钱，我可以卖给你。"

"我同意。你要多少钱？"尽管那个人很粗鲁，莲池大师还是保持微笑，很有礼貌地和他说话。他把所有的蜈蚣都买了下来，可是它们已经奄奄一息，因为它们都被竹钉穿过了。只有一条情况稍好些，它看了莲池一会儿，然后才跑了。

不久后，莲池和一个朋友在这附近坐谈佛经，忽然，他的朋友脸色发白。"看那只大蜈蚣！"一只很大的、多足的、可怕的蜈蚣正爬在莲池大师的袖子上。他的朋友跑去拿来一根棍子要把它拨开，但是蜈蚣一动不动。莲池看起来一点儿也不担心。

"如果它咬你怎么办？"

莲池对那条蜈蚣说："你是我不久前放走的那条蜈蚣吗？如果是，就静静待在那里，我来给你讲佛法。"

蜈蚣没动，大师轻轻地说："任何人，想要了知佛陀所知道的道理，就必须明白，有形世界的所有事物本来都是我们意识的产物。"

"所有生命都是我们的意识造成的。一个凶恶的人会变成虎狼，一个歹毒的人会变成蛇蝎，或者其他毒虫。"

"你现在是一只毒蜈蚣，这是偶然的吗？不，你过去生中一定是心地歹毒。如果你要离开这种煎熬，那么就要离开这种歹毒，然后才能解脱。只有你自己才能使自己得到解脱。"

"明白了吗？很好。现在你该走了！阿弥陀佛！"

蜈蚣缓缓地从窗户里爬出去了。大师的朋友这时才敢从椅子下慢慢地爬出来。

大师告诉他："你也许认为动物们是自由的，其实它们生活在恐惧中。更悲惨的是，它们活在无知中，生活中充满痛苦。"

在《妙法莲华经》中，释迦牟尼佛说："一切众生，皆是吾子。"意即一切众生都如同我的儿子，要像慈护救度自己的儿子一样，慈护救度一切众生。

当前人类社会面临空前的生态危机，致使包括宗教在内的传统文化中的生态思想备受关注。佛教作为具有悠久历史和丰富文化内涵的世界性宗

教，对人类的生存环境及人与动物的关系，有独特的思考和解答。

佛教认为动物作为有情众生的一部分，其生命的价值应该受到尊重，而不能杀害。《菩提道次第广论》明确指出，杀害“大身傍生”（指形体较大的动物）是重罪。佛教反对这样一种认知：“又作是心，畜等乃是世主（指创造世界的神灵）所化为资具故，虽杀无罪。”这里非常明确地告诉我们，动物并非是神灵赐给人类的生活用品，或者说不能理解为神灵创造动物是为了赐福于人类，动物更不是任人宰割的对象，杀害动物的行为是不可取的。在佛教看来，人类并没有主宰或随意杀害动物的权力。

唐代高僧智舜禅师，一向在外行脚参禅。有一天，他在山上林下打坐，忽见一个猎人，打中一只野鸡，野鸡受伤逃到禅师座前，禅师以衣袖掩护着这只虎口逃生的小生命。

不一会儿，猎人跑来向禅师索讨野鸡：“请将我射中的野鸡还给我！”

智舜禅师耐心地开导着猎人“它也是一条生命，放过它吧！”

猎人嚷嚷道：“你要知道，那只野鸡可以当我的一盘菜哩！”

猎人一直和智舜禅师纠缠，智舜禅师便拿起戒刀，把自己的耳朵割下来，送给贪婪的猎人，并且说道：“这两只耳朵，够不够抵你的野鸡，你可以拿去做一盘菜了。”

猎人大惊，终于觉悟到打猎杀生乃最残忍之事。

为了救护生灵，不惜割舍自己的身体，这种“但为众生得离苦，不为自己求安乐”的德性，正是佛家慈悲为怀的具体表现。

佛门弟子因长期修慈悲心，当他们面对有情生命时也自然能生起关爱之情。即使心中没有产生真正的菩提心，但因修习的熏陶，也能减少心理的阴暗面，至少能减缓对有情生命的仇视或漠不关心，不会随时造杀生恶业。在当代，如果我们不断培育这种对有情的慈爱之心，那么野生动物的生存权利就能得到尊重，而那些濒临灭绝的动物就有望得到繁衍，也才能真正实现人与自然的和谐共存。

很多年前，藏北可可西里举目可见的藏羚羊、野马、野驴、雪鸡、黄羊等。当时，经常跑藏北的人总能看见一个肩披长发，留着浓密大胡子，脚蹬长统藏靴的老猎人在青藏公路附近活动。那支磨得油光闪亮的杈子枪斜挂在他身上，身后的两头藏牦牛驮着沉甸甸的各种猎物。他无名无姓，云游四方，朝别藏北雪，夜宿江河源，饿时大火煮黄羊肉，渴时喝碗冰雪水。猎获的那些皮张自然会卖来一些钱，他除了自己消费一部分外，更多地用来救济路遇的朝圣者。那些磕长头去拉萨朝觐的藏家人心甘情愿地走一条布满艰难和险情的漫漫长路。

每次老猎人在救济他们时总是含泪祝愿：上苍保佑，平安无事。杀生和慈善在老猎人身上共存。促使他放下手中的杈子枪是在发生了这样一件事以后。

那天，一大清早，老猎人从帐篷里出来，伸伸懒腰，正准备要喝一铜碗酥油茶时，突然瞧见两步之遥对面的草坡上站立着一只肥肥壮壮的藏羚羊。他眼睛一亮：真是送上门来的美事！沉睡了一夜的老猎人浑身立即涌上来一股清爽的劲头，丝毫没有犹豫，就转身回到帐篷拿来了杈子枪，他举枪瞄了起来。

奇怪的是，那只肥壮的藏羚羊没有逃走，只是用乞求的眼神望着老猎人，然后冲着他前行两步，两条前腿“扑通”一声跪了下来；与此同时，只见两行长泪从它眼里流了出来。老猎人的心头一软，扣扳机的手不由得松了一下。

藏区流传着一句老幼皆知的俗语——天上飞的鸟，地上跑的鼠，都是通人性的。此时藏羚羊给他下跪自然是求他饶命了。他是个猎手，不被藏羚羊的怜悯打动是情理之中的事。他双眼一闭，扳机在手指下一动，枪声响起，那只藏羚羊便栽倒在地。

藏羚羊倒地后仍是跪卧的姿势，两行泪迹依然清晰。

那天，老猎人没有像往日那样当即将获猎的藏羚羊开宰、扒皮。他的眼前老是浮现着给他跪拜的藏羚羊。他感觉有些跷蹊，藏羚羊为什么要下跪？这是他几十年狩猎生涯中唯一见到的一次情景。

夜里，猎人躺在地铺上久久难以入眠，双手一直颤抖着……

次日，老猎人怀着忐忑不安的心情对那只藏羚羊开膛扒皮，他的手仍在颤抖。腹腔在刀刃下打开了，他吃惊得叫出了声，手中的屠刀咣当一声掉在地上……原来在藏羚羊的子宫里，静静卧着一只小羚羊，它已经成型，自然是死了。这时候，老猎人才明白为什么藏羚羊的身体肥肥壮壮，也才明白为什么要弯下笨重的身子为自己下跪：它是求猎人留下自己孩子的一条命呀……

天下所有慈母的跪拜，都是神圣的，平等的，包括动物在内。老猎人

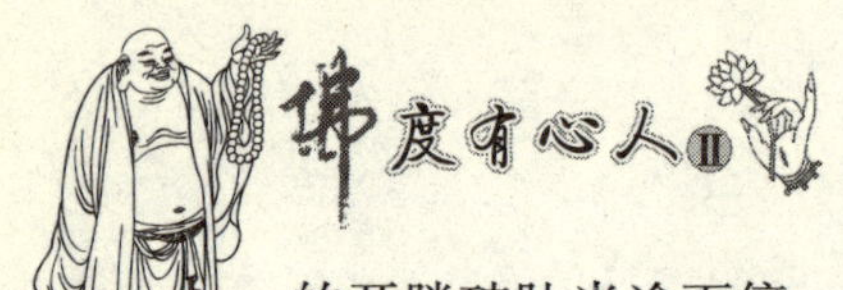

的开膛破肚半途而停。当天，他没有出猎，在山坡上挖了个坑，将那只藏羚羊连同它没有出世的孩子掩埋了。

从此，这个老猎人在藏北草原上消失了，没有人知道下落……

藏传佛教噶当派、格鲁派等教派修菩提心时，将有情众生视为自己的母亲，称为“如母有情”，以此作为修习菩提心的重要法门。当修行者有了这样一种观念时，他才会生不假造作的慈悲，从而激发他救度有情众生的勇气。母亲对自己的孩子无不慈爱、关怀，这是母亲的天性。而孩子对母亲是有感恩心的。将十方有情包括冤敌在内视为自己的母亲，则能生亲爱心、感恩心，愿意为如母有情承担痛苦。这种修习法的确抓住了人类的心理，以理服人，层层引导，其产生的菩提心——慈爱，才会坚固而不退转。

有情众生与“父母”等同的观念，既有逻辑推导的合理性，又能在实践中发挥真实的效能。滥杀无辜，同类相残，均因缺乏对生命的敬重。敬重生命，才能保护生命，人类需要慈爱之心去关爱与我们息息相关的一切生命。

在大乘佛教修持过程中，自我们初发菩提心到最终圆满佛果，在这个中间诸佛菩萨当然是我们至关重要的所依助缘，这点我们很多人都会知道。但是，很多人却不清楚，除了诸佛菩萨外，三界芸芸众生对修行菩提的作用有何等重要。从修行所依助缘的角度而言，众生与佛作用是相等的，每个修行人都必须平等去尊敬。而许多人不明白这点，只知道尊重佛陀，却不尊重众生，这是与大乘佛法相违背的。

如果没有佛陀引导我们，我们就如同迷途于旷野的盲人，根本不可能从三界轮回中得到解脱；但如果不依靠众生，则我们菩提树之根就没有了。如《华严经》中说：“因于众生而起大悲，因于大悲生菩提心，因菩提心成等正觉。”不依众生，谁也无法生起大悲菩提心，而成等正觉。龙树菩萨也说过：“众生菩提因，若欲成佛果，于众敬如师。”众生是趋人菩提之根本助因，如果想得到佛果，即应当把一切众生与佛菩萨一样恭敬承侍。如果舍弃了修行道中与佛无异的众生功德源，那就会如同只有一个轮子的大车，无论如何也不能在菩提大道上前进。

下下之人，有上上智

在现实中，很多有点文化、有一技之长的人自以为高人一等，看不起没文化、没技术的人，博士生瞧不起大专生，自以为脑子机灵的人嘲笑看起来笨头笨脑的人。这是典型的“贡高我慢”，是一种偏见。佛教主张众生平等，人不分智愚凡圣，都应以平等心待之。

更何况，有些人文化少，也许是出身背景等原因使他失去了求学的机会，并不能说他没有智慧，更不能说他没有佛性。

唐代的六祖慧能大师，是中国佛教禅宗的划时代人物。达摩以来的禅学经慧能大师革命性的改造，一花开五叶，形成五大宗派，即沩仰、临济、曹洞、云门、法眼，其后禅宗丛林遍天下。慧能著述的著作也被尊为“经”，名《六祖坛经》。但是，这样一位大智者，出家前，却只是一位砍柴的樵夫，既没有读过书，也不懂得看书、写字。由此可见，往往“下下人有上上智”。

其实“下下人有上上智”这句话，也是慧能大师说的。当年，五祖弘忍要大家写一偈子，看看大家学修的境界如何。神秀写的偈子是：

身是菩提树，心如明镜台。
时时勤拂试，勿使惹尘埃。

当时慧能正在寺院里干杂役，每天都要舂米出苦力。因不识字，慧能不知神秀写的是什么，就对当时的江州别驾说：“本人不识字，请为我读读。”听完别驾对神秀偈子的读诵后，慧能对别驾说：“本人也有个偈子，麻烦你代为书写一下。”

别驾轻视慧能没有文化，对他说：“你也要作偈子，真是稀罕事呀！”

为此，慧能讲道："下下人有上上智，上上人有没意智。"

慧能的偈子，后世稍有点文化的人都知道：

菩提本无树，明镜亦非台。
本来无一物，何处惹尘埃。

后世喜欢这首偈子的人无数，其中不乏博学鸿儒，但谁能想到它出自一个不识字的打柴舂米的人之手呢！

佛陀时代的周利槃陀伽比丘，是个智力很不健全的人，学什么，做什么，都不会，佛陀安排他扫地并教他颂"拂尘除垢"偈。可他反复扫也扫不干净地，偈句反复记也记不住。但是，佛陀对他没有失去信心，而是鼓励他，帮助他扫地记偈子。长年累月，他慢慢地扫得好了，偈子也慢慢记住了，还进一步体会到"拂尘除垢"的意义。周利槃陀伽认为，尘垢是两方面的，一是外在的，是看得见的灰土瓦石，容易清除；另一是内在的，是看不见的贪、嗔、痴，要用大力才能清除。经他不断地扫地，不断地持偈，后来，终于了知法性，获证真理。解脱之后，他去见佛陀，说：佛陀，我已拂除心内的尘垢。

周利槃陀伽的修行故事，说明即使是智力很低的人，也一样具有佛性，一样能修行成功，我们没有任何理由小看他。

凡俗之人稍有学问、稍有名气，就会或多或少地自负起来，轻视别人。

在佛门内也不难发现这样的事情，就是一些修佛者对未学佛法者抱轻视态度。

比如，甲乙两位居士在寺院中或在街上，如果遇到一个人和甲居士发生了矛盾与争执，乙居士往往会对甲居士说："走，别理他，他是个没学过佛的人。"这就表明了乙居士对未学过佛法人的轻视。

不问事由，不判是非，仅凭别人没学过佛便"不理他"，这似乎就有些霸道意味了！

而在寺院中，有些出家众或居士众对刚入门的沙弥或求学佛者或多或少地总抱着一种轻视的态度，这种情况不是没有，这是一种缺乏平等心的表现。且不说你对初学者的根机和信愿都不甚了解，而就他有心学道并提出了这种愿望或已入门等举动，便已值得我们大加赞叹，行欢喜心了，因为一个学佛人的最大职责就是以平等心度化众生。

佛陀的教育，是要我们时时存有一份尊重他人的心。世间有很多微细的人、事、物，我们都不能有所轻视。

黄帝是中华人文初祖，有一次，他带着随从到具茨山去见大隗，半途中迷路了。正当不知何去何从之际，巧遇一位放牛的牧童，黄帝赶紧趋前问道："具茨山要往哪个方向走，你知道吗?"牧童说："知道呀!"于是就指点他们路途方向。黄帝又问："你知道大隗住哪里吗?"牧童说："知道啊!"黄帝吃了一惊，便又随口问他说："看你年纪这么小，但好像什么事你都知道得不少啊?"接着又问道："你知道如何治国平天下吗?"牧童说："知道啊！就像我放牧的方法一样。只要把牛的野性去除了，那一切就平定了呀！治天下不也是一样吗?"黄帝听了非常的佩服，真是后生可畏，这小孩真是不可轻视!

自以为博学多闻的人，要他不轻视文化不高之人，确实很难。其实，世间没有天生就是博学者，博学也需要靠时间的累积及环境的培养。文化少的人，并不表示他永远都学不会，只是还未开始学习罢了！因此，做人处世，要常常抱有敬重他人之心，不可轻视他人的文化和智慧。须知，"敬人者人恒敬之，爱人者人恒爱之!"

不谄富贵，不嫌贫穷

两千五百多年前佛世时代，印度社会人们的宗教意识浓厚，对于修道沙门都有供养的习惯。因此，比丘在早晨太阳还没出来前就得出去托钵。

佛陀十大弟子之一的大迦叶每次外出托钵，都专找贫穷人家乞食，为的是让他们有机会种植福田，以度脱贫穷。须菩提则刚好相反，为了不增加穷人的负担，会到有钱人家乞食，让富者能够继续广种福田，未来才不会穷苦。佛陀知道这样的事情之后，有一天特地召集大众开示："佛法应该建立在平等上，托钵乞食应当不分贫富，不计贵贱，不分精粗，次第乞食。"所以，托钵乞食要依照次第，即挨家挨户去乞，不能因为这户人家比较贫穷，没有好东西吃，就不去托钵；那户人家比较富有，吃得比较好，就到那家去托钵。

在当今这个拜金主义盛行的世道里，人们或多或少地有些嫌贫爱富，人们通常都会看重富贵之人，而轻视那些贫穷者。在信仰上，更多的人都会认为富贵的人的信仰虔诚，而忽视贫穷者的虔诚信仰。其实，佛陀的大慈悲心是平等的，他没有贫富分别地救度一切众生；佛法是平等的，信仰的虔诚与否关键是一颗心，而不能以人的贫富贵贱来衡量。

从前，有一个很穷的女人，她将自己仅有的两文钱供养三宝，道场里的方丈和尚亲自为她回向。世易时移，后来这位穷女人因为布施的功德做了皇后。一天，她坐着轿，在随从的前呼后拥下来到寺院修大供养。她本以为方丈会亲自到寺门口迎接，并且亲自为她主持诵经祈福。出乎她意料的是，方丈和尚只让徒弟去为她诵经回向，并没有亲自主持。她就觉得很奇怪，去问老和尚说："从前我很穷苦的时候，到这儿来才布施两文钱，你却亲自为我回向；今天我带这么多财富来供养，你怎么让你的徒弟来为我回向？"老和尚说："那时的两文钱，你是真心，那是你全部的财产，我不能不替你回向；今天你做了皇后，拥有亿万财富，你拿的这点钱是九牛一毛，我的徒弟给你回向已经足够了。”

佛法是平等的，佛门不会以贫富和你布施财物的多少而对你或趋或避，关键看你的一颗心。

信佛关键是一颗虔诚的心，若心虔诚，贫穷者虽布施一文可当万金之粟；心不虔诚，富贵者虽布施千金也难得片刻功德。一个贫穷的人，即使给三宝以微薄的供养或者根本无力供养，但只要对三宝有一颗恭敬的心，其信仰同样是虔诚的。

佛陀的十大弟子中号称“论议第一”的迦旃延尊者，经常利用各种时机，采用一种善巧的方法，来度化那些处于痛苦生活中的穷人，让他们仰仗佛力得以离苦得乐。

有一次，迦旃延尊者看到一妇人坐在河边哭泣，想投河自杀。迦旃延尊者问她：“为何要自杀？”妇人说：“我是富人家里的奴隶，成年累月地劳动，非但衣食不周，没有自由，还要经常被主人无故打骂。想想活着真没有意思！”迦旃延尊者说：“贫穷是可以出卖的，你把贫穷卖给我好吗？”妇人听后十分惊异地说：“贫穷能够出卖，你要买贫穷，真新鲜！但不知怎么卖法？”迦旃延尊者说：“富人前世布施修福，才能享今生的富贵；贫穷者所以贫穷，是前生没有布施修福。你现在对我行布施修福，不是等于将贫穷卖给我吗？”妇女听后，知道了这是发财致富之道，说：“但我现在一贫如洗，怎样行布施？”迦旃延尊者将钵交给妇女说：“你盛一钵水给我不就是行大布施了吗？”妇女盛一钵水给迦旃延尊者，以此功德，得升忉利天享福。

可见，供养三宝财富的多少，不能作为判断一个人信仰虔诚程度的标准。这位贫妇没有任何财物供养三宝，仅仅布施了一钵水，就有很大的功德，修来很大的福报。

《佛说四十二章经》说：“贫穷布施难，富贵学道难。”对于一个食不果腹、衣不遮体的穷人而言，让他牺牲用来活命的衣食来供养别人，的确很艰难；但如果他们能不考虑自己，毫不犹豫地倾其所有供养他人，的确是令人赞叹的。对于富贵之人来说，让他们布施一些钱财，不过是轻而易举的事，但是，你让他怀有一种平等心、平常心来对待信仰就很难了。

现代寺院之中，特别是一些有名的古刹，常常会有很多的大护法，他们为护持寺院的健康发展作出了贡献，他们当中不乏不计名利得失的虔诚信仰者；但同时，我们也不应当忽视那些默默护持三宝的贫穷小人物，也许在他们中间，还会有将来的佛、菩萨呢！

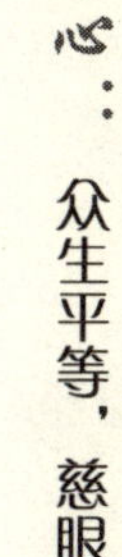

一切职业，普皆平等

印度古代社会的组织，分为四种阶级：一、婆罗门；二、刹帝利；三、吠舍；四、首陀罗。

婆罗门是祭师，掌握大权，十分骄傲，他们自以为是天神的使者，用祭礼仪式来束缚人民。

刹帝利是王族，他们在政治、军事上虽然有大权力，但是地位仍没有婆罗门那么高。

吠舍是工商业的平民，他们没有受教育的机会，只可以做买卖或做工。

首陀罗是奴隶，他们是最下贱的农民，受着压制，过着贫穷卑贱的悲惨生活。

佛陀成道后，回到迦毗罗国看父亲，阿难等七个王子，要求跟佛陀出家。

首陀罗族的青年优婆离，替将要出家的王子剃头时，想到自己身为奴隶，以为不能够出家，伤心得流下眼泪来。

佛陀知道了，他对优婆离说："佛法是平等的，不论智慧的高低，职业的贵贱，谁能实行清净的戒律，都可以出家。"

优婆离很欢喜，立刻落发出家，过着僧团的生活。

王子们要求佛陀收他们做出家弟子，佛陀却要他们经过七天，慢慢地忘记了王子的身份，降伏了骄慢的心理后，才可以出家。

七天过后，王子们正式出家，佛陀叫他们向优婆离行礼。印度固有的阶级制度被破除了！

当舍利弗、目犍连和他们的弟子们皈依佛陀以后，佛陀的出家弟子，已经增加到一千二百人了；这些出家弟子，分布于各地，一面自己修行，一面弘扬佛法。

后来，佛陀游化到乔萨罗国舍卫城。有一天，乔萨罗国的波斯匿王，带着大臣来拜访佛陀，他听了佛陀的说法后，就皈依佛陀做在家弟子；接着，王后末利夫人，也皈依了佛陀。官员和民众，皈依佛陀的，多到难以计算。

佛陀是大众的安慰者，也是大众的救护者，他把一切人都当做自己的儿女一样的爱护。他替生病的比丘洗涤；替瞎眼的比丘穿针。释迦族和拘利族争水，佛陀不辞劳苦，从遥远的地方赶去，替他们调解。毗舍离城疫症流行，佛陀不怕传染，特地进城去安慰病人，教化病人。这一切的行动，都是大慈悲救世精神的表现。

佛法好像百川流入大海，不分高低阶级，皆同一姓；不别贫富贵贱，一律平等。所以说："河水入海，同成咸味；四姓出家，同为释氏。"

佛陀以这慈悲平等的态度，深入民间，去传播平实的道德与中道的真理；凡是和他接触过的，听他说法过的，无不深受感化，而衷心地信仰！所以他的信徒，从国王、后妃、大臣，以至平民、乞丐、奴隶，应有尽有，遍布了社会上的每一阶层、每一种职业。

人人皆有佛性，众生皆可成菩萨。各行各业的工作，从政府官员、董事长、经理、科长、工程师，到清洁工、保姆、看护、邮递员、送货员、司机……千行百业，只要有益众生都可以从事，以帮助众生；同时，也应随各人兴趣，适度投入各种净化人间的公益活动，如环境保护、生态保育、心理辅导、教育改革、反毒品、反暴力等公益活动。佛菩萨不是高高在上、供人膜拜的偶像，或独行侠一般的英雄人物；修行，就是在世间活法中，不分贵贱，不分能力大小，以团队的力量，群策群力，积涓滴之水而成大海，来共同清净人心，净化人间，建设人间的净土！

有一天，佛陀出去托钵乞食时，看到一位以打扫街道为业的贫妇，脸上和手上很脏，穿的衣服又破又脏。看到佛陀走过来，可怜的贫妇立即自惭形秽地躲到一个角落里。

佛陀径直走到角落把清洁工找出来，慈悲地问她："你为何要逃避我呢？很多人一看到我，或听到我的名字就很欢喜，急于想亲近我。你为何看到我，却躲得远远的呢？"

贫妇怯生生地回答道："佛陀啊，我非常敬仰您！但我是一个低贱的人，身上又这么脏，怕污秽了您的清净，所以才不敢接近您。"

佛陀慈祥地对她说："在我的心目中，没有脏的人，也没有卑贱的人。你回去沐浴更衣，再来听我说法吧！"

贫妇简直不敢相信自己的耳朵，非常虔诚地跪下，向佛陀礼拜说："佛陀啊！我真的可以跟其他人一样去听您讲经吗？"

佛陀说："蠢动含灵，没有所谓的贵贱高下的分别，你尽管来吧！"

在一旁围观的自以为有地位的人们，看到佛陀接近一个衣着褴褛的贫妇，很不以为然。他们觉得佛陀这么做有辱身份。

佛陀看出了他们的心思，就说："我说的清净并不是指外表的清净，而是指心的清净。每天街道上能这么干净，是从何而来的呢？是因为有像她一样的清扫工啊！她的身上虽脏，但是她的心地比你们清净。你们看到了吗？她没有骄慢，她无所求，她拥有一颗谦虚的心。"

佛陀接着开导众人说："你们自以为是社会上有地位的长者，所以骄慢自负，对人起分别心。因此，你们的心地其实一点也不清净。"

佛陀刚说完，只见对面走来一位容光焕发、衣着端庄的庄严妇人。佛陀问大家："你们看看她是谁？"

众人一看，原来她就是那位清扫街道的贫妇。佛陀说："你们看，现在她与你们又有什么差别呢？"

现实中，特别是大都市，干着体面的工作、衣冠楚楚的"白领"们，对那些干体力活、浑身泥垢汗味的"民工"们，往往避之唯恐不及。因为怕他们的脏污染了自己。这与其说是"民工"们不干净，毋宁说是"白领"们心地的不干净。试想如果没有民工的出力流汗，能有我们生存、工作环境的干净整洁吗？如果人人都怕脏，那么都市早已被垃圾秽物所填塞，到处屎尿横流了。这个世界上，只有分工的不同、工种的不同，而没有职业贵贱高低的区分。

如果一个人生活在舒适宽敞的高档别墅里，浑身上下一尘不染，但是他所拥有的一切是通过坑蒙拐骗得来的，或者靠贪污受贿得来的，你还能说他是干净的吗？他还没有一个掏粪工干净，因为他的心灵是肮脏不堪的，是为世人所唾弃的。

"本来无一物，何处惹尘埃"，世界本来是清净的，但是当我们的心有净垢高下的区别时，就会处处看到不净。《维摩诘经》中说："心有高下，不依佛慧，故见此土为不净耳。"又说："菩萨于一切众生，悉皆平等，深心清净，依佛智慧，则能见此佛土清净。"清净我们的心灵，平等地对待每一个人，每一种职业，不偏执于贵贱高低，人间净土就在眼前。

美丑无别，相由心生

常言道：爱美之心，人皆有之。时下人们的爱美之心似乎非常炽盛。要不，美容整形行业为什么那么火爆呢？男人们津津乐道于追求美女，女性都渴望自己貌若天仙。然而，在佛陀眼里，分别美与丑的心，其实是痛苦和烦恼的根源。外貌的美与丑，只是内心的虚妄幻象罢了！

有一次，释迦牟尼佛在灵鹫山弘法。

王舍城里，一位名叫莲花的妓女，长得非常漂亮，可谓绝世佳人。这天，忽然她起了善念，想远离人世间的烦恼，做一位参学与持戒的佛教修行者。于是，她前往灵鹫山去拜访释尊。途中，她走到一条清澈的河流，想喝水止渴。当她瞧见自己在水中倒映的美貌时，不禁越看越自喜。秀丽的眼睛，高挺的鼻梁，樱桃似的嘴唇……不论哪一部分，都足以令人心魂荡漾。

“原来我长得这么漂亮，为什么要抛弃美好的身体，而去出家修行呢？倒不如凭这副美貌，及时行乐。只有傻瓜才去做修行者！”顷刻间，她的想法完全改变了。她返身回去。

她的心念释尊早已知悉。释尊暗想：现在正是助长她的善心成长的好时机。于是，释尊运用神通，化身一位比她更漂亮的少妇，在半路上等她来。

当然，莲花对于此事一无所知，她内心里只浮现各种及时行乐的光景。当她从山上走下来，突然看见一个陌生的绝世美女，姗姗而来。

“我从来没见过你，你一个人要上哪儿去？怎不跟先生在一块儿呢？你的孩子和兄弟不在身边吗？”莲花竟也被对方的美色迷倒，忍不住开口问她。

“我是城里的人，现在打算回家去。一个人的确很寂寞，如果不嫌弃，我们结伴同行好吗？”

于是，两人一块儿走下山来。途中经过泉水旁边，她们坐下休息，开始热烈地聊起来。

不料，这位美人竟将莲花的膝盖当枕头，呼呼地睡着了。莲花仔细一瞧，她的呼吸忽然停止了。片刻后，那美女尸体逐渐浮肿腐烂，臭气冲天，皮破肠露，蛆虫蠢动，发脱齿落，死状惨不忍睹。

莲花目睹这样的巨变，吓得脸色发青，心里暗忖："像这样漂亮的女人，一旦断了气，尚且变成这样子。难道我就能永远保持美丽吗？不错，还是该去拜见佛陀，求佛陀救度才对。"

莲花下决心后，拔腿就跑，回到攀登灵鹫山的原路。她见到佛陀时，双膝跪地，一五一十地把刚才看到的情形，禀告了佛陀。

释尊用慈悲的眼睛注视着她，为她解说世间有四件事，永远无法如人愿：

一、不论青年、壮年，都会日渐衰老；二、再壮健的人，也难逃一死；三、亲朋好友，虽然聚集一堂，快乐无比，也终有离别的时刻；四、纵使百万富翁，也会离开财富而去。

莲花聆听佛陀的教谕，始知此身不是永远属于自己的。唯有佛法，才是永恒的真理。她向佛陀表示，自己愿意修行。佛陀答应，她的黑发即刻脱落，呈现修行者的外貌。在修行期间，由于她能积福培德，很快证得阿罗汉果。

纵使你美若天仙，也难逃生老病死，人老珠黄，最后要变为一具枯骨。更何况，自古就有"红颜薄命"的谶语！在生老病死面前，美者与丑者是平等的。与其疯狂地追求转瞬即逝的美貌，不如潜心修行，早早脱离生死轮回之苦海。

以前有一位很有名的大画家，备受大家的赞叹，他觉得受到如此的肯定，自己要更上层楼，就想创作一幅尊贵的佛陀画像。于是，他花很多年的时间，慎重寻找一位模特儿，最后才找到一位长得轮廓分明，看来非常庄严的年轻人，画家觉得这就是他想表达的圣人形象。

于是他重金聘请这位年轻人当模特儿，当这幅画完成、展出时，的确很震撼艺术界，大家都很赞叹，画家的名气更是轰动一时。过一段时间后，画家又想：如何让佛像显得更完美，最好的方法就是至美与最丑的并列比较。佛是最庄严的，而恶魔最丑陋，那么是不是也该画一幅最丑陋的恶魔像？

于是，他又开始寻找一位长得很丑恶的人，要画人间最凶恶、让人看了心惊胆颤的邪恶形象，最后他终于在监狱中找到一名死刑犯。

当画家快要画完的时候，这名死刑犯忍不住哭了出来，他抽泣道："几年前，我也当你的模特儿，那时你画的是佛像；几年后你画恶魔，竟然也选中我！"

这位画家听了愣住了，他说："怎么会这样啊？你以前让人看起来很欢喜，为什么会落得今天如此的地步？"

死刑犯告诉他："那时你画完之后给了我很多钱，我就去吃喝玩乐，甚至沾染了不好的习惯——吸毒、赌博，钱花完了就抢劫、杀人，做了种种罪业，才落得今天的下场。"

这位画家听了，心里感慨万千，也为这位年轻人深感惋惜。

真是相由心生！当时这位年轻人的心很清净，无私无欲，没有迷失，所以能成为画佛像的模特儿；后来因为有了钱而迷失，一踏入陷阱后，再也不能自拔，所以做尽坏事，变成了恶魔的形象，多可怕啊！可见，所谓的美丑，都是由一心所造啊！

按照佛家的因果来讲，一个人的美貌不是用手术刀和化妆品"修"出来的，而是自己心性修行的果报。

胜鬘夫人是舍卫国波斯匿王之女，也是逾阇国的王妃。胜鬘夫人虽然地位尊贵，但面貌却长得不太好看，她心里常常因此生起疑惑。

有一次，当释迦牟尼佛在舍卫国教化众生的时候，胜鬘夫人来到佛前顶礼佛陀之后，很恭敬地向佛陀提出几个问题：

"世尊！为什么有些女人面貌丑陋，体态粗劣，望之可怖，而且穷苦卑贱？为什么有些女人面貌丑陋，体态粗劣，望之可怖，但是大富大贵？为什么有些女人长得美丽出众，却很贫苦，出身卑贱？为什么有些女人长得美丽端庄，清秀可敬，有财有福，身世高贵？"

佛陀慈悲地逐一开示说：

"胜鬘！女人面容丑陋，体态粗劣，望之可怖，而且贫苦卑贱，是由于过去世性情暴躁，容易发怒，有人稍微说她不是，就心怀怨恨，气愤憎恶；同时她也不以吃的、用的以及各种财物，或是香花之类布施沙门（出家修道的人）、婆罗门；又生性善妒，看见别人得到财物、荣誉、尊重、敬仰、

礼遇、崇拜，就生妒忌，因忌生怒。

“胜鬘！女人面貌丑陋，体态粗劣，望之可怖，但却大富大贵，是由于过去世性情暴躁，有人说她不是，她就生气、怨恨、愤怒、憎恶；可是，她却常以吃的、喝的、用的，及一切财物、建地或房舍，以及香花水果等布施供养沙门、婆罗门；且又没有妒忌之心，看见别人得到财富、荣誉、尊重、敬仰、礼遇、崇拜，她能随喜赞叹。

“胜鬘！女人面目姣好，美丽动人，但很贫苦，身世卑贱是由于过去世性情温柔，有人讲她坏话，也不生气，又能忍让；可是，她对沙门及婆罗门却不肯作任何供养布施；又生性善妒，看见别人得到财富、荣誉、尊重、敬仰、礼遇、崇拜，她就生妒忌，常自傲慢。

“胜鬘！女人长得端庄美丽，清秀可敬，品行高洁，多财富且福德高贵，是由于过去世性情温柔，又能忍让，人说她非，毫不计较，亦不生气；她又能以一切财物、建地、舍宅、香花、水果、饮食、医药，恭敬供养布施沙门及婆罗门，广行善事；对别人不生嫉妒之心，言行谦逊有礼，而且对他人之好，时常随喜赞叹。

“胜鬘啊！这就是妇女们贫富贵贱和美丑的缘故了。”

胜鬘夫人听了世尊的开示，很惭愧而又欢喜的说道！“世尊！我听了你的开示，完全明白自己为什么长得丑陋！”

当今追求美貌与富贵的女人们，读了佛陀的开示，该有所悟吧！

三、给予心：广行布施，广植福田

大乘佛法修持的“六波罗蜜”（即六度）的“第一波罗蜜”叫“布施波罗蜜”简称“施度”。布施，说通俗点就是将自己的财物饮食、身体器官、知识智慧给予需要的人。布施是一种付出；彻底的布施是一种无条件的付出：不计较施与者、接受者和所施之物。但以佛眼观之，这是为自己修福报的最好的方法。因为有舍才有得，有给予才能有收获。有些人之所以贫穷，不是因为索取得太少，而是给予得太少。给予心契合佛陀悲天悯人的大慈悲心。胸襟在不断的给予中得以博大，福德在无私的给予中不断增长。广泛地给予，就是在广泛地耕种自己的“福田”，就是在广结善缘。改善命运，成就事业，怎能不从培养一颗给予心开始！

最伟大的赚钱秘密

历史上最伟大的赚钱秘密是什么呢?

我想这是几乎每一位现代人最想知道答案的问题。

当然，对于这一问题，一千个人会有一千个答案。有人会说是天命，有人会说是机遇，也有人会说是眼光，还有人说是经商的技巧……

但是畅销全球的《历史上最伟大的赚钱秘密》一书的作者、美国最顶尖的五位市场营销专家之一的乔・维特尔（JoeVitale）却发现了一条惊人法则。

他断定：世界上最富有的一群人已经或是正在实践着这条法则。

他断定这条法则传承于人类的史前文明并仍旧发挥作用。这条法则将赐予所有的信奉者以财富；然而，多数人对此忧心忡忡，提心吊胆。

历史上最伟大的赚钱秘密究竟是什么？乔・维特尔给世人做出了惊人的答案：

“给予”！是的，是“给予”，千真万确！

给予，当然不是因为期望从受益者身上获得什么回报，可是，请相信，因为你的给予之心，你能够获得更多的回报，或许是以另外的什么形式。

1924年，在给儿子的信中，约翰・D. 洛克菲勒先生解释了他的“给予”法则。他说，“很久以前，还在我青年时代，我就开始赚钱，后来，我开始奉行给予法则，并且，付出越多同时收入也越多。”

确实，付出越多同时收入也越多。他一生中，总共捐献了5亿5千万美元。

一些人认为，洛克菲勒的慷慨乐施纯粹是为了塑造他自己良好的公众形象。其实这种说法并不正确。

洛克菲勒的公关顾问，艾文李先生在他的个人传记《大众的信使》中

提到，“雷埃尔登·哈伯特先生证明洛克菲勒先生几十年如一日地如此慷慨。”艾文李所做的就是告诉公众真实的情况。

巴纳姆也同样深信这一法则。在乔·维特尔写的另一本书《每秒都有一个顾客产生》中，曾经提到，巴纳姆相信他所谓的“有收益的慈善”的说法。他深信，付出将带来回报，果然，他也成为世界上最富有的人之一。

安德鲁·卡内基同样的乐善好施，结果，他是美国历史上最富有的人之一。

布鲁斯·巴顿是著名的BBDO广告公司的创始人之一，乔·维特尔在他的另一本书《成功的七个鲜为人知的秘密》中曾提到，布鲁斯·巴顿也信奉“给予”法则。1927年，布鲁斯·巴顿写道：如果一个人试着为别人做一点事情，直至变成一种下意识的习惯，不用他刻意地去追逐，他的人生将因此而好运相随。

布鲁斯·巴顿成为一名畅销书作家、工商名流、著名慈善家，当然，他非常非常富有。

一些人会说，这些早期的工商巨子们有钱去做这些事情，对他们来说这纯粹是举手之劳。对此，乔·维特尔的看法是，恰恰是因为他们对“给予”法则的奉行，他们才能创造出如此斐然的财富。可以说，是对“给予”法则的信守和秉承，才成就了他们的事业。

现在，热心于公益事业已经成为工商界的一种时尚。这当然可以帮助那些真正有需要的人，而那些信守这一法则的工商人士则事业发达，前程似锦。安妮·罗迪克的内衣，本科汉和杰丽·格林费尔德的冰激凌……许许多多现实的例子都证实了“给予”法则对他们的生意有多么大的帮助。

但是，乔·维特尔所说的给予，是慷慨地给予。他认为慷慨地给予，将带给你更多的财富。

不能吝啬，有些人在实践“给予”法则时，总是犹犹豫豫、小心翼翼地付出，你的给予之所以几乎没有什么回报，原因很可能是你给予的太少。给予，多多益善。

乔·维特尔记得，第一次听到“给予”这个词语时，他自己还以为只是向他推销这主意的人一种骗取钱财的伎俩而已。

所以，起初乔·维特尔就像守财奴一样，并不慷慨，付出不多，自然，他得到的回报也很少。

然而有一天，他突然决定测试一下“给予”法则的效力。

乔·维特尔喜爱励志故事，他看这样的故事，他听这样的故事，与别人分享这些故事。麦克多利先生经常通过电子邮件的方式与乔·维特尔分享他的励志故事。乔·维特尔决定好好谢谢他。

乔·维特尔决定给他些钱。要是以往，他或许只会付出 5 美元，那是因为他那时并不富裕，而且他对“给予”法则心存疑虑。可是，这一回有所不同，乔·维特尔拿出支票簿后签了一张 1000 美元的支票给麦克多利。

在那时，这是乔·维特尔有史以来最大的一笔捐赠！

是的，乔·维特尔承认这令自己有些紧张，但更多的还是兴奋。他想与以往有所不同，也想报答麦克，当然，他也希望知道这以后会发生什么。

麦克收到支票后相当吃惊，当他从邮局拿到支票开车回家时，险些驶出路面。他简直无法相信，他给乔·维特尔来电话并再三道谢。乔·维特尔十分惬意分享他的惊喜，这让乔·维特尔感觉自己是一个百万富翁（其实他当时不是）。

能给对方带来快乐，乔·维特尔很开心。同时，他也为自己的行为而欣喜。不论麦克拿这笔钱来做什么，他都很开心。

随后，意料不到的好运来临啦！

乔·维特尔意外的接到一个电话，有人邀请他一道写一本书，结果是，他由此获得的报酬远远高于他给麦克的 1000 美元。

接着，有日本出版商联系上他，打算购买他的畅销书《精神营销》的版权。自然，乔·维特尔收益丰厚，超过了他给麦克的好几倍。

你可能会说，这些事情不一定有关联。或许，对怀疑者而言，它们毫不相关，纯属偶然，可乔·维特尔相信这是“给予”法则的作用。

乔·维特尔坚信：当自己捐钱给麦克的时候，他就树立了一条神秘的财富法则“有给予必有收获”，这一法则使他收益日丰。

给予时间，你将收获时间；给予物质，你将收获物质；给予爱，你将收获爱；给予金钱，你将收获金钱。

这一法则足以给你带来财富。想想在过去一周内哪些人鼓励过你，想想又是哪些人使你对你自己、对自己的生活和梦想目标依然抱有美好的期望？

那就为他们付出一些吧，发自内心地为他们付出，慷慨地为他们付出，

不要吝啬。不要期望能从他们那里直接获得什么回报。但请相信，你的付出一定会有回报！

当你奉行“给予”法则时，你的生活必将越来越甜美，你的事业必将越来越兴旺。这就是历史上最伟大的赚钱秘密。

如果你看见它，请触摸它；
如果你触摸它，请感觉它，
如果你感觉它，请热爱它，
如果你热爱它，请给予它。

对照自己的内心世界，热情地大声地朗诵吧！

美国有一首短韵诗这样写道：

有一个男人，人们称他为疯子；
他给予越多，他拥有的也越多。

其实，给予，用佛家的话说就是“布施”，佛家的“六波罗蜜”中，有一度就是“布施波罗蜜”，即“施度”。

《摄大乘论》卷二说：“又能破裂悭吝贫穷及能引得广大财位福德资粮故名曰施。”布施，也就是我们平常说的施舍、给予。有财富的施舍，财施；真理知识的施舍，法施；以及给人勇气胆量的施舍，无畏施。

《六度集经》的解释布施说：“慈育人物，悲悯群邪，喜贤成度，护济众生，跨天逾地，润弘河海。”把布施的对象遍及一切众生。

布施虽然是为了别人，但自己却能得大利益。布施的功用：一能破除自己的悭吝：我们因为对财富的贪著，当需要对别人给予施舍时往往会表现出悭吝、舍不得，就像生活中我们有时觉得很多东西都是多余了，可一旦要送给人家时，才发现什么都很重要，这就是悭吝的表现，施舍能破除悭吝；二能破除贫穷及能引得广大财位：有人一生贫穷为什么？是因为不肯布施，佛教称布施是种福田，种了福田，人生始有福德，因此布施能破除贫穷，能使我们人生拥有财富。

布施破悭吝，乃六度菩萨行之首。布施有种种利益，诸大小经典广赞布施功德开示人天之善道，布施为福业善人之相，破贫穷断三恶道，能全获幸福快乐之果，并为涅槃之初缘。

据《大智度论》记载：古代大月氏国弗迦罗城中，有一寒微的画师，名叫千那，到东方多利陀罗国作画十二年，得到了三十两金的报酬，回到本国，到达弗迦罗城，恰闻击鼓作法会的声音，便循声前往观看，见到众僧法相庄严，生起清净信心，即问维那师："给大众僧作一日食需要多少金?"维那师回答："有三十两金，足够得一日食。"画师听后，即以身上携带的三十两金全数交付给维那说："为我作一日食供僧，我明天再来。"这样便空手回到家。其妻问："你在外面作画十二年，得了多少报酬?"答言："我得了三十两金。"妻又问："三十两金在何处?"答言："三十两金已种在福田中。"妻追问："种什么样的福田?"答言："布施给众僧。"其妻闻言大怒，用绳将其夫绑起来，押送到官府治罪。

到达官府，大官问："以何事绑夫送官?"其妻答："我丈夫精神有问题，十二年作工得三十两金，不怜悯妻儿，全数送给他人，依照官制法令，便将他捆绑送来，请大人明察治其罪。"大官问画师："你为什么不将钱供给妻儿而送给他人呢?"画师答言："我先世不行布施功德，今世贫穷，遭受诸多辛苦。今幸遇僧宝福田，若不及时种福，后世还会贫穷，贫贫相续，永无脱免之时。我今希望顿舍贫穷。所以将三十两金全都布施众僧。"大官是敬信佛教的居士，听到这答语后，大加赞叹："难能可贵，辛苦多年得此微薄的报酬，全都布施众僧，你是真善人。"说后，大官即脱下身上的璎珞赠给画师并将所乘之马与一个庄园捐给画师，说："你发心施金给众僧，众僧还未食，所施金已为谷子之种。尚未种植，然根芽已得生长（喻现在的花报），丰硕的果实还在后面（表后世的果报）。所以说以艰难获得的财物，真心全部布施，所获得福报最多。"

佛陀告诉众生，当一个人广行布施，甚至因此而一无所有时，那么，在未来的某一天，他会获得无量的福报。佛陀说，应随时随地布施，不要等待。

佛经中有这样一个故事：

从前有一个蠢人，打算举行宴会，想把牛奶积存起来，准备请客时用。于是他想："我现在如果事先把每天挤出的牛奶储存起来，牛奶会逐渐多起来，而牛奶不易储存，容易发酵变酸，甚至坏掉。不如就在牛肚子里装着，

等到临开宴会的时候，再一起把奶挤出来。”

他一旦有了这样的念头，就捉住母牛和小牛，分别拴在不同的地方。

过了一个月，他才设置宴会。待迎接安顿好客人后，才牵过牛来，准备挤奶。可是每头牛的乳房都已经干瘪得挤不出来牛奶了。这些前来的客人，有的瞪着眼，有的笑话他。

佛陀说：众生中有许多人和这蠢人一样，想修布施，但总说等我挣到大笔钱的时候，然后再一齐用来布施。可是还没有等到攒起许多钱时，钱就因为各种原因而消耗掉了。

李嘉诚先生是大名鼎鼎的华人首富，这是众所周知的，可知道李先生捐助布施社会慈善公益事业者却并不太多。据线装书局出版的《李嘉诚谈商录》一书记载：截至1999年，李嘉诚在医疗及教育方面的捐款数额一直无从知晓，直至新华社要出版一本关于李嘉诚的书，他拖了两三年，一直不想出版。后来，负责有关事宜的记者在香港逗留了两个月，见了先生经多次追问，李先生才拿出捐款支票计算，得出数目达82亿港元。在全球经济不景气，又适逢亚洲金融危机的世纪交接之际，李嘉诚旗下公司业绩却大幅增长。这不能不说是布施财富造福大众的善果。由于李先生多年致力于社会大众的教育及医疗的慈善救助，将财富善用于利他事业，所以李先生财富保有量节节攀升。

并且李先生说过，晚年自己将把全部精力投向社会慈善事业。2005年1月13日，李嘉诚先生又宣布，将他个人投资三十余年的加拿大帝国商业银行近5%股份出售，套现所得78亿元全数拨入其私人慈善基金会，以推动全球公益活动。这样继续布施下去，效果会更加不可思议。

所以布施得富是一定的自然规则，无论你是何种身份，能依照这个方法去做，必定会有不可思议的效果。大家崇拜李先生，不应该去看他的名誉、地位、财富等表面的东西，而应该去研究学习他做人做事的智慧和德行，这才是根本。

洛克菲勒是20世纪有名的石油大王，他在43岁时即建立了庞大的美孚石油公司。然而，此人个性冷漠多疑，不愿与人交往，除非赚大钱，否则没有笑容，且是个十足的守财奴。烦恼和高度紧张的生活破坏了他的健康，据为他写传记的约翰·温克勒透露，说他53岁时看起来“像个木乃伊”，头发眼睫毛全掉光，已经皮包骨头，几近死去。医生告诉他：如果没有充足的身心休息，必死无疑。

在这生死关头。洛克菲勒终于醒悟过来，跳出钱的圈套，开始自我反省，从不顾一切赚钱的观念，转变为投入生活，和人聊天、打球、唱歌、并开始捐钱做善事。他曾捐资数百万美元，建成举世闻名的芝加哥大学，捐巨款给塔斯吉黑人大学基金会，又捐助十二指肠虫专家史太尔博士研制能治愈十二指肠病的药品，更积极建立庞大的洛克菲勒基金会，致力于消灭全世界的疾病、文盲和灾难。他深知各项科研实验工作，常因缺乏资金而停止，他就捐钱使他们完成，比如盘尼西林等多种发明曾得益于其捐助。

心念的转变，影响力巨大的布施，不但使烦恼痛苦 53 岁将死的生命多活了 45 年，直至 98 岁亡故；而且在随后的 45 年中，美孚石油和洛克菲勒家族的事业如日中天，虽曾被政府处以“历史上最沉重的罚款”，但仍然阻碍不了其财富的增长，终于使他成为 20 世纪初的世界首富。

与李嘉诚先生相同的是，现世界首富比尔·盖茨亦于多年来大力捐助社会慈善公益事业。2003 年 9 月 23 日《新快报》消息：盖茨及其基金会将向非州捐款 1.68 亿美元，用于防治霍乱；2004 年 7 月 23 日盖茨又宣布今后几年给他的慈善基金会注入 30 亿美元，这将是历史上最大的一笔捐款；2004 年 10 月 13 日《中国时报》网站消息：盖茨及其慈善基金会每年捐款超过 10 亿美元，今日又宣布将援助印度预防治疗艾滋病项目捐款增加到 2 亿美元；另据路透社 2005 年 1 月 26 日消息：盖茨与挪威政府日前共同捐出 10 亿美元，用于为全世界贫穷国家儿童注射各种拯救生命的疫苗……凭着多年来积极致力于社会慈善捐助的款项越来越大，2004 年盖茨被评为世界上最大慈善家，而此前比尔·盖茨所捐善款数额累计已达 280 亿美元。随后，盖茨又声称将把毕生全部财富用于慈善事业，也就是说，仅以现有身价计，这一捐助数额最少还有 480 亿美元。

从现象上看，比尔·盖茨和其他富豪一样，似乎因为有钱才能捐钱布施，但很少有人思考，他们特别富有的原因是什么？若从佛学三世因果之学说推理，至少有一点可以肯定：这是宿世布施之因加上今世努力之缘而结出的善果，现世有钱又再布施，所以财富更加增长。因此，正确的理解是：前世布施，今世富有；今世又布施，所以更富有！财富的运转法则就是这样。

从因果论，此种乐于捐助布施的共同特征，乃是源于宿世乐善好施的

一种习惯；从这种习惯也可以推知这些富豪宿世捐助布施一定是乐此不疲并长久坚持，因为一件事若非长久坚持，决然不会在有情众生的心念中留下如此深刻的种子，更难养成习惯。

虽然那些大布施者，都是超级富豪，但并非说没有太多钱的人就不能布施。即便你现在沦为乞丐，若能将所乞资财食物施予其他乞丐，亦属财布施，你亦会很快脱离贫穷获得富足。何况很多人比乞丐富足得多，又怎会不能布施呢？

有人会问：社会上很多人不布施，还做坏事，可也很富有，又怎么说必须布施才能富足呢？回答是：这类人是前世布施的善果成熟了，如果现在不继续布施，将来还会再度贫穷。就好像农民收获了这一季的庄稼，大家都说："你丰收了，你真富有！"可他若不去播种下一季的庄稼，吃完存粮到来年就只有饿肚皮了。还有一些人虽然布施但并未富有，是由于所种的善因种子尚未到成熟的季节而已。

所以，广行布施，乐于给予，是世界上最伟大的致富法则。若能深深相信并开始奉行，财富就在不远处向你招手！

最彻底的布施之法

同样是布施，同样是给予，用心不同，出发点不同，功德和效果就相差很大。布施时“三轮体空”，心不著相，进行无相布施，才是最彻底的布施，功德才能最大化。

无相布施，就是布施时没有能布施的我、受布施的人、所布施的物，当然布施后更不存求报的念头，这种“三轮体空”、无相而施的功德，才是最大的。

为了求名，为了求利，为了怕堕入恶道，甚至为了求得自身的健康福祉而布施，就叫有相布施，功德也很有限。

《金刚经》云：“不住色布施，不住声、香、味、触、法布施。”我们在日常生活中，讲话、做事、吃饭、穿衣，只要心存慈悲，处处可以帮助别人，造福大众。但是不可斤斤计较于人我，不可挂碍布施多与少于心上。

无相布施的关键是布施时不要有一种渴求回报的心，无条件的布施，一旦你布施时有了附加的条件，你的布施的动机就不是那么纯洁了。而这一点恰恰是很多富贵之人在供养三宝时所难以舍弃的，他们认为，我供养给你寺院这么多的财富，寺院的方丈应该将我视为座上宾，不仅要热情招待，而且还应当为我主持祈福法会。正是这种贡高我慢的心，影响了他们的信仰。

佛的弟子，天眼第一的阿那律，在无量劫以前是个初发菩提心的人，虽然未做佛教徒，但已明白了布施的道理。当时他只是个种田的农夫，生活贫穷，困苦得很。靠近他家的山上，住了个老比丘，已证得辟支佛果。这位老比丘每隔七天才下山去化斋饭一次，每次只化七家为限，绝对不多化，若七家都统统布施了，才够吃七天。如果有一家没有给的话，这一天就不吃东西。就算化不到任何东西，回去后还是再等过七天才下山化缘。

有一次，农夫从家中带了中饭，准备自己在田里劳动之后吃。当他见到有个穷和尚下山没有化到任何东西，就生出一种怜悯之心。他想："我今天不吃饭了，就把这饭送给那穷和尚吃吧！"

但他并不知道这位老比丘是证辟支佛果的圣人，老比丘有他心通，一观察因缘：哦！他为什么给我这样不好吃的饭呢？这饭叫稗子饭，是一种最不值钱的米，最穷的人才吃那种饭。比丘通过观察才知道：原来他没有钱，天天要吃这种饭，今天知道我没有化到饭吃，就布施给我，这功德真不可思议！对他就特别欢喜，赞叹地说："如是！如是！汝供养心最真也！"于是又回到山上去。

随后这种田人就看到一只兔子向他跑来，忽然间就跳到他的肩上，随即就黏到他身上，怎样都不下来。这一下把他吓慌了，立刻跑回家想法要把兔子拿下来。他把兔子拿下来一看，原来是只金兔子！他就割下兔子的一条腿拿去换钱。回来一看，这金兔腿又长出来了，他也因此变成了一个大富之人。就因为他真心供养辟支佛，所以得到这种果报。

阿那律尊者，因供养一位辟支佛，就生生世世非常富有，不是做国王的太子，就是做全世界富主的儿子。他就是因为在布施时，没有存任何有所求的心，才得以永脱贫穷之身。《菜根谭》云："施人无责其报，责其报并所施之心具非矣。"意思是说，帮助别人不要指望回报，假如抱这种心理，那么这种热心的助人行为就不是那么高尚了。

然而世间人在布施时，总存在一些不正当的因素：有人布施是为博得好名声，让别人觉得他是慈善家；有人布施因为有愧于人，布施了始得心安；有人布施是带着强烈的功利色彩，布施是为希望得到更多的回报；有人布施是带着轻视的态度，以显示他的富有；有人布施是为逃避不好的运气，所谓破财以保平安；有人布施是为引起别人对他的好感、拥护，以成就自己野心；有人布施是基于好胜心，说明自己的富有超过别人。这些布施在佛教看来，都是不如法，它虽然能够给你带来一定的利益，但也夹杂着缺陷。

布施的成立，必须具备三方：一是布施的一方，即"能施"；二是受施的一方，即"所施"；三是所施的物（包括财、法和无畏）即"施物"的一方。佛经上称这三方为"三轮"。

"轮"是比喻。第一，"轮"能运行，佛说布施，是教我们去自度度人，所以“轮”有“度”的意义。第二，修行人经常、随时行布施，就能将烦恼（结使贼）碾得粉碎，所以“轮”又有“碾”的意义。

《摩诃般若波罗蜜经》卷一中说：“菩萨摩诃萨不住法住般若波罗蜜中，以无所舍法，应具足檀波罗蜜，施者、受者，及财物不可得。”如法的布施是从慈悲心出发，以智慧观照世间的需要而修布施，布施的时候，要不住施相，不能认为我是能施者，对方是受惠者，及施给他多少财物。就是你对自己的布施行为，要像没有那么回事一样。

如法的布施当下应做到“三轮体空”，你做了好事，行了布施，不要老在忆念我是施者、你是受者、所施的什么什么、还有什么什么果报，等等。不执著这些，就是随顺“三轮体空”；真正安住在“无相布施”的境界上，就是达到了“三轮体空”。

最彻底的布施，就是在布施时常常观照施者、受施者和施物都是因缘所生，所以能施、所施和施物三方都是空的。布施虽是缘生性空，但我们可以通过精进的修习布施行，就能破除第六（分别计度心）和第七（我执、法执）二识，将“烦恼”碾得粉碎，则“我见”便自然消失而证得我、法二空的自性了。

佛陀在《金刚经》教我们要不住色、声、香、味、触、法而行布施，就是教我们要懂得观照“三轮体空”。财施是色、声、香、味、触五尘，法施是法尘，这“六尘”都是缘生之法。如果我们能观照“三轮体空”，没有“能施”，没有“所施”，也没有“施物”，在布施时，就能心无所住了。

《金刚经》又说：“菩萨应如是布施，不住于相。何以故？若菩萨不住相布施，其福德不可思量。”我们既应在佛陀的教导下去勤行无相布施；又要在行布施的实践中去观照体认“三轮体空”。这样，自度度人而心无挂碍，心无挂碍则会功德圆满。

最殊胜的供养方式

释迦牟尼佛住世时，中印度大国弗如沙王与瓶沙王是至交好友，弗如沙王不曾闻佛说法，不解佛理。有一天，弗如沙王用珍珠、金银、玛瑙等珍贵的宝物做成饰花，送给好友瓶沙王。

瓶沙王收下礼物后，就转而供养佛陀，同时告诉佛陀："弗如沙王是我的挚友，他送我这朵宝花，我现在把它供养给佛陀，希望藉此一点功德，能够使弗如沙王放下心中的一切成见来拜见佛陀，听闻佛法。只是我现在不知道该用什么东西来回报他的馈赠才好。"

佛告诉瓶沙王："你写一部《十二因缘经》回赠给他好了，弗如沙王得到这部经，心中必定能对佛法生起信心，进而理解佛法。"

瓶沙王听了佛陀的吩咐之后，很快地就把经卷写好，另外又写了几句话给弗如沙王："你以珍宝饰成的花赠送给我，我今以佛法之花相报，请详解经义，以使明了因缘果报的微妙道理，同尝法味。"

弗如沙王依言反复深思熟读，信受了解，深感佛法的微妙而赞叹：佛道变化之力太微妙了，佛理能使人心镇定，邦国安乐。财、色、名、食、睡是人生忧苦的根源，我历劫以来沉迷不醒，到今天才了悟人生的大义，透视世俗社会，实在没有什么东西值得贪恋的了！

于是将王位传给儿子，自己则全心全意地研究佛法，悠游法海，过着佛家的生活。

这个故事让我们不难得知：法布施是一切供养中，最为尊贵难得的布施，教人明了各种道理，劝人为善，使其改过自新，获得智慧。语云：一世劝人以口，百世劝人以书。印制善书佛典赠人阅读，劝化世人向善，就是最高贵的布施，无上的慈悲。

《普贤行愿品》中普贤菩萨的十大行愿中，第三大行愿就是"广修供养”：

“善男子，诸供养中，法供养最。所谓如说修行供养、利益众生供养、摄受众生供养、代众生苦供养、勤修善根供养、不舍菩萨业供养、不离菩提心供养。善男子，如前供养无量功德，比法供养一念功德，百分不及一，千分不及一，百千俱胝那由他分、迦罗分、算分、数分、喻分、优波尼沙陀分，亦不及一。何以故？以诸如来尊重法故，以如说修行出生诸佛故。若诸菩萨行法供养，则得成就供养如来。如是修行，是真供养故。此广大最胜供养，虚空界尽，众生界尽，众生业尽，众生烦恼尽，我供乃尽。而虚空界乃至烦恼不可尽故，我此供养亦无有尽。念念相续，无有间断。身语意业，无有疲厌。”

每个现代学佛者多少会有过供养的行为，如以香、花、灯或其他财物供养三宝。在佛教中，与供养内涵接近的是布施，都是供给对方所需。但供养更强调了亲近、奉事、尊重的成分，而布施则含有对弱者的同情、怜惜、爱护之义。故对佛菩萨及父母、师长，是以恭敬心供养。而且，若能以供养心修布施，将更有利于平等心的修习，将迅速成就清净、圆满的功德。

“人天路上，修福为先。”福报从何而来？正是通过供养、布施而来，就像收获是通过播种而来。佛教把供养的对象称为“福田”。福田有三：一是悲田，如穷困者及弱势群体；二是恩田，如父母等有恩于我们的人；三是敬田，为三宝或师长等我们恭敬的善知识。这些都是培植福德的土壤。有了福报，人生和修行道路才能畅通无阻。或许有些人不解，生存自然是需要福报，难道修行也要福报吗？确实如此。如果没有福报，修行会遇到很多障碍，所谓“修慧不修福，罗汉托空钵”。我们的色身需要物质滋养，若是资粮不具，甚至整天要为生计奔忙操劳，又如何安心修行呢？

供养还能帮助我们克服悭贪和吝啬的心理。凡夫最大的特点就是贪著，将属于自己的物品也视为自身的一部分。烦恼便因这种对“我所”的执著而产生，物品损坏后会为之伤感，失去后会为之心痛，赠予他人更是万般不舍。贪著和我执，是对我们伤害极大的两种烦恼，而供养正是破除它们的重要法门。菩萨之所以能为众生舍弃一切，是因为在他们的心目中，众生和自己是平等无二的。在世间，母亲对儿女的付出是最无私的，但离菩萨的境界却相距甚远。因为菩萨行还具有无相、无住、无所得的特点，毫

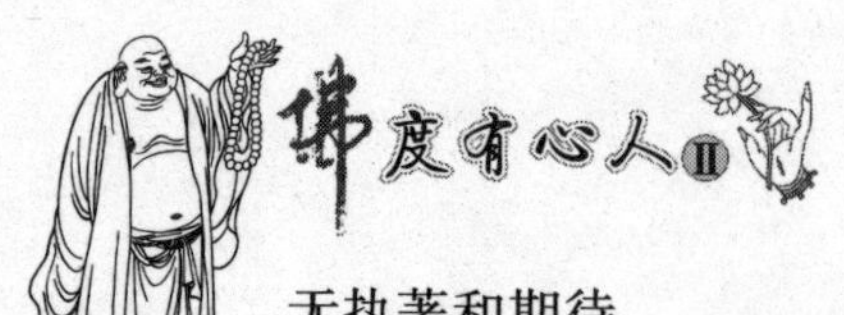

无执著和期待。

“善男子，诸供养中，法供养最。”在一切供养中，财供养虽然功德很大，却远不如法供养殊胜。佛陀在很多经典中都为我们宣说了法供养的意义，如在《金刚经》中反复以校量功德引导人们行法供养。为什么财布施不及法布施，财供养不及法供养呢？因为财供养只能满足暂时的需要，而法供养却能改变生命品质。一个品格低劣、烦恼重重的人，即使拥有许多财富，依然不会获得快乐。反之，对于断除烦恼的圣者而言，哪怕一无所有、生活清贫，却能处处自在、时时安乐。

那么，什么是法供养呢？

“所谓如说修行供养”，即闻思佛法、如法修行。佛陀出现于世，目的正是为了帮助众生解脱烦恼和生死。所以说，按照佛法指引的道路修行，像佛菩萨那样广泛利益一切众生，才是至高无上的供养。就像在家庭中，依父母意愿行事的孝顺孩子才能令长辈欢喜；若不听父母教诲而胡作非为，虽能给父母带来钱财，却无法令其安心。同样的道理，依法修行才是佛弟子们应有的作为。

“利益众生供养”，时刻心系众生，并尽自己所能利益他人，也是供养如来的方式之一。《普贤行愿品》第九大愿谈到：若令众生欢喜，即令如来欢喜；随顺众生，即是随顺如来。诸佛如来从发心开始，为救度众生而精进修行。很多人以为，学佛的目的是为了成佛。这固然不错，但我们要知道，成佛的目的却是为了更好地度化众生，所谓“为利有情愿成佛”。所以，对于利益众生的行为，十方诸佛都会欢喜、赞叹，因为我们正是在行佛所行。

“摄受众生供养”，是以布施、利行、爱语、同事四摄法门摄受众生皈依、学佛，以此作为对诸佛如来的供养。

“代众生苦供养”，愿担当天下苍生的痛苦，愿以己身代替一切众生承受苦难，是慈悲心的极致。慈悲是佛菩萨悲智二德之一，以这种广大悲心与众生同甘共苦，正是对诸佛如来的真实供养。

“勤修善根供养”，勤，是精进、勤奋。佛法所说的善行有着不同内涵，如以五戒、十善为主的人天善行；以戒、定、慧、解脱、解脱知见五分法身为主的解脱道善行；以布施、持戒、忍辱、精进、禅定、般若六度为主的菩萨道善行。勤修善根，能使出离心、菩提心的力量得到增强，最终证佛所证，是为究竟供养。

“不舍菩萨业供养，不离菩提心供养。”生生世世永不舍离菩萨道事业，永不舍离菩提心实践，尽未来际走在菩提大道上，自利利他，自觉觉他，才是究竟圆满的法供养。

“善男子，如前供养无量功德，比法供养一念功德，百分不及一，千分不及一，百千俱胝那由他分、迦罗分、算分、数分、喻分、优波尼沙陀分，亦不及一。”此处以一系列比喻，衬托法供养的功德之大。《金刚经》中，也是通过反复校量来突显法供养与财供养的功德差别，如以恒河沙生命或三千大千世界七宝布施，所获福德虽巨，却比不上受持《金刚经》四句偈的功德。因为单纯的财供养不能在根本上解决生死问题，故无法与依法修行所获功德比拟。

“何以故？以诸如来尊重法故，以如说修行出生诸佛故。”三世诸佛皆依法修行而成就，故法以其至高无上的地位而备受尊重，即使是诸佛如来，同样要礼敬于法。如果没有法存在于世间，那么诸佛也无法证道并成佛。

“若诸菩萨行法供养，则得成就供养如来。如是修行，是真供养故。此广大最胜供养，虚空界尽，众生界尽，众生业尽，众生烦恼尽，我供乃尽。而虚空界乃至烦恼不可尽故，我此供养亦无有尽。念念相续，无有间断。身语意业，无有疲厌。”如果菩萨能行法供养，才是最究竟、最真实的供养。《普贤行愿品》所阐述的广大供养乃无上妙法，发心极为广阔，在空间上周遍十方，在时间上尽未来际。如果虚空会有尽头，众生及众生的烦恼会有尽头，这种广大供养才会结束。事实上，虚空是无尽的，众生及众生的烦恼是无尽的，所以对诸佛如来的供养也是永无止境的。并且，这种供养时时刻刻都在进行，从来不曾间断，始终不会厌倦。

一般人觉得供养用有形有像的财物才踏实，供养物丰盛，才算有大功德。相比之下，总觉得法供养不那么实在，甚至怀疑是否可作为供品来供养。

这只是因为执著外物的习气深重，才觉得物质有形有像、可捉摸是实在的，内心的法无形无像，触摸不到，反以为是虚无的。其实，心是万法的造作者，外物只是心现的影像，法财是内心积聚的功德，当然远远比影像的外物坚实。况且，外财会被水冲、火烧、贼偷；而法财——闻财、舍财、慧财等却是地水风火四大和人为的灾祸丝毫毁坏不了的，所以法财最

为坚实。

从作用上观察，法是佛母，佛是由法而成就的，从凡夫到佛的一切修证功德，都是由法而来。想一想，法能使人成佛，能使人得到暂时、究竟的一切利乐，地水火风的无情物能使人成佛吗？能使人获得智慧、慈悲、神力吗？当然不能，其直接作用只是为人提供生活便利、养身、娱乐等，至于直接在心上离过证德，则没有丝毫作用。所以，法财远远胜过外财，故说“诸供养中，法供养最”。

最便捷的成功途径

大海边，经过一夜的暴风雨，使得许多小鱼因逐浪而被困在沙滩水洼里。大海虽近在咫尺，但它们回不去了，而且过不了多久就会成为涸辙之鲋。

不知什么时候，一个小男孩出现了，捡起小鱼用力扔回大海。一个正在海边散步的中年男子正好路过，他对孩子说："这小洼里有几百几千条小鱼，你救得了吗?"

"我知道。"小男孩头也不抬地回答。

"哦，那你为什么还在扔？谁在乎呢?"

"这一条小鱼在乎!"小男孩一边回答，一边拾起一条小鱼扔回大海。

"这一条在乎，这条也在乎！还有这一条、这一条、这一条……"

"勿以善小而不为，勿以恶小而为之。"这是三国时蜀主刘备临终前对儿子刘禅的遗言。他叮嘱让刘禅不要轻视小事。"小"中有大。"小"水滴不断滴下，力可透石；"小小"火星，足以燎原；"小小"的一句话，足以影响一国之兴衰；"小"不忍，即足以乱大谋；一丝"小小"的微笑，给人信心无限；每日一件"小小"的善行，足以广结善缘……

现实生活中，大多数人会说些大而无用的话，或像海边散步的中年男子那样，自己不行善反而说一些似乎是富有哲理的话来劝阻他人，甚至嘲笑别人做傻事；或有人如是想：这么多的小鱼儿啊，就算把几条扔回大海，又有什么用呢?

佛经上有这样一个故事：陀山起了大火，许多鹦鹉一起飞舞于陀山大火之上，原来这些鸟儿们是"入水濡羽，飞而洒之"，它们将身上的羽毛沾上水，然后把水洒上陀山，期望能熄灭这场大火。正是这样一种"入水濡羽，飞而洒之"的鸟儿的"善小"之举感动了天神，天神在弹指之间就帮

鸟儿们灭了这场山火。

鸟儿们对陀山的情怀，虽以“善小”之举，却昭示出“大爱”。

人是依靠因缘而生存在这个世界上的，一个人的力量是单薄的，应该广结善缘，因缘越多，成就越大。有时一句好话、一件善事、一个微笑，都能给我们的人生广结善缘，成就大好功德。

我们虽很平凡，但是我们可以用博大的爱去做生活中每件最平凡的事……一块砖在街道上妨碍行走，捡一下，就解决问题；蹬三轮货车上坡的送货员汗流浃背，举步维艰，帮忙推一下，车子就会轻松上坡；老人上下车蹒跚吃力，扶一下，老人行走就方便了；自来水哗哗直流，拧一下开关，就节约了用水……这些举手之劳的小事，表面看来微不足道，不足挂齿，但小中可以折射大爱心、大慈悲。

一天，有一个小孩，尿急跑到院子里。当他要撒尿的时候，发现有一群蚂蚁在搬东西回家。他立刻憋住，跑到另一边去。此举虽小，但对蚂蚁来说，一泡尿就是一场大水灾呀！《梵网经菩萨戒》云：“水滴虽微，渐盈大器。”“积善成德”，正是从大处着眼、小处着手的。

结缘就是播种，不播种，将来怎么能有收成？我们宁愿相信有一双看不见的眼睛在注视着人间的一切，也宁愿相信冥冥之中有一种力量能够调节付出与得到的平衡，只要我们从结缘的角度付出善意，做出善行，哪怕是小小的，没有别人知道，佛陀也总会赐给我们一份惊喜。

当代高僧净慧老和尚有言：“以结缘的心成就事业。”

世间上最宝贵者，并非黄金白玉，也非汽车洋房；最可贵者乃是“缘分”。人与人要有缘分才能合好；人与事要有缘分才能成功；人与社会，乃至事事物物、你、我、他等，都要有缘分才能圆满功德。

春秋时代，秦晋两国开战，秦军失利，秦缪公被晋国的军队包围了，正在这危急关头，忽然来了一群人，疯一样冲进了包围圈，硬是把他救了出来。回到自己的阵地，秦缪公惊魂初定，才仔细打量救他出来的恩人，于是失声说道：原来是你们！

原来，几年前有一天，秦缪公的好马丢了，急忙派人去找，后来终于找到了，可是那马已经被一群野人杀吃了。秦缪公的手下非常气愤，他们以为秦缪公会责罚野人，可是秦缪公却说：“算了，他们也不容易，我们走吧！”忽然他又想起什么，回头说：“我听说吃马肉不喝酒容易生病，把咱们带的酒送给他们好了。”

事情过去好久了，这么一件小善事秦缪公也早就忘到九霄云外了，没想到，今天倒是这些人救了自己的性命。

一匹马，一群野人的性命，对于这位秦国的君主来说，并不算什么，只是小事一桩。但对于这些野人来说，就非常重要，自己吃了人家的马，人家不但没怪罪，反而赐酒，当然值得以死来报答。

遇到那些身处困境的人，一定要伸出援手，不要以为你帮不了多大忙，其实你一点小小的举动，人家却可能非常受益。常言道“雪中送炭”，其实“送炭”的人可能觉得这不过是小事，可是对于在“雪中”挣扎的人则是大恩大德。

勿以善小而不为。“善小”不是“不足道”的，因为“善小”含有“大义”。佛教讲“一滴水中看世界”。我们虽渺小如沧海中的一滴水珠，但仍可尽这滴水珠的力。不要轻忽生活中的每一件小善事；正是这些小善事，如同阶梯，让我们的生命达到高境界。

许多现代人，一提到结善缘、做善事，就会有一连串的意念：“这是有钱人做的事。”这是一个很大的错觉，认为做善事就等于出钱。

其实，做善事的范围相当广，有“出钱”做的善事，如：开设医院、创办学校、建养老院、办孤儿院、赠医施药、造桥修路、设灯照路、赈济饥荒、施衣济寒、施棺葬尸、创修寺院、印造经文、捐印善书、买物放生等。

亦有“不出钱”能做的善事，如：慈悲戒杀（减少世间一份杀孽），解除他人冤怨（调解怨恨，化干戈为玉帛），替人隐恶扬善，息除是非争端，原谅别人过犯，宣扬善德，捡除挡路之瓦石（香蕉皮、西瓜皮、玻璃碎片等），修桥补路，尊敬长辈，爱护小辈，孝敬老人，扶伤残人士过马路或上下车，让座位给孕妇或老人，路见病危、尽力救护，出言语安慰病危或轻生之人，鼓励意志消沉之人，成全他人之名利或节义，助人骨肉团聚，讲经史谈道义而化导奸顽愚昧，劝人弃邪淫而向正道，劝人信因果、种福因，献血救人……诸如此等，都是不用花钱而能做到的善事。

更有不少人做善事不给人知，不给人见，如匿名捐款济贫，暗中息除他人冤怨，暗中替人消灾解厄，暗中成全他人等，这些人种的福德更大，暗而不显之善事，是谓之“阴德”，亦是佛经所云“无相布施”也。

由此可知，做善事、结善缘不一定要“出钱”，最要紧的，是要“出心”去做！

做善事有大小之分，主要的区别原则大约可分两种：

一是以“出心的程度”来衡量。

比如说，富者施舍出一百元，贫穷者亦施舍出一百元，富者所施舍一百元犹如九牛去一毛，而贫穷者所施舍的一百元则可能是数日之餐。因此，出心的程度就大有区别，同是一百元数目，贫者所做的善事就大得多，所种的福德效果也大得多。所以，往往贫人施舍数十元，会胜过富者施舍数千元或数万元。

又比如说，甲乙两人同是一样生活环境，施舍出同一个数目的钱财来做善事，而阿甲做了善事之后，心中常常记住，冀图速速获报答，并常有居功之心，沾沾自喜。而阿乙做了善事之后，无居功之心，亦无冀图速获福报，谦虚谨慎，只顾耕耘，不问收成。因此，甲乙两人的“出心”程度就大有区别，阿乙所得的福果必然远胜阿甲。

佛经有云：“无功德处，是大功德。”意思是说，没有“功德之心”自居，所做的功德才是大功德。“出心”即是“发心”，是发慈悲之心、发布施之心。如果是较有修持和德行的人，发出的“慈悲之心”是非常深远的。现在佛教的一些法事，在“回向”的时候，都是将法事的功德回向给一切众生，祈世界和平，风调雨顺，众生安居乐业。这也是发大慈悲心的表现，本身就具无量的功德。

二是以“受益的程度”来衡量。

比如说，阿甲所做的善事是一个人受益，而阿乙所做的善事是使大众受益，当然阿乙胜阿甲。

又比如说，有阿丙不务正业，嗜赌邪淫，债台高筑。阿甲用金钱帮助他还清债务，救起阿丙免受官刑之苦。而阿乙则用言语晓以大义，劝回阿丙改邪归正，使他终生幸福。甲乙两人同使一人受益，都有善德。但阿甲是使他暂时受益，而阿乙是使他终生受益，则后者又远胜于前者。亦可见不一定要用金钱才能做得善事。

以上两种衡量方式都是首重于“发心”。因此不一定有钱的人才有机会做善事，贫者只要能“发心”去做，效果一定比富者好。因此“出心”比“出钱”要珍贵得多。而上天所庇辅的，也就是能够真正施舍出“爱心”给众生的人！所谓“皇天无亲，唯德是辅”“天道无亲，唯与善人”。这正是上天最公平之处！

佛陀告诉我们：未成佛道，先结人缘。善缘能驱除消沉者心灵的阴霾，使他们看到生活的美丽，看到希望的绚丽；善缘能消融失意者心灵的雾障，使他们信心百倍，勇气陡增。很多现代人朝思暮想要成功，其实，最便捷的成功途径就是广结善缘。

最可悲的贫穷因缘

《地藏菩萨本愿经》中说：地藏菩萨“若遇悭吝者，说所求违愿报”，也就是说，地藏菩萨会对悭贪吝啬小气一毛不拔的人说，会遭遇所愿所求难以实现的报应。为什么现实中许多渴求发财的人很贫穷呢？这其实是他们一直以来悭贪吝啬小气所结的苦果。

以佛教的因果论来解释，贫穷通常与悭吝贪得、不肯施舍、不能与人结缘有关。我们反观现实，只想获得、不能施予的人，一般都不会有很好的人脉关系；每次都为了最大利益机关算尽，不给对方留一点儿余地的人，最终可能导致他自己没有立锥之地，一贫如洗。

佛在世的时代，印度有一位悭吝的越难长者，他家里非常有钱，而且富有的程度已到“富可敌国”“富甲天下”的形容最为恰当，他家中珍藏了数不清的珠宝，更有金库、银库、珍珠库、玛瑙库等。

虽然越难长者是那么的有钱，可是他却是一位非常悭吝的人，不但是有益社会的事不做，还对于别人行善布施，皆嗤之以鼻，更取笑那是傻人才做的傻事，所以越难长者一毛不拔的作风在印度当时，无人不知，无人不晓。

虽然有人批评越难长者，但是他仍然我行我素，不予理会，还下了一道命令给守门的人说：“从今以后不管是什么人，不论是什么事，只要是化缘或募捐、乞讨，一概不准他们进来，因为我绝不会捐一毛钱或一粒米，如果有人强行进来就把他摔出去，知道吗？”

隔了不久，越难长者又怕小偷来偷珠宝、飞鸟来啄稻米、老鼠来吃米粮，所以就在房中四边及上方，都想尽办法布网防范，连一只苍蝇都不能飞进来。他自己也很少外出，因为他拥有太多的财物，舍不得离开它们，又贪生怕死。

但贪生怕死的人最后也是要死的，有一天，越难长者生病快要死了，就把儿子叫到病榻前，对儿子说：“看来我的病是不会好了，大概再过几天就会死了，可是我放不下家中的钱财，所以我特别交待你，当我死了之后，不论什么人来化缘或募捐、乞讨，你都不要给他们，也不要让他们进来，更不要去做什么慈善事业及公益事业，因为那是傻瓜才做的事，只要你听我的话，我留下的钱财，你们世世代代不用做事都花不完，知道吗？”

越难长者的儿子叫旃檀，旃檀听完父亲的嘱咐之后，就真的遵照父亲的话去做，命守门的人，对任何人都不能施舍，如果有人来化缘、募捐、乞讨，就不客气地赶走他们。

没过多久，越难长者死了，死了之后因为悭吝成性，心性毫无光明，“贪”性成“贫”，“嗔”性成“瞎”，所以在业力的缠缚下，转生在舍卫国一个贫穷的家庭，母亲是一位瞎子，想不到生下来这个小孩也是瞎子。

等到小孩十二岁时，她的母亲就告诉他：“你已长大了，但你生下来就是瞎子，瞎子是找不到工作做的，为了生活，你只好去当乞丐了，现在我交给你一支竹竿，一副碗筷，一个袋子，你自己去讨饭吃。”

盲儿于是遵奉母命，离开了母亲出去乞讨。有一天，他来到了旃檀家内，此时旃檀在里面知道有人闯进来，于是大怒，呼叫守门人。守门人听到主人呼叫，知道是乞丐闯入，一气之下就抓住盲儿的衣领往门外一摔，摔得盲儿头破血流。

这件事发生后，有人去告诉佛陀，佛陀早已知道这是盲儿前生悭吝的果报。于是，慈悲的佛陀就来到旃檀的家门前，使出佛光佛力加被旃檀及盲儿，让旃檀看到自己的父亲已经转世成为盲儿，让盲儿知道自己前辈子就是那位家财万贯的越难长者。

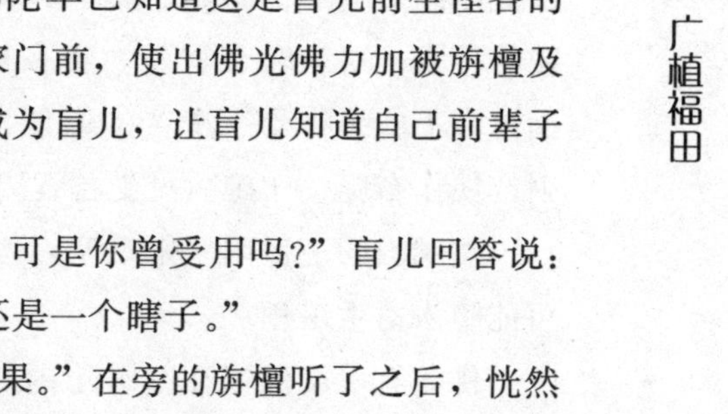

佛陀又问：“你曾经有很多的钱财，可是你曾受用吗？”盲儿回答说：“我一点儿也没受用，转世又当乞丐而且还是一个瞎子。”

佛陀于是开示说：“这就是悭吝的结果。”在旁的旃檀听了之后，恍然大悟，于是不但参予慈善事业、公益事业，更护持佛法扶穷济贫、修持佛法，最后终于得到初果的果位，死后升天享受福报。

又据《旧杂譬喻经》所载：

从前有一个名叫“伊利沙”的悭吝之人，家中虽然富裕，但却从来不给别人布施任何一点儿东西。一日，他躲在一个荒无人烟的地方吃烤肉，天神看见他的举动，就变成一只狗绕着他转来转去地讨食。

伊利沙见到狗心生厌烦说："你若四脚朝天，腾空且停留在半空中，我就给你吃一点。"话刚说完，狗即按他所言做了。

伊利沙大吃一惊，却仍然舍不得与狗分食，于是眉头一皱，计上心来说："若你的两个眼珠现在掉到地上，我才给你吃一点。"话音未落，狗的两个眼珠"啪"地一声掉到了地上。伊利沙高兴极了，心想：这下狗眼已瞎，什么也看不见了。他端起饭和肉，换了个地方，放放心心地大嚼了一顿。

天神见伊利沙远去，一下变成他的模样，来到他家，一进门就吩咐守门人："如果有人胆敢冒充我，一顿棒子把他赶出去。"然后进屋，下令把所有的财产都布施给穷人们。

伊利沙吃饱喝足，摸摸肚子，满意地往家赶。到了家门口，守门人一把将他挡住，不让进。他发脾气说："混蛋！瞎了眼吗？我是你们的老爷。"守门人恶狠狠地说："怪不得老爷刚才吩咐，叫我把冒充他的人赶走，果真有人敢来冒充老爷。"说着一顿棍棒就把他赶走了。

伊利沙眼睁睁地看着自己的全部财产都被穷人们分完了，心里一急，便疯了，从此身无分文，沿街乞讨。

世间悭吝的愚者不懂得布施的功德，以为财物布施后，自己会变穷，故说："东西越多越好，给出一份就少一份，给完以后我吃什么？穿什么？"因此他们坚决不作布施。愚者有此顾虑，在所难免，因为他们没有闻思佛陀的教诲，缺乏取舍智慧，实在可怜。智者了知依靠布施能得广大福果，而悭吝不施终将受穷遭苦的道理，再加上修行般若空性的正见，所以稍有财产便作布施，布施后见受益者离苦得乐，则更为欢喜。

按佛教的三世因果来观察，悭贪吝啬的人不仅会遭贫穷之报，死后还可能堕入畜生道里。

佛陀有一度驻锡在摩竭陀国的灵鹫山，为众多的弟子们讲经说法。摩竭陀国的国王频婆娑罗王，率领了许多大臣来到灵鹫山上，合掌恭敬，顶礼佛足，禀告佛陀道："慈悲的救主，伟大的佛陀！今天弟子特来请求佛陀，唯愿佛陀的慈光照耀到那竹林中，以佛陀大无畏的威力降伏那条毒蛇，使它不会再伤害人。"

原来离王舍城不远的一座竹林中，藏着一条凶恶的毒蛇，如果有人从那林中经过，它便怒火中烧，毒眼视人。假使人走近它一点，它便用毒气伤人，或用毒牙咬人，伤者都会丧身害命。有人将此事禀告国王，请国王设法解决。国王思前想后也没办法，因为许多人要去降伏它，反而都送了命，所以唯有去请求佛陀。

佛陀答应了国王的要求。有一天，佛陀独自一人往毒蛇伏藏的竹林中走去。毒蛇远远看见佛陀，便生起嗔恨心，双眼怒视着佛陀，并且还张开口，伸出红舌，扑上来要伤害佛陀。佛陀运用慈力，从五个指端放出五色光彩，那绚烂的光彩照在毒蛇的身上，毒蛇即刻变得温和，毒气也消失了，心中生出了欢喜的心，举头仰望着佛陀，心想："哪里来的人，能放这种光明照在我的身上，使我身心都感到清凉快乐？"

佛陀知道毒蛇已经降伏了，便对它说："贤面长者！往昔的罪业你知道吗？过去世的你，虽是一个大富翁，但你悭贪嫉妒，刻薄诈欺，无恶不作，一年到头不曾布施一点儿给人，就是那可怜的乞丐，你仍然舍不得布施一粒米，反而怒目相视，恶口骂人，所以今生才受到这种丑形的果报。你怎么还不反省忏悔呢？为什么还要生恶心毒害来往的行人呢？你本来的罪业已经很重了，现在又在继续造罪，那你的痛苦要到几时才能够了脱呢？如果你再如此下去，痛苦的果报将是无穷尽的，几十万劫都没办法解脱的！"

佛陀慈和的声音深深打动了毒蛇的心，使它生起大惭愧心，在佛前忏悔前罪。佛陀看它已经明白过失，便对它说道："你在前生因为不奉行道德，才受此蛇形，今天你能省悟，接受佛陀的教化，你就可以出离苦海了。"

毒蛇听了之后，忽然开口说话："佛陀的慈训，弟子不敢有所违背，今后誓愿奉行。"

"既然如此，可入我的中。"佛陀说完，蛇即遵照佛陀的意思，进入了中，佛陀便拿着，走出了竹林。

国王及许多人民听了这个消息，都赶来树林中看个究竟。这时蛇见到人，心生惭愧，厌恶蛇身，不久就死去了。命终后，因为它真心忏悔改过，便生到忉利天去享受天福。

贤面长者虽然超度了，但是，还是奉劝当今某些大富之人，莫要过分悭吝不舍，免遭苦报。因为悭吝而变得一贫如洗，甚至堕入三恶道中，不是很可悲的吗？

四、感恩心：四重深恩，终身以报

佛门天天要诵一首《回向偈》，其中两句“上报四重恩，下济三途苦”，其中“三途苦”指“三恶道”——地狱道、饿鬼道、畜生道的痛苦。那么，什么是“四重恩”呢？《大乘本生心地观经》中佛陀教导众生要知恩报恩，他说在世出世间中有四种恩德，需要我们去报答，这种四恩就是：“一、父母恩。二、众生恩。三、国王恩。四、三宝恩。如是四恩，一切众生平等荷负。”佛教所说的“上报四重恩”，就是这四种恩德。其中“国王恩”，现代称之为“国土恩”或“国家恩”。不管你有没有意识到，所有的人都在沐浴这四种恩德，都在受益于四恩德。既然我们每个人平等荷负四种恩德，就应该知恩报德。也就是说，每个人都要有一颗感恩心，都要终身报恩。

父母生养我，此恩如山

据佛典《父母恩重难报经》记载：

有一次，佛陀在舍卫国祇树给孤独园精舍，与大比丘二千五百人，菩萨摩诃萨三万八千人聚集。世尊引领大众往南而行，忽然看见路边聚集了一堆枯骨。这时，世尊至诚恭敬地向这些枯骨五体投地礼拜。

阿难尊者见状，合掌请问佛陀："如来是三界导师，四生的大慈悲父，是众生所皈依敬重的人天师，您为何要礼拜这堆枯骨呢？"

佛陀告诉阿难尊者及大众："这堆枯骨，是我前世的祖先，多生的父母。因为这个缘故，所以至诚顶礼跪拜。你们现在将这堆枯骨分作二堆，若是男骨，色白且重；若是女骨，色黑且轻。"

阿难尊者疑惑地问："为什么男骨是色白且重，女骨是色黑且轻呢？"

世尊回答："男子在世的时候，常到寺院听经闻法，礼拜三宝，念佛名号，所以骨头是色白且重。而世间女子，耽著沉溺于情爱中，故喜欢生男育女，认为这是天职，每生一小孩，须用乳水养命，乳由血变成，所以身体憔悴，死时骨头变成黑色，重量也比较轻。"

阿难尊者及大众听到这些话，心如刀割，垂泪悲泣地问："世尊！母亲的恩德要如何报答呢？"

佛陀详细叙述母亲对子女的十项深恩：怀胎守护恩、临产受苦恩、生子忘忧恩、咽苦吐甘恩、回干就湿恩、哺乳养育恩、洗濯不净恩、远行忆念恩、深加体恤恩、究竟怜悯恩。

佛陀接着说："这样的深恩，就算有人左肩担父，右肩担母，绕须弥山走，担子将皮肉磨破，又穿透骨髓，也不叫苦，鲜血流下淹没了足踝，经过百千万劫，仍报答不了父母深恩。假使有人生于饥荒，为了不让父母挨饿，割下身上所有的肉，供父母充饥，经百千劫还是难以报父母恩。因为

父母恩重，所以我至诚顶礼多生父母遗骨。”

从出生到成人，父母对子女都是百般呵护，总是尽一切所能，给孩子无微不至的照料。每个父母都为子女付出了无数的精神和心血，为人子女者，应当知父母恩、感父母恩、报父母恩。

佛陀在《大乘本生心地观经》中说：“善男子！于诸世间，何者最富？何者最贫？悲母在堂，名之为富；悲母不在，名之为贫。悲母在时，名为日中；悲母死时，名为日没。悲母在时，名为月明；悲母亡时，名为暗夜。是故汝等勤加修习，孝养父母，若人供佛，福等无异。应当如是报父母恩。”

意思是：善男子！在人世间什么为最富？什么为最贫呢？慈悲的母亲在堂上，名为富有；慈悲的母亲不在了，名为贫穷。慈悲的母亲在世时，名为日中；慈悲的母亲去世时，名为日落。慈悲的母亲在世时，名为月明之夜；慈悲的母亲去世时，名为漆黑的夜晚。因此，你们应当勤勉修习，孝敬赡养父母，就如同人供养佛陀一样，所得福报同等无异。应当这样报答父母养育之恩。

佛教认为：父母是一个大恩田，供养父母有无量的福报，若能以恭敬心奉养父母，必能增长福慧。在佛教的三皈五戒仪轨中，法师证受皈依时要问：你曾于母亲生病时弃之不顾否？你曾于父亲生病时弃之不顾否？如果有这种情况就是重罪，就要在佛前发露忏悔，痛改前非。著名的“佛门孝经”《地藏菩萨本愿经》中就说：“若遇悖逆父母者，说天地灾杀报，”“若有众生，不孝父母，或至杀害，当堕无间地狱千万亿劫，求出无期。”想想不孝的果报，我们还能不改恶向善、孝养敬重父母吗？

佛陀说法四十九年，讲了很多与孝道有关的道理和故事：如《佛说盂兰盆经》《佛说父母恩难报经》《佛说孝子经》《佛说睒子经》《佛说报恩奉盆经》《大方便佛报恩经》《地藏菩萨本愿经》《无量寿经》《观无量寿佛经》《父母恩重难报经》等。

《观无量寿佛经》中说：“欲生彼国者，当修三福：一者，孝养父母，奉事师长，慈心不杀，修十善业；二者，受持三归，具足众戒，不犯威仪；三者，发菩提心，深信因果，读诵大乘，劝进行者。如此三事，名为净业。”净业三福田的第一条便是“孝养父母”，父母就是“恩田”，孝养父母的人一定有福。所以佛法是非常重视孝道，从孝道的根本去修就可做到圆满成佛。

佛陀是非常讲孝道的。佛陀成佛以后，他就立刻想到要度他的父亲净饭王，唯恐父王对佛法不能立刻接受，特别派了优婆离尊者到王宫，在虚空中腾身，显现种种神通；天龙八部示现种种庄严供养，使父亲安心皈依三宝。净饭王临终时佛陀为他说法，使他安心往生净土。净饭王去世后，佛陀为报父恩，还亲自回来举办丧礼，佛陀一定要亲自为父亲入殓，他和儿子及堂弟等四人将父亲的棺木抬到灵山上火葬。

在佛陀快要涅槃之前，特别来到忉利天为母亲说法，以报慈母摩耶夫人生育之恩，摩耶夫人因此而证得须陀洹果。

佛陀为了报答父母恩，在多生多世的因地菩萨行中精勤修道，终能成就无上正等正觉，广为一切有情宣说甚深微妙佛法，圆满了累世父母的愿望。

《佛说睒子经》记载：过去无数劫前，有一位慈慧菩萨，他以愿力使自己往生后成为两目皆盲夫妻的儿子，取名为睒，他奉侍盲父母无微不至，有一次带父母入深山求无上佛道。盲父母口渴想要饮水，当时睒子披鹿皮衣提瓶去溪边取水，被迦夷国王误以为鹿，以毒箭射中了他。睒子受了重伤，奄奄一息。但当时他最担心的不是自己，而是死后盲父母将无人照顾。国王找到了盲父母，带他们来到睒子的身边，他们抱起睒子，仰天呼言：“若睒至孝天地所知，箭当拔出，毒痛当除，睒应更生。”释梵天王闻言为之感动，从天上相救，使睒子复生，父母听到睒子复生并且两目皆开，飞鸟走兽皆发出欢乐之音。佛告阿难：“诸来会者，宿命睒者吾身是耶，盲父者阅头檀王是，盲母者今王夫人摩耶是也，迦夷国王者阿难是，天帝释者弥勒佛是。”佛还说：“吾前世时为子仁孝，为君慈育，为民奉敬，自致得成为三界尊。”

《大方便佛报恩经》记载：在过去阿僧祇劫有一位波罗奈国王，号曰罗阇王，被奸臣罗睺追杀，并杀了罗阇王的两个儿子。第三子须阇提亦将被逼杀。国王遂携夫人及须阇提太子仓猝逃往邻国，但因误入歧途，粮食已尽，追兵将至，意欲食妻求生之际，须阇提太子恳求父王宁割己身。三人继续前行，将到邻国边境，须阇提太子身肉已尽而倒卧路旁，父抵达邻国，邻国国王闻后大为感动，立刻派兵保护罗阇王复国。回途中遇见须阇提太子，须阇提太子身体复原端正无恙，方知其孝德感动帝释，默默加持并使罗阇王复国，回国后立须阇提太子为王。佛告阿难言：“尔时父王者，今现我父净饭王是；尔时母者，今现我母摩耶夫人是；尔时须闍提太子者，今则我释迦如来是。”佛陀借此因缘为大众开示道：“菩萨如是为一切众生故，难行苦行孝养父母，身体血肉供养父母。其事如是。”

《佛说盂兰盆经》记载有关目犍连行孝道的故事：目犍连尊者是佛陀十大弟子之一，以神通最为第一。因为目犍连尊者有天眼通，他能够知道众鬼的罪业报应因缘。有一天，他忽然思念死去的母亲，立即运用神通力见到自己的亡母堕在饿鬼道中受苦，咽喉像针缝似的细小，皮骨连结在一起。目犍连见状，孝心油然而生，不禁伤感万分！他即刻用钵盛装了饭菜，凭借神通力量往飨老母，但是他母亲取饭尚未入口，饭盒在手中即化为火炭，不能饮食。目犍连悲号涕泣，不能自已。他能知道众鬼的因缘业报，但不知道母亲究竟以什么罪业因缘受如此大苦楚。

目犍连心情沉重地到佛陀的面前，向佛陀禀告道：

“世尊！弟子今日以神通力见到我此生的母亲，堕在饿鬼道中受苦，取食成火，不知是何因缘？弟子的神通，能够观察众鬼的罪业因缘，何以对生身之母，竟不知情？恳求世尊慈悲开示！”

佛陀慈悲地回答说：

“目犍连！你的母亲因为在生之时，谤佛谤僧，不信因果正法，贪嗔邪恶，戏弄众生，所以受此苦报。你因母子情深，神通为亲情所遮，所以不知母亲罪业！”

目犍连向佛陀哀求：

“世尊！有什么妙法能使弟子的母亲脱离饿鬼的苦楚呢？”

佛陀开示道：

“目犍连！你母亲的罪根深结，不是你一个人的力量可以救拔，你的孝心虽然感动大地，但天地神祇对毁谤三宝而堕落的人也无可奈何。你现在唯有仗十方僧众威神之力，方能令你母亲离饿鬼之苦。

“每年的七月十五日，是十方僧众结夏安居的最后一天，称为‘僧自恣日’，又称‘佛欢喜日’。于此日，做子女的人，应当为七世父母以及现在父母于危难之中者，设百味珍肴饭食，供养十方大德僧众。因为在此日，一切圣众，均具清净成行，其德如汪洋大海，不可思议，如能供养此等僧众，则现世父母及六亲眷属，定能出离三途之苦，应时解脱。若父母尚健在者，则福乐百年，这就是真正的超荐拔度的妙法！”

目犍连听佛陀所说，欢喜奉行，在僧自恣日供养圣僧大众后，其母即于是日脱离饿鬼之苦。

目犍连知道母亲脱离了饿鬼道中，很感激佛陀，赞叹三宝功德，并竭力奉劝世间应行盂兰盆之法，供佛及僧，以报父母生养抚育慈爱的恩惠。

这就是每年农历七月十五为“盂兰盆节”的由来。“盂兰”是梵文音译，意思是“救倒悬”；“盆”是汉语，为盛供品的器皿。盂兰盆可以解先亡倒悬之苦。

《地藏菩萨本愿经》记载：在过去觉华定自在王如来像法的时候，有一位婆罗门女在往昔修行经过很久的时间，种植了极深厚的善根。可是她的母亲，不信正法，轻慢三宝。婆罗门女广泛施设种种方便法门，来劝令她母亲起正知正见，但没有完全成功，她母亲死后入无间地狱。婆罗门女悲痛不已，为挽救其母变卖一切财产，以最上等的供具来供养觉华定自在王如来。在极度悲伤之际，忽然听到空中有声音说：“泣者圣女，勿至悲哀，我今示汝母之去处。”接着详细告诉婆罗门女如何见到其母的方法。婆罗门女如说回家端坐一天后，梦中看到鬼王无毒，鬼王解释地狱的种种无边苦楚，告诉她由于她孝顺母亲及把所有的财产变卖来设斋供修福，她母亲不但在三天前已经生天，同时无间大地狱里的罪人，也在那一天全都得到孝行救亲施福的恩泽而生天。婆罗门女从梦中醒来，立刻在觉华定自在王如来的佛像前发大宏愿说：“我今尽未来际不可计劫，为是罪苦六道众生，广设方便，尽令解脱。”佛告诉文殊师利菩萨说：“时鬼王无毒者，当今财首菩萨是。婆罗门女者，即地藏菩萨是。”

父母对我们有养育之深恩，若能以恭敬心奉养父母，必能增长无边福慧。除了物质上的供养外，法供养更为重要，时时刻刻依着佛法的道理去实践，把所有的功德回向父母，这就是最大的供养。

明代高僧莲池大师在《淄门崇行录·孝亲之行第四》中有赞曰：“生养死葬，小孝也！生俾底豫，死俾流芳，大孝也；生导其正信，死荐其灵神，大孝之大孝也。”这里将孝道分为三个层次：第一个层次是对父母尽孝养之道来说，使父母在日常生活中有适当的照顾，没有衣食住行的忧虑，满足父母在物质上的基本需求，此为小孝；第二个层次是本身能够立言、立德、立功，来光宗耀祖，使父母觉得有了自己的子女而荣耀，使父母在精神方面获得快乐，死后流芳，此为大孝；第三个层次是对学佛的最终目标来说，

引导父母正信佛法，使他们彻底离开六道轮回，此为大孝中的大孝。

《佛说孝子经》说："恩重于亲，乳哺之养，无量之惠，若不能以，三尊之至，化其亲者，虽为孝养，犹为不孝。"所以，如能使父母闻法得戒，修习三昧，成就无上菩提，最后获得解脱，脱离生死轮回的痛苦，这才是对父母恩的彻底报答，这才是真正的"圆满大孝"。

佛教对孝道有进一步的看法，孝不只局限于自己的父母而言，也是对一切众生而言，将孝敬的德行，发挥到一切众生的身上。《梵网经》说："一切男子是我父，一切女子是我母，我生生无不从之受生，故六道众生皆是我父母。"所以要恒顺一切众生，对一切众生不可轻视，要完全以真诚敬重的心来对待一切众生。我们要将诵经、持咒、拜佛、放生、忏悔等的修行功德回向给所有的父母，不但令现在的父母能够消除业障，增长福慧，发菩提心；还要让过去生的父母都能超生善道，离苦得乐，往生净土，受佛教化，证悟菩提。

众生成就我，此恩当知

报众生恩，包括两方面的内容：报他人恩，报除人以外的一切动物的恩。

就我们当下的生命来说，没有世界上所有人的恩惠，也就没有我们自己的生命，这仅就人与人之间互为生存的条件而言。佛教讲缘起，一切事物的产生、发展都是有原因和条件的，一因不能生果，世间万物都处在多种因果相续相连的关系之中，互相依存，息息相关。也就是说，每一事物、每一个人的存在都有其不可替代的独特价值，都是一种和合共生的关系。所谓法不孤起，依境方生，一滴水若不使干枯，只有放在大海里才能永久存在。人不独活，因缘而生，只有在他人和社会的帮助下，方能生存。我们每个人之所以能够安居乐业，是因为有无数从事各行各业的人辛勤劳作和密切配合的结果。所以佛教讲自他不二，有恩应报。

如果我们把生命的当下推向遥远的过去，我们同一切众生的关系，就不仅仅是互为存在的条件关系，从无始以来，与我们有关的人真是无法统计。面对芸芸众生，既有我们过去生中的父母，也有我们过去生中的朋友、兄弟，等等，所以我们对所有的人，都应看做是我们的亲人，是我们的恩人。

在现实生活中，我们的生活所需，从食品、衣服、房屋，到办公用品、交通工具，都是别人提供的。我们每个人都只能为社会尽一份责任，我们却不可能创造一切。常说“人人为我，我为人人”，值得反省的是：人人都在为我，我是否也在全心全意地为人人呢？能够很好地体会到这一点、做到这一点，就是自觉地报众生恩。

报众生恩还应该从人类扩大到一切动物。这是佛教报恩智慧的独特之处，一般人也很难理解这一点。我国的儒、道两家，还有国外的一些主要的宗教思想，根本没有触及这个问题，讲报众生恩的唯有佛法。

动物的生存和人类的生存是一体的。当今地球，动物种类的大量减少实际上给人类的生存带来了严重的威胁。按佛教的因果观来看，正如每一个人都可能曾经是我们的亲朋，每个动物也同样可能与我们互为亲友。

梁武帝时，就有一位志公和尚，是位高僧，他有五眼六通，前因后果一一明了。某次，一个有钱人家有婚事，便请志公和尚去念经。他一踏进门口，便叹息道：

古古怪，怪怪古，孙子娶祖母。
猪羊炕上坐，六亲锅里煮。
女吃母之肉，子打父皮鼓。
众人来贺喜，我看真是苦！

志公和尚说：真是古怪得很啊！什么事古怪呢？孙子娶祖母。原来当这孙子一出生的时候，他的祖母就有病了，一直到临终时，她还挂念着孙子，恐怕没有人照顾他，“将来谁帮助他成家立业呢？”因此当她咽下最后一口气时，手还拉着孙儿的手，恋恋不舍地死去了。到了阴间，见到阎罗王，她就痛哭流涕地哀求，说：“阎罗王啊！请你做一点好事啦！我世间的孙儿没有人照顾他，请你让我回去照顾他好吗？”阎罗王慈悲为怀，答应她的请求，说：“好的！你可以回去照顾他。你本来是他的祖母，现在你就回去做他的太太吧！”祖母业不由己，就又投胎到阳世做个女孩子，长大后就和她的孙儿结婚。只是改头换面，穿另一件衣服，大家就都不认识了。但是志公祖师认识，所以说：“古古怪！怪怪古！孙子娶祖母。”

志公和尚又往屋内一望，“猪羊炕上坐，六亲锅里煮”，炕上坐的，全都是前生被主人家吃了的猪牛羊，而今转变为人，互为亲戚；锅里所煮的肉类，却是主人家前生六亲眷属转世为猪羊的肉啊！

志公和尚又见到一个小女孩正啃着猪蹄，他就说：“女食母之肉。”这女孩的母亲造了很重的罪业，所以托生变成猪了，现在被人屠宰做了美食，所以小女孩吃她母亲的肉。

志公和尚又瞧见院子里，有个男孩子正兴高采烈地敲打驴皮鼓，就说了：“子打父皮鼓。”男孩的父亲也因为造罪，托生为驴，死后被人剥了皮做鼓。可是这小男孩不知是他父亲的皮做成的鼓，还在欢喜地玩耍打鼓。

所以志公祖师说："你们大家到这里都说大喜大喜，恭喜主人娶媳妇，其实我看这真是苦啊！"众生在轮回里不知报恩，却互相残杀、互相食啖，真是苦不可言！

《大乘本生心地观经·报恩品》是专门讲报恩的，其中，最令人感动的就是教人要视众生若父母，因此既然知道父母恩重要报答，所以也应该报众生恩：

"善男子！众生恩者，即无始来一切众生，轮转五道，经百千劫，于多生中互为父母。以互为父母故，一切男子即是慈父，一切女人即是悲母。昔生生中有大悲故，犹如现在父母之恩等无差别。"

此经的偈颂说：

有情轮回生六道，犹如车轮无始终。
或为父母为男女，世世生生互有恩。
如见父母等无差，不证圣智无由识。
一切男子皆是父，一切女人皆是母。
如此未报前世恩，却生异念成怨嫉。
常须报恩互饶益，不应打骂致怨嫌。

佛陀在经中所以常常提出报众生恩的这一论题，因佛陀以天眼通亲切地见到众生间的关系密切，是从实证得来的论说，绝不是随便说说的。

凡夫俗子由于智慧力没有达到佛的境界，所以此生不能认识累生累劫的父母。不要说隔世如此，即在现生当中，我们亦常见有这样的事实：人或受到突然极度的惊惧，或受到什么外力的打击，或由高处仆跌而受到过度的震惊，致脑神经受到损伤，而失去了记忆力，对直接亲属或朋友，都已不再认识。像这样的情形，可说是很多的。如果隔一世或若干世，自然见面不相识了。

佛经中说："罗汉有隔阴之迷，菩萨有出胎之昏。"一个菩萨行者，死后转生人间，尚且是昏昧的；一个证果罗汉，转生应化人间，亦暂忘失过去。不过，他们与凡夫所不同的是：一遇到机缘，略为予以点醒，立刻就可恢复记忆，这就是所谓的"宿世通"。我们凡夫，生而死，死而生，生生世世，改头换面，自然互不认识。

佛经记载中，最能体现佛教报众生恩思想的，是足以感天动地的释迦牟尼佛的在前生中舍身饲虎的故事。

据《金光明经·舍身品》《贤愚经》《菩萨本生鬘论》等经典记载：

在很古远的时候，有一个大国名叫大车国。国王有三个太子，第一太子叫大生，第二太子叫大天，第三太子叫大勇。

一次，国王到城外山林里观景游猎，三个太子也随同前往。进入深山后，国王在竹林中休息，三个太子继续向前游行。他们向前行了一段，在路边发现了一只母虎生下七只小虎。小虎生下好几天，由于母虎找不到食物，已经饿得奄奄一息了。

大太子说："七只小虎围绕在母虎身边，母虎无法出去寻找食物，饥饿所迫，说不定会吃掉她亲生的小虎。"

二太子说："太可怜了，这只母虎和她的小虎不久就会死去，我们有什么办法，可以济救它们的生命呢?"

三太子听后，心里想道："我从有生命以来，在千万次生死轮回中，生命白白地遗弃腐坏，未曾得到任何益处。今天为什么不舍身布施给这些老虎呢?"

三位太子一边议论，一边观看，在母虎和小虎身边徘徊了很久，都无济救的办法，就舍弃众虎向前去了。

三太子一边向前行，一边自思："如果我舍弃生命，成此善业，就会成为生死大海中一只普度众生的航船。如果布施此身，就会抛弃无数种痈疽恶疾，千百种恐怖畏难；如果不施舍，就是此生命存在，将来也会腥臭不净，筋骨支解，令人厌恶。因此，我应当将此生命布舍众生，用来求得无上完美的涅槃之乐，永离忧愁悲伤，无常苦恼，百福满身。若能得到一切佛道智慧，再布施于一切众生，就可以使他们也得到永生的快乐。"

三太子想到此处，兴奋激动，产生了巨大的勇气。慈悲的誓愿充满了心间，他决心以身饲虎。但他又害怕二位兄长看到后会阻拦他舍身饲虎的善行，为了支开二位兄长，就对二位兄长说："请二位哥哥先回宫，我随后就到。"

二位兄长向前去后，三太子又顺着原路很快地跑到山林中，来到饿虎爬卧的地方，脱去身上的衣服，挂在竹枝上。然后来到饿虎身边，俯身投地，躺在饿虎嘴下。三太子舍身饲虎，可饿虎已觉自己无能为力，不敢吞食太子。

太子看到饿虎不敢吃他，就爬上高山，从山崖上跳下，投身到饿虎嘴下，可饿虎还是不吃。太子发觉饿虎已经饥饿过度，连吃肉的力气也没有了。又找来一根干竹刺，用竹刺刺破咽喉，使鲜血流出来，让饿虎吸吮。

此时，大地剧烈震动六次，像狂风掀起的海浪，汹涌激荡。太阳失去了光芒，像阿修罗遮天蔽日一样。不久天上纷纷飘下鲜花香粉，缤纷乱坠，落满竹林之中。天界的各天王天神，一齐称颂歌赞。

饿虎闻见血腥气味，开始舐吸太子脖颈上的鲜血。饿虎吸食太子的鲜血后，有了力气，就把太子的血肉全部吃尽，只剩下了骨骸。

两位兄长久等，不见弟弟回来，心中着急不放心，就返回原路去找三太子。当他们找到老虎爬卧的地方，只见弟弟已被饿虎吞食，只剩一堆残骸。二人见此残景，痛不欲生，举身扑在骨骸上，悲伤嚎哭，昏迷了过去。过了很久，才慢慢苏醒过来，悲泣悔恨，慢慢地舍离弟弟的尸骨，打马回宫报信。

当太子舍身饲虎时，王后在深宫高楼上午睡，梦中梦见各种不吉祥的事：乳房被人割掉；牙齿全部脱落；得到了三只小鸽子，一只又被老鹰叼去了。

王后从梦中忽然惊醒，只觉两面乳房的奶汁直往外流。

此时，有一个宫女听到外面的人说："小王子不见了，哪儿都找不到。"

宫女马上入宫把此事告知了王后。王后听后，忧愁悲伤，泪盈满目，立即去找国王，对国王说："大王，我们最心爱的小王子不见了！"

国王听后，悲愁哽噎地说："真苦啊，我心爱的小儿子，你怎么能不见呢？请夫人先回宫，不要过分忧愁悲伤。我立即下令召集各位大臣和全国人民，马上全部出城，分散寻找。"

过了没有片刻时间，一位大臣前来向国王报告："听臣民说，只见到了两位大王子，小王子至今没有找到。"

紧接着第二大臣和两位太子悲伤哭泣着来到国王面前，把小王子舍身饲虎的事向国王诉说了一遍。

国王和王后听说后，悲伤痛苦，不能自胜。国王和王后立即乘车一同来到太子舍身饲虎的地方，只见太子的遗骨狼藉不堪。国王和王后当即昏迷倒地，什么也不知道了。

随从使者急忙用凉水泼洒国王和王后的身体，国王和王后才慢慢苏醒过来。此时，王后头发蓬乱，遍地爬滚，像活鱼落地，又像乳牛失去牛犊一样，同大太子和二太子一起悲哀嚎哭。

随后，国王和王后命令使臣收拾了太子残骸，焚烧火化，修建了一座高大的舍利塔。从此以后，国王、王后，国内臣民经常礼拜供养。

佛对阿难说：过去之世的大勇太子，难道是别人吗？就是今天说法会场中的我。过去之世中的国王，就是现今我父王净饭王。王后就是现今我母摩耶夫人。大太子就是弥勒菩萨，二太子就是文殊菩萨。那时的饿虎就是现今姨母波阇波提。七只小老虎，就是现今的弟子目犍连、舍利弗和憍陈如等五比丘。

清代高僧省庵大师在《劝发菩提心文》中说："今之披毛戴角，安知非昔为其子乎？今之蠕动蜎飞，安知不曾为我父乎？"

佛教认为，在人趣以外的五趣——地狱趣、饿鬼趣、畜生趣、阿修罗趣、天趣中，不论哪一趣，都有我们的父母。以畜生趣来加推论：披毛戴角，是指猪、马、牛、羊等家畜，老虎、豹子、兔子、老鹰等野生动物等亦属于此。我们不要把它们看成与自己一点儿没有关系，说不定就是某人过去的儿子或女儿，所以说"安知非昔为其子乎"。蠕动，指爬行动物；蜎飞，是指昆虫蝼蚁之类。这些，看上去虽是微小的生物，但又怎知它们在过去累生累劫中，不曾做过我们的父母？所以说"安知不曾为我父乎"。诸如此类的事情，在佛法因果律中，举不胜举。

现代工业文明之所以走到破坏自然环境和生态平衡这一步，其根本原因在于如下两条：一条是人类认为自然界是与人类不同的另一个世界，忘记了自然界也是保持一定规律的生命存在，在本质上是与人类相互联系的。另一条就是人类认为自己最高贵，理所当然地要征服其他生物和自然，使其为人类服务。这种思想深藏在现代人的思想深处。佛教当然是尊重人的，而且也承认人类的难能可贵之优势，"人身难得"，人最具有开悟的可能性、能动性，但是也主张人类以外的所有生物都具有佛性。而且，佛教最大的特质就在于对万物的慈悲。佛教认为人的身体是在与他周围的物质有机关系演化中而形成的，人受到了万物的恩惠。因此，佛教教导人们要正确地认识自己所受到的恩惠，自己要为环境和其他生物作出贡献，这才是正确的生活态度。这种思想正是佛教制定最根本的一条戒律“不杀生戒”的基础。人处于比其他生物界优越的地位，所以，人不应该是对生物界漠不关心的压迫者，而应当作为善良的保护者，对所有生物予仁慈。

《梵网经菩萨戒》中说：“若佛子，以慈心故，行放生业。一切男子是我父，一切女人是我母，我生生无不从之受生，故六道众生皆是我父母，而杀而食者，即杀我故身。一切地水是我先身，一切火风是我本体，故常行放生。生生受生，常住之法，教人放生。若见世人杀畜生时，应方便救护，解其苦难。常教化讲说菩萨戒，救度众生。”报众生恩的一个简便易行的途径就是放生，把处于刀俎之间或囚笼之中的动物解救出来，让它们回到大自然中自由自在地生活。

国家培育我，此恩当报

《大乘本生心地观经》中强调："国王恩者，福德最胜。"为什么？因为国王肩负教化人民、治理天下的重任，对人民的安乐起着至为重要的作用，能使人民避免他国侵逼、自界叛逆、饥馑、疾疫、灾荒等灾难。经中譬喻说：

"譬如世间一切堂殿，柱为根本，人民丰乐，王为根本，依王有故；亦如梵王能生万物，圣王能生治国之法，利众生故；如日天子能照世间，圣王亦能观察天下人安乐故。王失正治，人无所依。"

人若离了国家，便如浪子无家可归，凄惶孤苦，无所依靠。一个国家中所有的人民，都沐浴在国王的德晖中，其所有的事业成就，都有国王的一份功劳。如经所言："若王国内一人修善，其所作福皆为七分，造善之人得其五分，于彼国王常获二分。"既然有大恩于我，作为人民的佛弟子，理应知恩报恩，报效国家，尽忠尽职。

佛当时说法，针对的是古代社会的听众，按当时社会制度，国王乃国家之代表，因此教人报国王恩。

在现代社会，佛说的报国王恩，自不宜限于国家元首，而应理解为现代爱国主义意义上的国家、祖国。现在已是21世纪，有国王的国家已经不多了，而且现在的国王和历史上的观念也有所不同。所以有人就把四重恩的第三恩"国王恩"直接改为"国家恩"或"国土恩"。但无论是"国王恩"还是"国家恩""国土恩"，都是要求人们不要忘掉国家的恩德，要报效国家的恩德。

那么，我们为什么要报国家恩呢？国家对每个人有什么恩德呢？简单概括起来有如下几条：

首先，国家是我们赖以生存的处所。如果没有国家的依托，没有社会的互助我们就无法生存。我们的衣食住行都成困难，所以国家对我们有养育之恩德。

其次，国家对我们有保护之恩。国家有法律法规、典章制度，维持社会秩序，保护我们的生命财产，大家才能安乐生活。佛经云："以正法化，能使众生悉皆安乐。"如果国家没有司法体系、执法部门维护社会治安，那么我们的财产没人保护，生命也没有保障，如此我们就不能够安居乐业。

再次，国家能够统领全国人民，时刻保卫祖国领土的完整，不受外敌侵犯，为我们提供了安宁祥和的生活环境，我们才能够休养生息，修行办道。在近代历史上，中国的主权屡遭西方列强的侵犯，国土蒙受外国侵略者的践踏，造成国家动荡不安、战争四起、灾疫横行、民不聊生。在如此的惨况之下，连基本生活都没有保障，哪有弘法利生、修行办道的条件？

因此，我们只要心存感激，就会多做对他人对社会有益的事情。所以每个人时时处处能有感恩思想，那么人与人之间的自私自利、欺骗压迫就会逐步缓解和消除，社会就会充满谅解和爱心，距离我们国家要构建和谐社会的理想也就不远了。

佛陀在其他各种经典中也经常教导弟子们对国言忠，对亲言孝，对子言慈，对友言信，守五戒，行十善，修六度万行，在在处处都是要人先做一个奉公守法的好公民，进而再修出世之法。从佛陀的言传身教中也可以看出，他并非只管出世间的山林隐士，而是一位极度热心于济世导俗的法王，也是一位孝敬慈亲的孝子。他虽然辞亲割爱，出家修道，但当他得道成佛时，并未忘记报答亲族国恩。

佛陀成道之后，经常在外游化，很少回到自己的祖国迦毗罗卫。然而，当他得知自己的祖国受到外族攻击的时候，毅然前去阻止。虽然最终没能挽救祖国灭亡的命运，但他尽了作为一个国民的最大责任和努力。

据《增一阿含经》记载：

波斯匿王初登王位时，想迎娶一位释迦族女子做王后，于是派遣大臣去迦毗罗卫国求婚。五百释迦族人聚会商议此事，他们显得十分不悦，因为释迦族种姓高贵，不应与女奴之子婚配，但又因惧怕得罪波斯匿王，所以一时商议不下。当时长者摩诃男说："波斯匿王的性情暴恶，我们如果不应允，他必定会毁坏我们的国家。我家婢女有一位美丽端庄的女儿，不如就将她嫁给波斯匿王。"得到众人同意后，摩诃男就让此女子沐浴更衣，又

用宝车亲自将她送往波斯匿王那里，并且告诉波斯匿王："这是我的女儿，你们可以成亲。"波斯匿王非常欢喜，拜她为第一夫人，不久夫人生下一子，即琉璃太子。

太子八岁时，波斯匿王就令他前往迦毗罗卫国学习射箭的技艺。琉璃太子乘着大象，与众多仆人一同前往摩诃男家中。摩诃男召集五百位童子，陪伴王子学习。

当时，新建了一座讲堂，犹如天宫一般。众人说："我们应先延请佛与僧众前来应供，这样可以获得无量福报。"于是敷设座具，悬挂幡盖，以香水洒地，焚烧名香。这时，琉璃太子跑进讲堂，登上狮子座，释迦族人见后，声色俱厉地呵斥他："女奴的儿子！"并且将太子牵出门外，推倒在地。琉璃太子感到非常屈辱，便对身旁的苦行梵志说："释迦族人对我横加毁辱，以后我登上王位时，你要提醒我这件事。"

后来，波斯匿王死后，琉璃太子继位，苦行梵志就此事提醒琉璃王。琉璃王便命令群臣集合四种兵甲，前去讨伐释迦族。

消息传到佛陀的耳朵里，佛陀没有忘记自己的祖国，便以大无畏的精神一个人出现在琉璃王军队必经的大路上，结跏趺坐在一棵枯树下，任由烈日暴晒。

琉璃王看到佛陀坐在路旁一株没有枝叶荫蔽的舍夷树下时，便下车向前问讯道："尊敬的世尊，有许多枝叶繁茂的树，您为什么偏要坐在这棵不能荫蔽的枯树下呢?"佛陀回答说："祖国和亲族的荫蔽，胜过所有的荫护，你现在要消灭我的国族，我不是成了一个没有荫蔽的人了吗？我坐在树下享受那短暂虚幻的荫凉，又如何能止息我内心失去国族的哀痛呢?"

琉璃王听了佛陀的话，有所感动，立即退军。琉璃王第二次进军时，又见到佛陀坐在枯树之下，同样问道："更有好树，不在彼坐，世尊今日何故在此枯树下坐?"佛陀答道："亲族之荫，胜外人也。"并说偈曰："亲族之荫凉，释种出于佛；尽是我枝叶，故坐斯树下。"琉璃王听后，又一次撤军。

琉璃王第三次进军时，由于严密封锁军事行动的消息，最终灭掉了迦毗罗卫国，屠杀了许多释迦族的人。

佛陀得此消息时，心中非常悲哀，头痛三日，对祖国的沦亡深感痛心。国亡城破后，佛陀亲率弟子们回到祖国看望被琉璃王残害的五百位释迦族妇女，说法抚慰，表现出炽烈的爱国爱民之心。

佛陀的这一爱国事迹，深刻地教育着他的弟子们，要时刻思报国家恩，时刻维护自己的祖国。

每个人都有自己的祖国，包括佛教徒在内，祖国是自己出生的热土，是哺育自己成长的故乡。自古以来，人们把祖国比喻为母亲，家乡的黄土割不断游子的思念，出门再远也要回家，飘流在外，最终也要回到生于斯、养于斯的祖国。唐代西行求法高僧玄奘大师留学印度 17 年之久，赢得了崇高的荣誉，但他仍念念不忘自己的祖国，最后还是回到祖国的怀抱。在西藏游化整整 10 年，得到藏族僧俗无限敬仰的克什米尔高僧释迦室利，晚年毅然决定回到自己的故乡。祖国永远是每一个人的心灵归宿。如果仅有信仰而没有祖国的人，就像一片浮萍，没有根基，永远找不到自己的归宿。所以佛陀特别强调祖国和亲族的荫蔽胜过一切。

报国家恩不是一句空洞的豪言壮语，必须体现在行动上。

佛陀在各种戒律经典中，还特别教导弟子们“不做国贼，拥护国王；不漏国税，不犯国制”，要做一个遵纪守法的爱国公民。

所谓“不做国贼”，就是不做卖国贼，即不可以做伤害国家社会、对不起人民群众的事情。《梵网经》说：“佛子不得为利养恶心故，通国使命军阵合会，兴师相伐杀无量众生。而菩萨不得入军中往来，况故做国贼。”意思是说，作为佛弟子不得为了名闻利养有通敌叛国和卖国的行为。换句话说，作为一个正信的佛教徒不得进行破坏祖国统一、搞分裂闹独立的活动。如果与境外分裂分子勾结，企图干危害国家的事情，则其人不仅是国贼，也是佛门的罪人。中国近代佛教高僧印光大师曾对充当日本汉奸的人公开痛斥道：“日人以豺狼之心，欲吞吾国。吾国许多人私爱日人之贿，为彼作走狗，致彼之凶势益大。倘使无人为彼用，决不至有如此之横暴也。”对汉奸卖国贼助纣为虐的行径进行了严厉的谴责。

所谓“不漏国税”，就是不逃税漏税的意思。自古以来，无论哪个国家，国民对国家有纳税的义务。作为佛弟子也不例外，《优婆塞戒经》说：“若优婆塞受持戒已，商沽贩卖，不输官税，盗弃去者，是优婆塞得失意罪。”所以在家居士不尽义务纳税，不仅犯法也犯戒。税收是国家财政的主要来源，也是建设国家的根本保证，所以纳税是造福社会、造福人群，是每一个人应尽的义务。有人或许认为佛制这条戒是针对在家佛教徒的，与

出家僧人无关。因为出家僧人既不经营也无财物，无从纳税，故不需持这条戒。对此，《摩诃僧祇律》特别提醒有人利用出家人的特殊身份达到偷税漏税的目的。“有比丘与估客共道行，比丘有大徒众。时估客便语一比丘言：汝师大德至关税处谁敢检校，汝为我持此物，寄著汝师衣囊中过此税处。是弟子即然许，持其所寄物著师囊中，是弟子得越比尼罪。”即有一商人为了逃避关税，让一位法师的弟子把物品藏在法师的包裹中，通过税关，达到逃税的目的。如果僧人明知这样做是逃税的行为，还帮他人带，就是犯戒有罪，所以不可不慎。

所谓“不犯国制”，就是要遵守国家的法令、法规、制度和善良风俗习惯。《优婆塞戒经》说：“若优婆塞受持戒已，若犯国制，是优婆塞得失意罪。”已受戒的在家佛弟子，仍是国民，有应享的权利，也有应尽的义务，遵守国制和法规，即为义务之一。如果犯了国家的制度或法规，不仅要受到法律的制裁，而且还要背负佛教的戒罪。在家佛教徒尚且如此，何况出家僧人，更应该自觉遵守国家制度和法律法规。由此可见，遵守世间法律是受持佛教戒律的内容之一，甚至可以说是其前提。触犯法律的行为也必然是触犯戒律的行为。因此，无论在家佛教徒还是出家僧人，不仅要加强自身的潜心苦修，还要自觉遵守国家各种规章法制，拥护尊敬各级领导人，不做有害祖国和人民的事情。

报国家恩的最有益的行动，就是不懈地“庄严国土，利乐有情”。在《般若经》《法华经》《菩萨本行经》及《华严经》等大乘经典中，佛陀反复宣讲了“庄严国土，利乐有情”。

庄严国土就是把自己的国家建设成为一个物质生活极大丰富、自然条件极其美好、政治清明、没有战争、文明富强、美丽庄严的乐园。在佛陀看来，这样的国家才是理想的国家，这样的社会才是合理的社会，佛经有时称之为“佛国”或“净土”。因此，佛陀经常劝勉菩萨们以建立人间净土、实现庄严国土为己任，如《菩萨本行经》云：“欲得具足三十二相八十种好，严净国土，教化众生，皆由精进而得成办。”《大方广佛华严经》说：“菩萨摩诃萨……教化众生，庄严国土，施作佛事，现大威德，无有休息。”许多菩萨也发愿以建设“庄严的国土”为自己的奋斗目标。如《大方广佛华严经》的普贤菩萨，“普贤愿行诸佛子，等众生劫勤修习，无边国土悉庄严，一切处中皆显现”。《阿弥陀经》中的法藏菩萨发四十八大愿，并以种种殊胜德行，从事于成就庄严国土的工作。由此可知，大乘菩萨在因地修行时，发大誓愿，以种种方便，修无量功德，庄严国土、利乐有情。庄严国土既是大乘菩萨自利利他的菩萨精神的具体展现，也是佛陀及其无数弟子们的最终理想和目标。因此，作为一个佛教徒都应该积极参加祖国的各项建设，时刻以慈悲的精神，用圆满的智慧去启迪人心、净化社会，为庄严国土、利乐有情而不懈努力。

佛法从缘起及因果的角度，强调报答国恩的必要性。依缘起、因果之理，报恩，乃顺应因果律之智慧者所行，报恩必得福报；若不报恩，甚至忘恩负义，必得恶报。《大乘本生心地观经·报恩品》云："世间凡夫无慧眼，迷于恩处失妙果。"龙树菩萨《中观宝鬘论》云："忘恩起贪着，后难获义利。"人若不报效国家，便如同不孝父母，从人性来讲是有昧天良，从因果来讲是负了业债。现在有些青年人，从小受国家教育，靠国家供给出国留学，因贪恋国外生活条件之优裕，学成而不归国报答祖国人民，甘愿做外国的二等公民。从佛法看，这种人便欠了国家的债。至于那种出卖国家利益者，从佛法看来更是极大的恶人，必然自食恶果。

三宝度脱我，此恩无边

素有“经中之王”和“镇国护家法宝”之誉的《金光明经》之《流水长者子品》中记载：

佛陀对菩提树神善女天说：流水长者从前曾在天自在光王国内，治疗众生的各种疾病痛苦，使国中所有病患者平安康复，安逸快乐。当时各种病患者因病除健康的缘故，多修福业，广行惠施。他们为了表达自己快乐的心情，一起来到流水长者家中，深表感谢敬意，对流水长者说：“大长者医术高明，妙手回春，使我们病除健康，安乐长寿。你实在是一位大力医王，善治众生各种疾病，就如慈悲的菩萨善解众生的各种痛苦一样。”

佛对树神善女天说：当时，流水长者有一妻子，名叫水空龙藏，生有二子：一子起名为水空，一子起名为水藏。水空、水藏二子长大之后，流水长者带着两个儿子，一个城镇一个村落地游方行医。一次，流水长者来到一处十分空旷荒凉的大沼泽地时，看到许多虎、狼、狐、狗、鸟等食肉动物向着一个方向奔走飞驰。流水长者不由想：“这些动物不知为何缘故，向着一个方向飞驰奔走？我应当跟在它们后面去看个究竟。”

流水长者跟在动物后面走了不久，看见有一个很大的水池。池水几近干涸。池中有许多鱼。流水长者看到这些即将死亡的鱼，大发慈悲之心，但不知如何是好。此时，有一树神示现半身，对流水长者说：“善哉！善哉！大善男子，此鱼可怜，你可给水。你名叫流水，一能流水，二能给水，你今天应能名副其实，救救这些鱼，别让禽兽啄食了。”

流水长者问树神：“此池中有多少条鱼？”

树神回答说：“其数量足有十千余。”

流水长者听到池中有这么多的鱼，心中更加可怜同情这些鱼。看到这些鱼被烈日曝晒，池水极少，不久将会全部死亡。顺着池沿，四面环顾，不知怎么才能救下这些鱼。池中的鱼，看到长者有同情慈悲之心，对长者寄有一线希望，跟着长者的身影，绕池游行，瞻望长者，目不能舍。

流水长者环走水池四周，寻求水源，不见来水之处。便从四面远望，看见远处有一大树，立即让二子攀上大树，折下树枝，拖到池边，用枝叶盖住水池，暂作阴凉，防止日晒。流水长者同二子盖好鱼池后，寻求池中之水，从何而来？他们从鱼池的四面八方寻找，都没有找到来水之源。又急向更远的地方去寻找。在离鱼池很远的地方，看到一条大河。当时有一些作恶的渔人，为了捕鱼，在上游悬险之处，断绝水源，其水不能下流。流水长者看到绝断之处，真是悬险难补，如果修治，就是用九十日、千百人之功，也不能完成。

流水长者这样一想，急速返回王城，来到王宫，向天自在光王礼拜后，双手合掌，对国王乞求说："我为了给大王国土中的人民治疗各种疾病，一城一村地游方行医，最后来到一处空旷的沼泽地，看到有一大水池，其水即将干涸，内有十千条鱼被烈日曝晒，命在旦夕，希望大王慈悲怜悯，借给我二十头大象，暂往负水，救济鱼命，就如我给病人看病救命一样。"

国王听说后，立即对大臣说："马上给大医王所需大象。"

大臣听到国王的命令，对流水长者说："善哉！大士，你现在亲自到象厩中，任意选择二十头大象，利益众生，使那些鱼得到安乐。"

流水长者同两个儿子从象厩中挑选了二十头大象，又从城中酒家借了许多皮囊，急到断水之处，用皮囊盛水，大象负水，来到池边，将水泻入池中，就这样往返无数次，使水漫满全池，就如当初一样。此时，流水长者绕池四周，只见池中众鱼也跟随长者身影，循岸而游。流水长者看着池中之鱼，不由心中想："这些鱼为什么随我而行呢？想必是鱼因饥饿所逼，又向我乞索食物。我应当供给它们食物，否则它们还会饿死。"

流水长者想到此处，对两个儿子说："你们挑选两头力量最大的象，急速回家，对祖父说：家中一切可食之物，乃至父母、妻子、奴婢之份的食物，全部收集起来，用象驮来。"

两个儿子听过父亲的教导，即刻乘骑两头力气最大的象回到家中，对祖父诉说了上述之事，收取了家中一切可食之物，载于象背，急速来到父亲所在的鱼池边。

流水长者看到两个儿子归来，心生欢喜，立即取出食物，遍撒池中。

众鱼得食，全部活命。流水长者看着救活的池鱼，心中思忖：“我今天施舍饮食，救活鱼命：愿我来世，当施法食，救济无数众生。”忽而心中又想起：我过去曾在一清静树林中，看到一位比丘诵读大乘经典。其经中说：“若有众生，临命终时，得闻宝胜如来名号，死后即生天上。”我今天应当为这十千头鱼，讲说大乘十二因缘妙法，并称颂宝胜如来名号。然而现实人间，有两种人，一种人深信大乘，另一种人不信佛法。也应当为这些不信大乘佛法的人增长信心，讲说大乘妙法。流水长者这样一想，即便入水中作如是言：“南无过去宝胜如来、应供、正遍知、明行足、善逝、世间解、无上士、调御丈夫、天人师、佛、世尊！宝胜如来本往昔时行菩萨道作是誓愿：若有众生于十方界，临命终时，闻我名者，当令是辈即命终已，寻得上生三十三天。”流水长者又为十千鱼解说大乘十二因缘妙法：所谓无明缘行，行缘识，识缘名色，名色缘六入，六入缘触，触缘受，受缘爱，爱缘取，取缘有，有缘生，生缘老死忧悲苦聚。

佛对树神善女天说：当时，流水长者为鱼说法之后，便同两个儿子回到家中。过了不久，家中宾客相聚，歌舞欢快，流水长者饮酒过量，酒醉而卧。就在此时，发生地震，十千条鱼，同时命终，生到三十三天中，成为天子。这十千天子初入天宫，心中思忖：我等从何善业因缘，得生三十三天中？众天子互相答言：我等先前在人世间坠入畜生中，沦为鱼身，又遭干渴饥饿，是流水长者为我等运水施食，得以活命；后流水长者又为我等讲说大乘十二因缘妙法，并称颂宝胜如来名号。因为这个缘故，才使我等生在天界，成为天子。今天我们应当先到流水长者家中，报恩供养才对。

于是，十千天子从空而降，流水长者酒醉正在楼上卧睡。十千天子把十千珍珠、美妙璎珞放置在流水长者头边；把十千珍珠、璎珞放置在流水长者足边；又在流水长者身体左右两边，各放置十千珍珠、璎珞。又用十分美妙鲜丽的曼陀罗花和摩诃曼陀花献于流水长者膝前。十千天子演奏种种天乐，其声美妙，婉转无比。此时，人世间的一切睡眠者全都醒悟，流水长者也从睡眠中醒悟。

此时，十千天子升上天空，在天空飞腾游行。在天自在光王国上空，如雨降下五彩缤纷的七色莲花。十千天子离开天自在光国，又飞行到空泽鱼池之处，从空如雨降下种种莲花。随后便从此处飞回三十三天中，随意自在地享受天界五欲之乐。

人间过完此夜，第二天天晓之时，天自在光国王就把文武大臣传入王宫询问：“昨夜是何缘故，在天空示现如此神奇美好的瑞象？有如此辉煌明亮的光芒？”

辅相大臣说：“大王难道不知吗？三十三天界十千天子在流水长者家中，如雨降下四千珍珠璎珞和无数曼陀罗花。”

天自在光王说：“你可前往流水长者家中，用善言相告，请他来王宫一见。”

辅相大臣听完国王的命令，立即来到流水长者家中，对流水长者说：“大王请大医王宫中相见。”

流水长者听完后，即刻随同辅相大臣来到王宫。

天自在光王问流水长者：“是什么缘故，在你家和国内示现如此神奇美妙的瑞象？”

流水长者说：“我想必定是十千池鱼，现已命终，得生天界的缘故。”

天自在光王说：“你现在可派遣人去实地看一看，此事是否是事实。”

流水长者回到家中，马上派遣自己的儿子去看空泽大池中的鱼是活是死。两个儿子听过父亲的话，即刻动身前往空泽大池。来到大池边一看，只见池中积满摩诃曼陀罗花，水中的鱼已全部命终。两个儿子返回家中，对父亲说：“那池中的鱼已经全部命终。”流水长者听完后，即到王宫，对天自在光王说：“那十千鱼已经全部命终。”

天自在光王听说后，心中感到万分惊喜。

讲完这段宿世之事后，佛对说法道场的菩提树神说：“善女天，你想知道那时的流水长者是谁呢？就是现在的我身；长者子水空，就是现在的我子罗睺罗；次子水藏，就是现在的阿难；那时的十千鱼，就是现在的十千天子；那时的树神现半身者，就是你的今身。”

在这个震撼人心的故事中，那十千鱼在做了三十三天的十千天子之后，报的是谁的恩呢？表面上看是报流水长者的恩，实质上是报三宝的恩。因为正是流水长者给他们称颂了宝胜如来的名号和宣说了大乘十二因缘妙法后，才使他们得以彻底超度，脱离畜生道，生三十三天上的。在这里，宝胜如来是佛宝，大乘十二因缘妙法是法宝，那位说法的比丘和流水长者是僧宝。三宝的力量，使十千鱼得以彻底度脱，所以，他们用珍珠、璎珞、天花、天乐，报的是佛、法、僧三宝的恩德。

报三宝恩，就是感念报答佛、法、僧三宝的恩德。

佛宝就是佛，不仅指释迦牟尼佛，也包括三世一切诸佛。按照经典的论述，佛宝具有六种很微妙的功德：

“佛宝中具足六种微妙功德：一者无上大功德田，二者有无上大恩德，三者无足二足以及多足众生中尊，四者极难值遇如优昙华，五者独一出现三千大千世界，六者世出世间功德圆满一切义依。具如是等六种功德，常能利乐一切众生，是名佛宝不思议恩。”

法宝，有四种法：第一是教法，第二是理法，第三是行法，第四是果法。从讲授理论到指导修行最后大家成就正果，在这个过程中有“教理行果”四法。

我们一般来讲的“声明俱闻”，就是指“教法”，我们听到的声音、看到的文字，都是佛法的教法；有为的一切法称作“理法”；“戒、定、慧”的部分称为“行法”；我们将证得的无漏道果称为“果法”。这四法可引领众生，出离到生死轮回的彼岸，这是法宝的不可思议的恩德。

僧宝，佛门行者，已成就无上正等正觉，即名为“佛”；未成正觉，皆名为“僧”。依《大智度论》卷三十四载，“僧”有“声闻僧”与“菩萨僧”两种：

狭义的声闻僧是指佛世时的出家弟子，他们听闻佛陀教法，了知世间幻化无常，由此而彻悟四圣谛，修小乘戒定慧，以解脱生死烦恼，进而证得阿罗汉果位，脱离三界，证入涅槃。这中间最迟须历经六十劫，才能修行圆满，并非一蹴可及。广义而言，凡剃发染衣，现出家形相，而修习小乘戒定慧三学者，都名为“声闻僧”。

菩萨僧即大乘戒定慧的修行者，他们或现在家相，或现出家相，例如文殊、普贤、观音诸大菩萨即现在家相，弥勒、地藏则现出家相。

这两种僧，虽然没能得到无漏的戒定及慧的解脱，但是他们却发心殊胜，菩萨发大菩提心，而且他们所获的戒殊胜，比如从声闻律仪的角度讲比丘戒是最殊胜的。因为具足这样的殊胜，我们在供养他们的时候能获得无量福报。

《大乘本生心地观经·报恩品》中说：“三宝恩者，名不思议，利乐众生无有休息。是诸佛身真善无漏，无数大劫修因所证，三有业果永尽无余，功德宝山巍巍无比，一切有情所不能知。福德甚深犹如大海，智慧无碍等于虚空，神通变化充满世间，光明遍照十方三世。一切众生，烦恼业障都不觉知，沉沦苦海生死无穷。三宝出世作大船师，能载爱流超升彼岸，诸有智者悉皆瞻仰。”

可见，三宝给予众生无边福慧，是引导众生由生死烦恼的“此岸”登上解脱涅槃的“彼岸”的“大船师”，其恩德是不可思议、无边无际的。

在修行实践中，众生如何报三宝的恩德呢？先看看在《大方便佛报恩经》中，释迦牟尼佛讲的一个感人故事：

有一位智慧杰出的婆罗门，平时严守在家五戒——不杀生、不偷盗、不邪淫、不妄语和不饮酒，是一位言行净洁的人。

有一次，他率领五百人出国旅游。有一天，他们住宿于某村，当地潜伏了五百名强盗，早就注意到他们的形踪，而想伺机打劫。强盗首领命令一个属下，伪装成旅客的模样，先行出发，准备当天晚上去掠夺。

但是，在这群强盗里，有一位是个婆罗门的旧识。所以，他偷偷地去找婆罗门说：

“今晚八点左右，那群强盗要来偷袭你们，你还是趁早先暗中逃走。我念在以往的交情上，才来通知你，希望你不要让其他人知晓，你赶快自己决定吧。”

婆罗门听了老友的劝告，悲愤之余，既不敢叫嚷，也不敢哭泣，只有暗中叫苦。他心想：

“倘若把此事告诉其他人，虽然大家可以免于贼难，但是，那位老友必遭他们杀害。那些杀人者必然会堕入三恶道，承受恶报。倘若默不作声，那些强盗必然会来杀死自己的同伴。那么，强盗也会沦入三恶道，承受许多罪害。”

他心里犹豫不决，片刻后，他才下决心，自言自语：“有了，为了拯救他们，总得寻思妙计，如今只有牺牲自已，才能救出他们。让自己承受三恶道的罪苦。”

他果断地提刀去杀死了那个伪装成旅客的强盗。众人看了异口同声责问他：

“婆罗门，你是出乎其类，拔乎其萃的智慧之士，也是心地纯洁、行为端正的人，为什么杀死一个无罪的人呢？”

婆罗门听了，忍不住跪在地上，合掌对大家说：

“啊！我没做什么坏事。我只是为了要拯救诸位和许多人，才做了坏事。”

“用杀生来救人，不是强词夺理吗？”

“事实上，这个人是恶事作尽的强盗，因为他想害死诸位，我才把他杀掉。因为我想让大家平安回去，而我自己心甘情愿下地狱，承当恶报。”

五百位同伴听了，伏在地上高声喊叫，有人哭泣，有人高兴，声音之大，简直可以摇撼山崖：

“世上没有比生命更重要的，而且也没有比不该死而死更可怕的。何况，世上所有的人，宁可不要金银、财宝、土地、妻子、衣服和食物，也要保住性命。现在，你竟不惜生命来帮助我们逃生。叫我们如何感恩图报才好呢？报答的途径，除了发心求悟以外，实在想不出其他办法。”

之后，五百名旅客果然发善心，上求佛道。

五百名旅客免于盗害的危险，迅速离开此地。只剩下那位婆罗门留守，不久，他被五百名强盗围困：

“你是好人，为什么会犯了杀人大罪呢？”

“我知道自己犯了杀人罪，但为了帮助众人逃生，不得不如此。同时，也为了要拯救诸位的性命，才杀死这个人。”

“你简直胡说，杀死我们一位伙伴，还说是为了救我们。”

“不错，虽然我知道诸位会来此，但是，我默不作声。不曾向国王或任何人透露风声，倘若我传扬出去，结果会如何呢？难道你们还能活命吗？”

强盗们被他一说，才恍然明白，大家面面相觑，喜不自禁：“我们的性命多亏你相救。”然后向婆罗门合掌：“我们应该怎样感恩图报呢？请你直说无妨。”

“请诸位好好记住，最好的报恩方法，莫过于抛弃一切坏心机，发心在佛道上求悟，这才是真正的报恩途径。”

此时，强盗们都赞成婆罗门的意见，而发心追求无上菩提。

释迦牟尼佛讲完这个故事后，开示道：

“诸位善男子呵！如要报答佛恩，就得以那个婆罗门的心来对待一切众生。这是对佛的报恩途经。这位婆罗门，就是我的过去身。由于这种因缘，我曾历经无限漫长的修行，才能完成永无烦恼的涅槃。遇见作恶多端的人，不能说杀掉了事。杀人将会悔恨无穷。正如这位婆罗门为了帮助众人，而引发地们的善心，是不得不如此，而非随便杀人。当明辨是非。”

世间如果没有佛、法、僧三宝，众生就没有办法在佛法中自新。我们错误的知见、情意的执著，就永远没有办法改变、消融。三宝在人间，给我们一个机会，让我们有“重新来过”的可能性，也确实让我们在知、情、意方面，都渐渐地趋向于“净化”，也趋向于“进化”。

一个常常忆念佛、法、僧恩德的人，会是一个无比幸福的人。有幸福的感觉，也就比较容易洋溢那种“想要分享”的热情——想要把美好的一切分享给他人。让自己本身在知、情、意净化与进化的部分，能够展现出美好的人生，让周围的人因自己的学佛，而感染到清净与进步的喜悦；甚至能够因自己的言行举止，而减低他人的痛苦，增加他人的快乐，这样就是在报三宝恩。周围的人倘因我们而得到喜乐，也会对三宝建立信仰。如此辗转分享自己在三宝中所获得的恩泽，就会有越来越多的众生，因佛法而得到喜乐与救度。因此，报三宝恩，莫过于和他人分享佛法的微妙和殊胜，劝人上求佛道，下化众生；莫过于以竭尽自己的全部心身，弘扬佛法，利乐有情，庄严国土。

五、出离心：厌弃贪欲，远尘离垢

学佛修行，基本的目的是为了“解脱轮回苦，灭尽诸烦恼”，即从娑婆世界的苦海中解脱出来，离苦得乐。这就需要生起强烈的出离心。荷花之所以圣洁，是因为能从污泥浊水中出离；释迦牟尼之所以成佛，是因为能从五浊恶世中出离！在当今这个五欲炽盛、享乐主义横行的时代，出离心尤显重要。佛说：“生死疲劳，从贪欲起。”如果我们整天驰骛系缚于位子、票子、房子、车子，难舍难离于美食、美色、美景，那只好在生死轮回的险途中受苦受累，疲惫不堪。泛滥的物欲的厚厚尘垢，覆蔽了多少众生的性灵！可悲的是，对物欲的不厌足地贪著和追逐，就如同口渴者饮用浓盐水止渴一样，喝得越多越口渴；如果执迷不悟，不果断舍离，难免被活活撑死！

一切妙欲如盐水

在《出曜经》中，记载了这样一个故事：

过去，有一长者专门将牛乳熬煮成香醇味美的酥油出售，这些装满酥油的瓶子皆贮放于阁楼之中。

有一回，长者取完酥油后，未将瓶盖拴紧，于是阁楼中的老鼠闻香而至，一头便钻入瓶内大快朵颐。

贪吃的老鼠实在无法克制酥油香浓的诱惑，便一直待在瓶内不愿离去，结果不出数日，便撑死于瓶中。浓浓的酥油覆满老鼠全身，泛漾着金黄的颜色，已分不出是酥油或是鼠。

久而久之，老鼠的尸体渐渐地于酥油中分解四散，身骨下沉于瓶底，四肢髑髅则漂浮其上。

一天，长者为客人取酥油，手持火把，拾级而上来到阁楼。正当以量杯入瓶中取油时，发现了固状的物体，乍看之下以为是酥油所凝，仔细察看却似骸骨。

长者心想："我取酥油时瓶口未密，想必是老鼠溜进瓶内偷吃酥油，贪心不肯离去而撑死了。"

长者见状，便自思忖："放纵欲望为害无穷，实在是真实不虚的道理啊！世俗之人贪著名利财色，心怀悭贪，不愿布施、不持净戒，月月年年耽溺享乐而不持斋，虽得人身，于道无所增益。一旦福报享尽，死后不免堕入三途恶道，受苦无尽。出了家的修行人，若只是外形别于世人，内心依然贪欲放逸无度，不阅经藏承受圣教、不念禅定、不思戒律，出家也只是虚劳其功，不仅今生无法成道证果，来世依旧要承受果报。由此可知，贪欲放逸真正是蹉跎时志、加速败亡的险径啊！"

可悲的是，在这个世界上，有人不断地被淹死在贪欲的"酥油"中。

当今社会，人们认为只有丰裕的物质生活才是人生幸福安乐的基础，只有物质享受才是人生的价值所在。由于这种观念在社会上大量传播渲染，得到人们的普遍认同，使得它在人们的意识里变得根深蒂固，深深影响着人们的行为。许多人除了追逐物质财富，根本不知道作为人还应有其他的价值和目标。在这个时代，拥有财富的多少成了一个人一生奋斗的成就标志，许多人的一生只是为追求财富、享受妙欲而活，所思所行都由此而发，这样就把宽广的人生死死钉在求财享乐的一角之上，千千万万人如同过江之鲫般涌向财富和物欲之门。

由于这种风气在整个地球上流播，在这股物欲横流拜金至上的浪潮中，能保持自己独立的见解而不被世俗见解所染污的人实在是少有。如果没有坚定的信念，会身不由已地卷入到追求物质利益的旋涡之中。这种集体趋同的共业潮流有着强大的牵引、感染、同化的力量，人们往往不加深入思考便全盘接受，认为这是理所当然的。

人们普遍认为享受物欲就是快乐，这是没有经过深入观察思索的错误观点。

面对丰裕的物质世界，现代人像不停向前行进的马匹一样难得停歇，内心的种种欲望如同鞭刺催人向前。外面的物质像魔咒一样时刻挑起欲望，今天看到电视广告中有一套新式电器，明天见流行的家具又换了款式，后天见邻居买的新车比自家的强……尤其在现代这种商业化的社会中，各类炫耀财富、追求享乐的广告全方位刺激着人们的虚荣心、贪心，使人的购买欲加速膨胀。

在琳琅满目、花样翻新的外物面前，人心往往显得被动脆弱，抵挡不住外物的诱惑，而获得这些物品，必须付出大量的金钱，为此只得想方设法拼命赚钱。人的一生就这样在外物的诱惑下，身不由已地疲于奔命。因为总是不断有新的五欲在前面诱惑，在等着人们去逐取它，人心就像疯狂追逐的老鼠一样，被不断抛出的“酥油”所牵制。

当见到新鲜物品，内心生起欢喜心时，就会产生占有欲，恨不得归为已有攫在手心，最初占有时也许会有一阵喜悦之情，这就是现代人所谓的物质生活的快乐；但这种快乐太脆弱了，当物品使用久了之后，以前的占有欲和那种获得外物的喜悦也随之荡然无存。不久，当新的外物出现时，内心的贪欲又一次被挑起，积习重返，又开始了新一轮获取外物的行动，直至再次失望。如此周而复始，一生的光阴就在这样的幻境中耗尽。

享受外物的快乐感只能存留短暂时刻，接下来的却是挥之不去的空虚感，在一次次享受外物之后，内心仍然深感不踏实，空虚感将整个身心笼罩，无形之中又开始感到生活的压抑苦闷和无可奈何，面对这个处处高楼大厦、车水马龙、一片丰盛的物质海洋，现代人的内心往往如同独处孤岛般寂寞，甚至如那只老鼠身处酥油瓶底般绝望。

《佛子行》云："一切妙欲如盐水，愈享受之愈增贪。"这是对现代人追求物质享受的心态的绝妙写照。在一次次享用"妙欲"之后，贪欲被不断刺激增长，带给人们的只有疲惫和劳碌，人心并没有因此而获得安宁和舒适。这说明想依靠占有和享用外物来获得内心的安乐是不可靠的，金钱和外物的占有并不是人生意义的标尺。不然，那些千万富翁、亿万富翁应该成为世上最快乐的人了，但事实是如此吗？这些富豪的烦恼痛苦一样也没有减少，他们的内心未必比一贫如洗的乞丐来得快乐。可见想依靠外界物质的占有来达到人生的幸福是一种错误的观念。

印度高僧龙树菩萨说："世间一切乐，唯苦被变坏，及为分别故，彼乐非真乐。"人们拼命追求财富的目的，就是为了满足各种感官上的舒适刺激，再加上超过他人成为"人上人"的虚荣心的满足。为了得到这些快乐，需要付出痛苦的代价，这些欲望的生起，以及欲望满足后的快乐感，都是由自身的分别念生起的，这些分别念如同海中的泡沫一样，即生即灭，没有丝毫实质。正如世上没有不破的泡沫，世上也没有不会消失的欲乐。因此，人们占有外物的快乐感会转瞬即逝，转而被失望和遗憾所代替，也就不足为奇了。

其实，人大都有知足和不知足两种心态，"福莫大于知足，咎莫大于欲得。"欲多则心散，心散则志衰，志衰则思不达。常常有人不解地问：被接连不断地揪出来的贪官要那么多的钱到底有什么用？一个人被"贪"字所困倦就会眼花、心乱、嘴馋，魂不守舍，失去理智，走向毁灭，这些就是贪婪者的最终结局。万般罪过都由贪婪而起，种种苦恼因贪念而生。生命如舟，载不动太多的物欲和虚荣，要想使之抵达彼岸时不至于中途搁浅，就必须轻载，取只需要的东西，大舍大得，小舍小得，不舍不得。

多欲为苦毁此身

据佛经记载：有一天，佛陀在室罗筏城的逝多林给孤独园中，大众围绕。佛陀对胜光王（印度的波斯匿王）说："大王！我今天为大王说一个简单的比喻。诸位有生死之味的凡夫，隐含着大的过患。大王您注意听了，认真地想想！"

佛陀说："在过去无量劫前，有一个人，游玩在旷野上，被凶恶的大象追逐，害怕得逃跑，却没有地方躲避。这时，恰好看见一个空井，旁边有棵大树，此人赶紧抓攀着树根下去，藏身井中。此人一低头，却看见有黑白两只老鼠，正在一起啃啮树根；又在井的四边，见有四条毒蛇，要咬这个人；再看下面，还有条毒龙。这个人，心里畏惧龙蛇，又恐怕树根断了。这时，树上流下五滴蜂蜜来，此人连忙用嘴去接，因此而使树摇晃着，蜜蜂乱飞，下来螫这个人。突然又燃起野火来，开始焚烧这棵树。"

胜光王说："唉！这个人为什么受无量的苦，去贪那么少的一点好味啊？"

佛陀告诉胜光王："旷野比喻无明长夜，生死之路，空旷遥远。说的那个人，是比喻生邪见造恶，受种种别异果报的凡夫。大象，比喻一切都没有常住。井，比喻生死。险岸上的树根，比喻生命。黑白二鼠，是比喻黑夜和白天。啃啮树根，比喻思想念念不停生灭。那四条毒蛇，比喻四大（指的是地、水、火、风。身体是由四大和合而成）。蜜比喻五欲（指对财、色、食、名、睡的贪欲）。蜂，比喻邪见邪思。野火，比喻衰老和疾病。毒龙比喻死亡。大王啊！你应当知道，生老病死是令人极其恐怖畏惧的，常应思考，保持警觉，不要被五欲所吞噬和逼迫！"

众生所追求的欲望境界虽然很多，但是最主要的不出五种——财、色、名、食、睡，即五欲。

第一，财欲：就是指世间一切金银财宝。除养身之外的钱财，其他的也是越多越好。世间无论男女老幼，对于金银财宝，都会生起贪著、迷恋不舍的心理，所以叫做财欲。

第二，色欲：色是色法，是指男女之色，以及世间一切宝物、华屋、美服等种种美好的东西都属于色法。对于这些东西，世人都很贪求，对于自己所喜欢的更是贪求不舍。众生所以不能了生死、出三界，都是为色欲所迷的缘故。所以说，对色欲不能过分贪著。

第三，名欲：即喜欢贪求名誉、地位。很多人认为名誉可以光宗耀祖，显亲荣己，因此，贪求没有止息，所以叫做名欲。

第四，食欲：就是贪着种种饮食——山珍海味，因贪食美味佳肴而残杀生命，所以叫饮食欲。

第五，睡眠欲：就是整天情识昏昧，昏睡如泥。像这种贪睡眠的，叫睡眠欲。

财、色、名、食、睡这五欲，是让人不自由的因素。为了贪金银财宝，求世间声名，恋悦情适意，不知用尽多少心机；为了耽着美食众味，乐著睡眠，不知耗费多少时间精力。未得时，处心积虑想得到；得到时，又担心失去而惶恐不安。正如《大智度论》说："诸欲求时苦，得之多怖畏，失时怀热恼，一切无乐时。"一辈子就在患得患失中度过。如果我们能明白五欲的过患，看淡五欲，就能得到轻安。

对现代人来说，贪欲贯穿着一生，大量的时间都花在满足这种占有外物的欲望上，正是为了满足这些层出不穷的贪欲，人们消耗了自己宝贵的暇满人生。俗话说"人为财死，鸟为食亡"，一般人一辈子都被世间的财富牢牢套死。

在这个时代，即使是未成年人也知道物质享受，甚至有的少年儿童小小年纪也知道在吃穿上互相攀比，一问他们长大了要干什么？有的回答要做企业公司的大老板，或者歌舞影视明星，既有丰裕的物质享受又有人们的崇拜尊敬。对于青壮年人士来说，物质世界就是生活的战场，每天的心思和精力都投放在如何挣取更多的金钱，以获取更好的物质享受，人生最宝贵的光阴都交付给了内心的贪欲。即使是一些老年人，对于物质享受仍然是贪恋不舍，衣食住行各样要讲究用好的，贪欲并没有随年龄增长、体质衰弱而减退。

美妙动人的物质享受就像“魔女”一样，初看容貌姣好姝丽，千般柔情万般妩媚，如果内心没有深邃的洞察智慧和不为外境所动的定力，则会难以自拔地投身其中，这些“魔女”不断使出各种伎俩和幻术来勾引迷惑人心，使得人们难以清醒，甘愿充当这些“魔女”的奴仆，遵从“魔女”的吩咐，去行一切难为之事，为她们愿受各种难忍之苦，最后“魔女”露出其残酷无情的本性，将这些被诱惑者一个个吞吃，饮其血、食其肉。

同样在这个物质世界中，这些悦意的外境、外物，令人内心动摇，如见“魔女”一样，情难自禁，心生贪欲；追逐外物享受物欲的过程，则如与“魔女”共处一样缠绵难分；最后，一生深陷迷幻散乱，耗尽毕生精力，虚度一生，则如同被“魔女”吞噬。

然而这个世间难以计数的人甘愿受诸“魔女”系缚。这些“魔女”是什么？是一叠叠钞票，是洋楼别墅，是豪华轿车，是大片大片的房地产，是隶属于自己的公司、产业，是灯红酒绿的感官享受，是一呼百应的名声地位……人们甘愿为这些“魔女”空耗一生，沉于迷梦，终生不愿醒悟，甚至大造舆论，攀比谁比谁的沉迷程度更深重，举世以深陷其中为荣，深陷严重者则被尊为人世楷模。而对揭示其真实面目的人反而横加责难、鄙夷漠视、冷嘲热讽，真是颠倒！这就是当今这个荒诞世界的真实面貌，有些人即使千般叮咛万般呼唤，奈何难以唤醒。

外物不论多么美妙，其本性都是欺骗诱惑，唯有招致痛苦。这样一个虚假的繁华物质世界，人们一生都为之欺惑。正因为一生光阴投入其中，从而无有机会投身于解脱之道，结果空耗一生。《入行论》中说：“彼利极微薄，虽畜不难得。为彼勤苦众，竟毁暇满身。”世上的贪欲极为微薄，世上的众生之所以辛苦，无非是为了满足各种欲乐。为了满足欲乐，即使是畜生也能够得到，但为此而勤苦的众生却因此而丧尽自己难得的暇满人身。

释迦牟尼佛在《八大人觉经》中说：“第二觉知：多欲为苦。生死疲劳，从贪欲起。少欲无为，身心自在。”

佛陀教诲众生：欲望过多，就会苦恼无穷。生死轮回流转的疲劳困顿，皆是从贪欲产生。减少欲望，无求无为，身心才能得到解脱自在。

物欲障蔽出离心

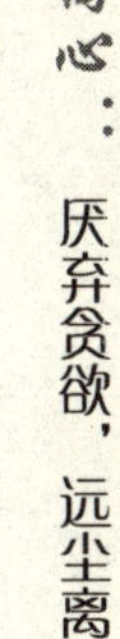

当人们享受物欲的时候，很难感知到人间的痛苦，这些物质享受包含了衣食住行等方方面面，吃的是鸡鸭鱼肉，住的是花园楼房，冬有暖气夏有空调，出门有便利的交通工具，美女帅哥情悦意迷……追求的是眼、耳、鼻、舌、身、意六触全方位的感官刺激。只要有钱，衣食住行样样方便，浸泡在这样的物欲享受之中，人们会感觉这人世间太好了，现代人所谓的享受人生，就是享受这些物质妙欲。这些繁华似锦的世间物欲时时刻刻都在诱惑人，迷得大家难觉醒、难看破，不要说世上一般的人，就是步入佛门的弟子在这样的欲望世界里，要生起真实无伪的出离心也很困难。

这个花花绿绿、幻影迷离的物质世界让人看不清世间的苦患本质，人们普遍认同这个繁华的物质世间，即使生活不如意的人也认为那只是自己没钱，如果手上有钱的话，在这样应有尽有的世界生活起来还是有滋有味的。

但是，佛陀以无比的智慧非常冷静地告诉世人：在世间上有两条道路可供人们选择，一条是沉没在轮回的生死苦海之中，在这条路上我们已经经历了无数次生生死死的流转；另一条道路就是从六道轮回中脱离出来的解脱之道。

佛陀在迦毗罗卫国时，一次进入王城乞食，来到弟弟难陀家中，正好遇到难陀给夫人化妆，用香脂涂抹眉间。难陀听到佛陀已进入院门，想出去迎见佛陀。夫人孙陀利对阿难说：“你快去看佛陀，我额上的化妆还没有干，你要很快回来。”

难陀很快出门，迎见佛陀，向佛陀致礼后，接过佛陀的食钵，回到家中盛满了丰盛的食物端给佛陀。佛陀不接食钵。难陀又把食钵端给阿难。阿难也不接受食钵，并对难陀说：“你从谁那里拿到饭钵的，你就还给谁。”

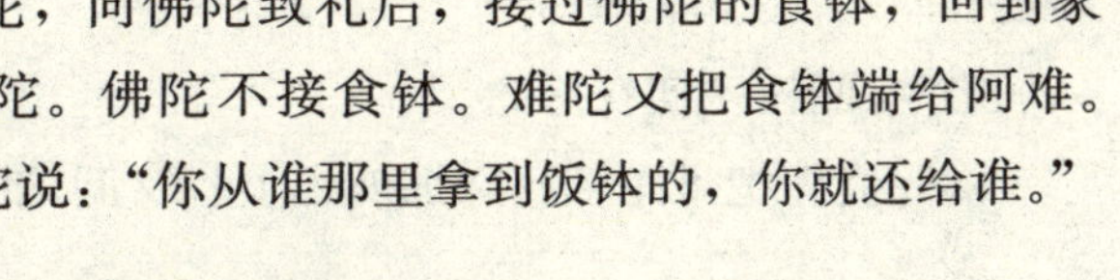

难陀无奈，只好端着食钵，跟随佛陀来到尼拘屡精舍。

难陀到达精舍后，佛陀立即让剃度师给难陀剃须削发。

难陀不肯剃须削发，愤怒挥拳，并对剃度师说："你要剃我的发，迦毗罗卫国所有人的头发，你现在全部剃尽才行。"

剃度师不敢给难陀剃发，又来到佛陀面前回话。佛陀问剃度师："你为什么不给他剃发?"

剃度师回答："我害怕他，所以不敢给他剃发。"

佛陀听说后，同小弟子阿难一起来到难陀身边。难陀因害怕佛陀，不敢不让剃度师剃发。难陀虽然剃发出家，但心中常思念家中的娇妻。因佛陀常带着难陀一起出行，难陀无法脱身回家。

后来有一天，轮到难陀看守房子，他心中暗自高兴："今天真得便，可以回家去了。等到佛陀与众僧都外出乞食之后，我就立即回家。"

佛陀与众僧进城之后，难陀心想："我应当为佛陀和师兄弟打好洗澡水，把澡瓶都盛满水，然后再回家。"

难陀这样一想，立时动手汲水，谁知刚把一瓶盛满，另一瓶却又打翻了。如像这样，历经多时，总是不能把澡瓶的水盛满。此时，难陀心想："我已无法把所有的澡瓶打满水，就让诸位师兄弟和比丘僧回来后，自己打水吧，我现在只好把澡瓶放在房子中了。"

难陀放弃打水，立即关闭门窗，准备回家。可他刚关好这一扇窗户，那一扇窗户却又开了。刚关好这一间的门，那一间的门却又开了。总是无法关闭好。此时，难陀心中又想："既然无法全关闭，那我只好不关而去了。纵使比丘僧的衣物有所丢失，我也有很多财宝，足以补偿。"

难陀想好后，立即走出僧房，准备回家，但他心中又想："佛陀必会从这条大道上来，我要从另外一条道路上回家。"

佛陀知道难陀的心意，也从这条道路上回来。难陀从远处看到佛陀后，立即藏在路边的一棵大树后面。谁知树神举树上升，停留在空中，难陀露地而立。

佛陀看到难陀后，又把难陀带回精舍。佛陀问难陀："你想念家中的娇妻吧?"

难陀回答："实在想念。"

佛陀立即把难陀带到阿那波山上，又问难陀："你的妻子美丽吗?"

难陀回答：“美丽端正。”

此时，山里跑来一只又老又瞎的猕猴。

佛陀又问难陀：“你的妻子孙陀利，面目端正，和这只猕猴相比如何？”

难陀听后，十分恼怒地说：“我的妻子美丽端正，人中无双，佛陀今日为什么拿我的妻子同这只瞎猴相比呢？”

佛陀又把难陀带到忉利天宫，和难陀共同游观天宫，逐个观看。看到各天宫中的天子和天女，互相游戏，十分快乐。只有最后一天宫中，有五百天女，却无一个天子。难陀感到奇怪，便问佛陀：“这是怎么回事？”

佛陀说：“你亲自去问。”

难陀前往，问诸天女：“各个天宫，都有天子，此宫中为何独无天子？”

天女回答：“在人世间，佛陀的弟弟难陀，被佛陀逼迫出家，以出家学道的因缘，将来命终，转生此天宫，就会成为我们的天子。”

难陀对天女们说：“我就是难陀啊。”说完就想进入天宫。

天女们说：“我们现在已是天女，你现在还是凡人。你回去过完人世寿命，转生天上，才可以进此天宫。”

难陀回到佛陀身边，把上述事全部告知佛陀。

佛陀对难陀说：“你妻子美丽端正，还是天女美丽端正？”

难陀说：“我的妻子同天女相比，就如瞎猴同我妻子相比。”

佛陀把难陀带回人间，难陀为了转生天上的缘故，从此，勤奋修行持戒。阿难看到后，给难陀赠偈言一首：

譬如羝羊斗，将前而更却。
汝为欲持戒，其事亦如是。

佛陀为了教导难陀，又把难陀带到地狱。见到各个汤锅，水开沸滚，都在煮人。只有一口大锅，烧水无人。难陀感到奇怪，就来问佛陀。

佛陀说：“你亲自前往去问吧！”

难陀即便前往，来问狱卒：“各个锅中都在煮人，为何这口锅烧水锅空，没有煮人呢？”

狱卒回答：“在人世间，佛陀的弟弟，名叫难陀，如果他以出家修道的功德，就会转生天上。如果他弃道破戒，以此因缘，天命终后，就会堕入

地狱。所以我们现在烧开汤锅，等待他的到来。”

难陀听后，惊怕万分，唯恐狱卒把他留下，立即高声叫道：“南无佛陀，希望你保佑，把我带回人间吧!”

佛陀对难陀说：“希望你勤奋修持，就会修得天福的。”

难陀说：“我也不想升天了，只希望我不要堕此地狱。”

佛陀借此，为难陀讲说圣法，一连七天，难陀听闻佛法，便获得了罗汉的果位。

难陀获得罗汉果位后，诸位比丘僧赞叹地说：“世尊，这真是太奇特少有了!”

佛陀说：“不但今日是这样，就是过去也是这样啊!”

诸比丘说：“过去也是这样？这事怎么说，请世尊讲给我们听。”

佛陀说：“从前迦尸国王，名叫满面。比提希国有一妓女，容貌端正，非常漂亮。那时两个国家，常积仇怨，互相争斗。国王身边有一佞臣，经常对迦尸国王赞美比提希国有一妓女，美貌漂亮，世上少有。国王听后，心中迷惑爱慕，就派遣了一位使臣，向比提希国讨要这位妓女。比提希国王拒绝不给。迦尸国王再次派遣使臣，对比提希国王说：‘只求暂时相见，四五天后，就送她回到本国。’

“当时，比提希国王对妓女告诫说：‘你的姿态和所有伎能全都具备，你要使迦尸王迷恋于你，一会儿也不能远离。’

“比提希王告诫完毕，就让迦尸国使臣把妓女带去。经过四五天之后，马上派使者传言说：‘本国要举行重大祭祀，这位妓女必须回国参加。等到祭祀完毕，再把妓女送回。’

“迦尸国王听后，立即派使者把妓女送回本国。大祀完毕后，迦尸国王又派遣使臣讨要妓女。

“比提希国王对使臣说：‘明天就把她送去。’到了第二天，还是不送去。如像这样的谎言，经历多日。迦尸国王因心中迷恋这位妓女，就单身带了几个人要去比提希国，诸位大臣劝谏，他都听不进去。

“那时，仙人山中有一个猴王，聪明博达，多有知识。它的妻子死后，又娶一只雌猕猴为妻。许多猕猴都气怒地斥责猴王：‘这只年少的淫猴，是大家共有，你为什么要独自占有呢?’

“猕猴王为躲避众猴责难，就带着这只母猴，逃入迦尸国，投于国王宫中。众猕猴追逐猴王，就一起来到王城。进城之后，揭瓦坏墙，弄得全城无法收拾。

“迦尸王对猕猴王说：‘你现在为何不把这只母猕还给众猴呢？’

“猕猴王说：‘我妻刚死，又未娶妻。大王为什么要我把这只母猴归还给众猴呢？’

“迦尸王说：‘现在你的猕猴破坏搅乱我的国家，我怎能不让你把它归还呢？’

“猕猴王说：‘这事难道不好吗？’

“迦尸王说：‘这事不好！’

“猕猴王再三反问：‘这事不好吗？’

“迦尸王依旧回答：‘这事不好。’

“猕猴王说：‘你宫中有八万四千女人，你却不喜欢，还想到敌国去追逐一个妓女。我今日没有妇人，只要此一只母猴，你却说不好。一切百姓，视你而活。你为了一个妓女，怎么能舍弃他们。大王应当知道：淫欲之事，乐少苦多。犹如逆风拿着火炬，愚蠢之人，拿着不放，必然烧伤自己；欲望是不净之物，就如一堆屎一样；欲望现外形，就如薄皮覆盖；欲望无回声，就如屎涂毒蛇；欲望如怨贼，欺诈而近人；欲望如借贷，一定要偿还；欲望真可恶，就如厕中花；欲望如疥疮，向里面挠弄，就会更加厉害；欲望如狗啃骨头，越啃涎唾越流，以为有味道，唇破齿掉，也不知满足；欲望如渴人喝饮咸水，越喝越渴；欲望如一块肉，众鸟争相追逐；欲望如鱼兽，因贪吃而至死；欲望的祸患真是太大了。’

“迦尸王因听猕猴王的劝导，再没去比提希国追求妓女。”

讲到此处，佛陀说：“那时的猕猴王，就是我的现在之身。那时的迦尸国王，就是现今的难陀。那时的妓女，就是现今的难陀之妻子孙陀利。我在那时候，从淫欲的污泥中救出难陀，今天也能度救他出离生死之苦。”

试问，自古而今，有多少人沉溺于女色家室之中而难舍难离？

试问，我们现在身处的这个表面繁华的世界在哪里？不在别的地方，就在轮回之中，这是无尽轮回迷乱幻象的一幕。观察当今世人的一举一动，有多少人真正意识到这一点？有多少人能不受其欺惑？无数人都被这种表面的繁华所迷惑，不知道这些繁华表层之下“诸受是苦”的本质，这些繁华能改变生老病死的痛苦吗？能避免轮回流转的现实吗？这些外境的物质

繁华和享用丝毫也改变不了人生本质的痛苦。

表面上有些人今生感觉生活不错，但如果受前世今生恶业的牵引，下一世可能就沉沦流转到三恶道中去了，所以今世的快乐是泡沫型的快乐。如果没有修持佛法，那么无论是谁都难以从轮回中脱离，那些些许的快乐享受丝毫也改变不了深陷轮回、难以拔出的苦患。虽然在这个世间我们也许获得了短暂的快乐，但是这些快乐瞬间即逝，摆在前头的仍然是茫茫无尽的轮回苦途。相比追逐短暂的物欲享受来说，这才是每个人真正需要思考的问题。

有些人虽然学佛，但并没有意识到要从这个表面繁华的世界真正出离，对学佛者来说，自然知道三恶道痛苦不堪，要尽力避免堕入，但是这个妙欲世界舒舒服服地生活还是挺好的。有的人口中虽然不讲，但内心的意向却是如此，一提到“出离心”，心里就不舒服，不愿听到这三个字，心中会找出各种借口来搪塞，之所以找借口，实际上仍是念念牵挂这个世间的物质享受。深藏在内的贪恋尘世之心非常狡猾，总会编制出各种理由来抵挡排斥出离之念，因为多生累劫的串习已经使内心习惯于对尘世贪恋执著，而对出离却感到异常陌生，初听起来非常不习惯，甚至害怕，进而生起排斥。

有的人讲现在时代不同了，像古代修行人抛弃一切、历尽千辛万苦的修持方法和这个时代格格不入了，不要再谈出离心那套了。其实这只是自己被世间物欲所蒙蔽，舍不得放下对妙欲的贪执而已。

当今时代强烈的外界诱惑，对于修行人是极为不利的因素，出离心不是不需要，相反要更加坚固，才不致被外界欲尘吸引走。我们内心修习佛法的力量与外境的诱惑力就像拔河比赛的两边，哪一方的力量大就能取得胜利。一个人要观察自己是不是修行人，只需要算一算每天在修法上用了多少时间和精力，就会清楚地知道。

有的人心里尽管知道学佛要有出离心，但是内心模模糊糊，没有一个坚定不移确乎不拔的信念，仍然很容易不知不觉中被外界的物欲所吸引。

由于内心没有真正醒悟这个物质世界的诱惑对修行的损害，没有生起要脱离此世间的真实无伪的出离心，所以有的人尽管修学了很多法门，天天口谈空性见解，但是真实的修学效果却很难见到，这是因为佛法的基础——出离心没有打好。

如果一个人的内心被世间物欲所占据，内心意向自然会认同这个物质世界，强大的物欲犹如一盆胶一样把人粘在这个欲尘世界，这就难以生起出离心。一个人天天都想着自己如何能好好享受，那怎么生得起为度化无边无际的众生而精进修习佛法的菩提心？心念天天胶执在这个物质世界上，怎么能产生这个世界如梦幻泡影的空性正见？由此可见，如果没有看到贪恋世间欲乐的过患，那么修持佛法也只是口头说说而已，难以起到真实的效果。

世间上大多数众生身陷轮回苦海之中而浑然不觉，不知其中危害，如同处于迷梦之中而不知觉醒，自己身为一个修行者，在佛陀的教诲之下，已经了知了轮回的痛苦，因此需要痛下决心，从这个充满苦患的轮回中彻底出离。

所谓出离心，不能误解为只是想脱离今生和来世的痛苦，这个理解远不彻底，出离心是发心从以烦恼和业力所支配的一切欲乐享受乃至更高级的有漏禅定安乐中出离。这些都是错乱的颠倒识显现出来的法，本性没有任何安乐。清净的出离心是厌离诸业、厌离烦恼、厌离一切欲乐、一切增上生，如果没有这种出离心，就不可能止息追求三有大海幻化无尽的欲乐。为此我们必须生起深深的定解：无论这个物质世界多么美妙，其实质都是欺惑性的，都是将我们系缚在漫无边际的轮回流转之中，所以这个世界形形色色的物欲不管怎样变换花样，都没有实质的意义。必须看得破，放得下，生起出离心，志求解脱之道。

无出离心无熄灭

学佛修行的基础是，淬炼一颗出离心。

什么是出离心呢？就是：解脱轮回苦，灭尽诸烦恼。换言之，即于诸轮回诸盛事，刹那不生羡慕心，日夜欲求得解脱，尔时已生出离心。

出离心基本上是希望从娑婆世界的苦海中解脱出来。佛陀称娑婆世界为“苦海”，是因为它存有三界即欲界、色界、无色界的生命体，并且含有有情的生命和无情的器世间。从佛陀的谛观，三界的众生都感受到苦，所以佛陀在菩提树下悟道后第一次的转法轮时就讲述“四圣谛”法。“四圣谛”的第一谛就是“苦谛”，所以我们首先要明白什么叫做苦，苦的现象是什么，这样才能使自己生起出离心。

其实人类一出生时就感受到肉体的痛苦，母体跟婴孩都如此，此为“生苦”；其次是“病苦”，不管任何年龄的人，一生中都会有生病的经验；“老苦”也是每个人都会体验到的，比如身体乏力、视觉模糊等；而“死苦”也是必然的。所谓生、老、病、死之苦就是人的一生写照，不管是国王还是平民，不管是富豪还是乞丐，都有这四类型苦的体验。还有“求不得苦”，即不能满足个人的愿望而遭受到失望的痛苦；另一类苦是“怨憎会苦”，就是常常碰到自己不喜欢的人而生起憎恨心；相反的却是“爱别离苦”，即跟自己喜欢的人相处不久就要分离，快乐不能持续下去。人生最大的苦是来自无常的苦，我们发觉到世间的东西都不能永恒存在，随顺着各种因缘而集散，这种的苦受非常强烈。

所以当我们升起要脱离上述这些苦的时候，就是生起出离心。

从前，在西藏有一户穷家，家中并无其他食品，只有萝卜可吃。儿子在每天早上起床，便开始嚷着肚子饿，母亲便为他煮萝卜。过了几天，儿子吃萝卜吃得很厌了，在又看到煮萝卜后，他心生厌恶，便说：“我不要萝卜，我要吃糌粑！”母亲没有糌粑可供，便炸萝卜给儿子吃，但儿子仍然不肯吃。后来，母亲分别做了炒萝卜、煎萝卜、蒸萝卜、萝卜汤，生的、甜的、辣的、酸的和咸的都试过了，儿子却看穿了、厌倦了，所以他说：“妈，我早已受够了。您休想骗我再吃这鬼东西了。不论您怎么弄花样，萝卜不就还是萝卜嘛！我是绝对不会再想吃的了！”

修出离心时，渐渐便不希求世间福报，因为我们知道六道本质乃是苦，就算是最大福报之天界，其本质仍然不变、仍然是苦，所不同的只是其表面包装而已，所以我们只一心希求出离。在修至某种程度时，出离心较强烈了，我们便会彻底厌离六道，就算是六道内之最美好的东西，我们仍然能看透它的本质，知道它不外乎是苦的另一种包装而已，就像是故事里的小孩讨厌萝卜，并不因它的花样而被迷惑。日日夜夜只一心欲求出离，便可说是出离心生起了。这样我们才能厌离娑婆，欣求解脱极乐。

宗喀巴大师（1357—1419）是藏传佛教格鲁派（黄教）的创立者、佛教理论家，他在《三主要道论》中，解释发出离心的理由时说：

“无出离心无熄灭，希求有海乐方法，由欲有乐缚众生，故先寻求出离心。”

大意是：凡学佛者，倘若没有出离心，则彼人亦就无有息灭希求三有轮回大海中安乐之方法，因此无法解脱三界轮回的束缚。以彼诸众生由于无始以来之无明习气所感，而贪著希求三界轮回中暂时安乐，若不具足出离心，则于三界轮回的根本无法断除，因此永远沉溺于生死大海中不得解脱，因此出离心非常重要。

电视连续剧《大宅门》曾热播一时，剧情自清末至文革，时间跨度百年左右，历数人间悲欢离合。

《大宅门》中的白家二奶奶，自老爷子去世后，掌管着白家生意的延续和发展，尽职尽责，但她的后半生却遇到了儿子白七爷从外地带来的情人——妓院出身的杨九红。为了大宅门的荣誉，她拒绝接受杨九红，于是便陷入与杨九红不懈斗争的泥潭。她相当大的精力都用来贬低、折磨杨九红。临死憋足了最后一口气，竭尽全力、断断续续说出的最后一句话竟然是“不许杨九红带孝！”她是带着极大的嗔心离开的。

白三爷荒唐一生，最后为了民族大义，走得很潇洒又很悲壮。为了不做日本人的行会会长，他当众吃鸦片就酒自尽。可歌可泣、神天共鉴，但究竟魂归何处？不能不让人遗憾唏嘘。

白家大小姐，一个生长在优裕环境中的大家闺秀，同时也是一个地道的追星族，莫名其妙爱上了一个有家有口的京剧名角，最后明知这段恋情无望，竟然荒唐地跟他照片结婚，一生迷惑颠倒如此！

主人公白景琦，一生呼风唤雨，充满传奇色彩，老来时逢文革，英雄末路、颇多无奈，于是打好棺材等死。最后坐在棺材板上，撇着京腔唱了一句“待老夫冲上前去，杀他个干干净净”……

唯有杨九红是大宅门的另类。她出身低贱、沦落红尘，所幸遇到白七爷，本来指望有一个归宿，哪曾想白家根本容不得她。先是不许住在大宅门内，然后生了女儿被人强行抱走，还有老太太去世竟然不准她带孝，真是饱尝侮辱！二奶奶去后，她自认为有了点喘息的机会，想作出点贡献赢得白家人的认可，于是自告奋勇到日占区进货，然而回来后却发现男人有了新欢。更可悲的是，她亲生的女儿长大后，不仅不认她这个妈，还对她的出身大加揶揄！

杨九红饱尝了人间的苦，她真正明白了佛陀所说的“苦谛”的真正内涵，最终，她生起了强烈的出离心，不再留恋这个给她带来无限痛苦的地方，于是她将目光投向了一个美好的、光明的、“等无讥嫌名”的世界——老年的杨九红开始念佛。

终于有一天，白七爷想起了这个居住于大宅门之外的姨太太，前来探望。丫鬟说：太太一直念佛，三天前洗刷好开始闭关，不让我们打扰。白景琦似有所感，打开房门，只见杨九红身着海青，端坐合掌，面目安详——已经往生多时了！

佛经指出能否生起出离心而言，得到人身要比得到天人身还要可贵、稀有，因为在欲界、色界、无色界中，只有欲界的众生才能生起出离心，欲界又分三恶趣（地狱、饿鬼、畜生）、人趣与欲界六天。三恶趣中的众生或因所受的苦太猛厉，或因过于愚痴，而产生不了出离心；欲界六天中的天人则因过于放逸，忙于享乐而不想发起出离心。人类有苦有乐，故才有生起出离心的可能。但也并非所有的人类都能如此，佛教认为我们这个小世界中的人类分住在四大洲，北俱芦洲的人因遇不到佛法，没人引导，故被排除在外。由此可见，要学佛修行是多么不容易！我们是经过这么多层筛选后的幸运儿，因此应深深珍惜这千载难逢的机遇，精进修行，解脱轮回苦，灭尽诸烦恼。

舍弃执著即出离

很多现代人把佛教的出离心理解为远离人世，就像两千五百多年前悉达多太子曾经做过的那样。这种解释容易把尚未准备好的人吓跑，对于生活在城市里、喝桶装水、每天坐地铁上下班的人来说，悉达多的出离在多数时候只能是一种遥远的梦想。

现代大多数人想学佛修行只能在这样的环境里修，在地铁里，在公司里，在下班的路上，在晚饭之后。但同样可以出离，要知道，出离心并不只有一种表现形式。我们需要出离的东西很多，并不只是不抽烟、不喝酒、不打牌、不看黄片，那只是开始。所谓出离，就是不再执著过去执著的事物。当你不再执著一件事物或一种习惯，它就失去了指挥摆布你的能力，你也就因出离而获得了自由。

现代人的执著的一大特征就是对任何事情都自以为是。打开电视，总是看见有人在讲自己的心得，怎么做饭、怎么化妆、怎么减肥、怎么成功、怎么理财。满大街的人都梳着同样风格乱蓬蓬的发型，一到公共场合就都对自己的手机产生强烈的兴趣，大家的心都同时随着股市的涨落而起伏跌宕，可是我们依然认为自己与众不同，很有一套。这种自我欣赏阻止了我们与别人正确地相处与交流。一些人像是患了某种特殊的“自闭症”，在任何场合都热衷于自言自语。更多的人不但觉得自己什么都对，而且必须得对，如果别人不能苟同自己的观点，便感觉很受伤，很不舒坦。面对任何一个人、一件事、一种状态，你都需要立即得出结论，什么是对的，什么是错的，否则你就没有价值感、安全感。很多人的信念、理想、价值观什么的往往被利用来强化自我、排斥他人，不信就看看吵架的、冲突的、战争的各方，没有一个不认为自己有理的、不是固执己见的。

一个人必须出离所有的事物，才能获得彻底的自由。“所有的事物”当

然不只是那些看得见摸得着的东西，也包括很多细微的东西。例如，如果你看到一个观点，这个观点令你不舒服，那么说明你执著于一个相反的观点；这个观点奴役着你，所以你会不舒服。这样的事情也应该出离。不管这个相反的观点正确与否，或是谁所说，如果它可以让你不舒服，那你已经被攻陷，你都应该从那里出离。

应该指出的是，佛教所有的观点都是为了破除另一种正相反对的观点而出现，不应该成为你固守的天条。

试图以改变外在的世界来追求完美是徒劳无功的。永远会有你意想不到的事情出现，把毫无准备的你激怒。你有多少执著，就有多少痛苦；要摆脱痛苦，你必须从所有的执著里出离。

佛陀不会被任何事情激怒，因为他出离了所有的执著。你可能因为任何事情生气，你可能因为公共汽车开得太慢而生气，可能因为找不到所需要的东西而生气，甚至可能因为你想让生气的人不生气而生气。这说明你非常脆弱，你很容易被激怒。如果你可以从这里出离，你会变得非常强大，如果你出离了所有的执著，那么你就会变得非常自由，没有任何事情可以激怒你或伤害你。

常听人把烦恼增多、内心空虚归咎于物质的繁荣，其实不尽然。物质会对人心产生一定影响，但关键还是人心在作怪。烦恼多，是因为物质条件改善后内心执著的东西更多了。以前你可能只有一块手表舍不下，现在却有房子、车子、存款时刻牵着你的心。

婴儿初生到这个陌生未知的世界，拳头是抓得紧紧的。我们紧张、害怕的时候也都不由自主地握紧拳头。因为我们一辈子都在担心失去，便一辈子都在抓取、囤积，永远缺乏满足感。

佛陀教我们布施，通过给予来消除那种贫乏的感觉。有人需要食物，如果我们有食物，就给他；有人需要衣服、药品、金钱、安慰、关心，如果我们能做到，就去帮助。佛陀住世时，曾经有一个小孩来到佛陀面前讨要东西。佛陀说："你说一句不要，我就给你。"可是那个小孩害怕一说"不要"就得不到东西，怎么也不肯说。几次三番讨要后，见佛陀依然坚持，小孩只好勉强说了声"我不要"，结果立刻得到了自己想要的东西。佛陀对身边弟子说：这个小孩无始以来吝惜成性，别说行动上真的放弃，就连嘴上说一声"我不要"都从未说过。今天让他说了一声"不要"，便是为日后的解脱种下了一点善根。

从抓取转向舍弃，仿佛是个重大选择，而实际上我们别无选择。不管愿不愿意，我们一生都在失去。青春、欢笑、泪水、成功、失败、爱、恨，乃至整个世界，都会离我们而去。布施的关键不是这样做到底能为他人解决多大的问题，而是我们能藉此学习放掉自己的执著。外在的行为久而久之会影响心态，习惯布施的人比较容易让事情离去。以前有一个小偷向法师求解脱的法门。法师问他会做什么。他想了想说：自己什么也不会，只会偷东西。法师说：很好，你把自己偷光就可以解脱了。

拥有出离心并不表示你要离家出走，或者把财产全部捐出去。出离并不表示你一定要过苦行僧那样的生活。但是从另一个角度来说，出离同时也意味着如果要你去过苦行僧的生活，你也不会推脱拒绝。

以前有一位成就者，有一天一位客人前来拜访，不过那位客人显然对成就者所住的房子有些惊讶，他认为他住的房子过于豪华，那位客人并没有打算把自己的疑惑藏在心里，他直接告诉了那位成就者他的疑惑，他说：我听说您是一位舍弃今生者，但是看着你屋子里的那些东西，我觉得您似乎并不太符合舍弃今生的标准。

那位成就者微微一笑：舍弃一切并不意味着你我要像密勒日巴（藏传佛教瑜珈修行者）那样生活，虽然我住在这样的房子里，但我早已没有了对这些东西的执著，我随时可以走出去。

可见，出离心并不像你想象的那么可怕，你无须担心它会剥夺你的财产，或者会剃光你的头，让你和家人生离死别。你不必担心失去任何东西，你需要放弃的，仅仅是执著，放弃这些对你没有任何坏处，它只会使你更自由。

人生的很多痛苦由执著而来，所以我们实际要远离的是执著。而什么是执著呢？什么都可以是执著。这就使出离成为一件不得不心无旁骛、精进不懈去做的事，因为事事处处、时时刻刻都是陷阱。

也许你可以轻而易举地出离很多过去无法出离的东西，你变得不再关心那些被认为很世俗的事物。你不再翻阅汽车杂志，也不再留意开过你身边的车是法拉利还是奥迪。不再关心精品购物杂志里那些漂亮的衣服和背包，不再关心哪家购物中心正在打折，也不再经常更新你的QQ版本。你甚至可以不需要肉食，也可以不再抽烟。

可以说，你在这些方面出离得很好，你确实出离了一些东西。但是你可能会被另一些东西控制住，例如，你从肉食出离，却走进了素食。你开始执著于素食，甚至认为肉食不洁，那些吃肉的人也会引发你的反感和敌视，这个时候，你应该从素食出离。你执著于吃素，而执著的直接结果就是制造出各种有害情绪，比如敌视。

同样的，你可能不再关心张曼玉的新欢是黑人还是白人，不再关心最新款法拉利，也不再关心今秋流行的鞋的款式，但是你开始关心另一些东西，你开始关心如何弄到纯天然的红珊瑚佛珠，开始收集各种佛像，开始关心高僧们的“八卦”，这表示你的出离并不彻底。你只是从一个笼子钻到另一个笼子里而已。

一位修行人曾经去拜见上师蒋阳钦哲旺波。路上他把自己的东西全部布施了，只留下一个木碗，那是他心爱之物。来到上师住处，看见满眼的金碧辉煌，他不禁想：“人们不是都说夏扎（一无所有的）蒋阳钦哲旺波吗？怎么住在这样奢华的宫殿里？”这时，蒋阳钦哲旺波指着他笑道：“你们这些寻思者，我对这满屋金银珠宝的执著远不如你对那个木碗的执著！”说完抢过他的木碗砸掉了。

你最重要的东西，就是你最需要出离的对象。但是，它往往是你最不希望出离和最难出离的东西，但你还是要出离。

远离颠倒与梦想

有这样一则伊索寓言：

一天，一位农家小女孩顶着一桶牛奶到集市上去卖。她边走边想：“这桶牛奶若能卖个好价钱，我就可以买很多鸡蛋，孵出一大群小鸡；小鸡长大后就立即卖掉，用赚来的钱买件新衣服；穿上漂亮的新衣，就可以参加圣诞舞会了，一定能迷倒许多年轻人；当有人向我求婚时，我一定要摇头拒绝，直到我心目中的白马王子出现……”

想到这里，小女孩禁不住美滋滋地摇了一下头，头上那桶牛奶应声翻倒，她的梦想也随洒满一地的牛奶瞬间化为乌有。

很多自以为有智慧的成年人读了这个寓言故事，不禁暗笑这个小女孩的举动十分幼稚可笑，但近两年在全球蔓延的金融危机使人们认识到：在过去二十多年中，从国家、金融机构到个人，在思想和行为上所表现出来的“颠倒梦想”，其实比这位爱幻想的小女孩有过之而无不及！

一些发达的国家无中生有地“发明”出令人眼花缭乱的金融产品，自鸣得意地做着无本的买卖；一些国际金融机构无节制地利用金融杠杆，一元的产品，可以做成十元，甚至几十元、上百元的生意规模，欣喜若狂地做着一本万利的生意；金融业的精英们不负责任地推销高风险投资，沾沾自喜地拿着丰厚的红利奖金；普通民众千方百计地从银行贷款来买房、炒股、投资，心安理得地超前消费，做着大发其财的美梦。虚假繁荣的社会就这样在社会各阶层的“颠倒梦想”中逐渐建立起来，而且这个梦越做越美、越做越大。当大家从发财的迷梦中惊醒时，金融风暴已席卷全球，人人自危，却为时晚矣！

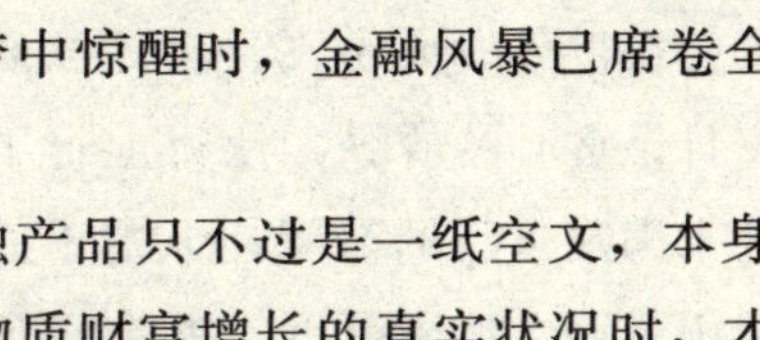

从本质上讲，纸币、股票、金融产品只不过是一纸空文，本身的价值极小；只有当它们恰如其分地反映物质财富增长的真实状况时，才具有特

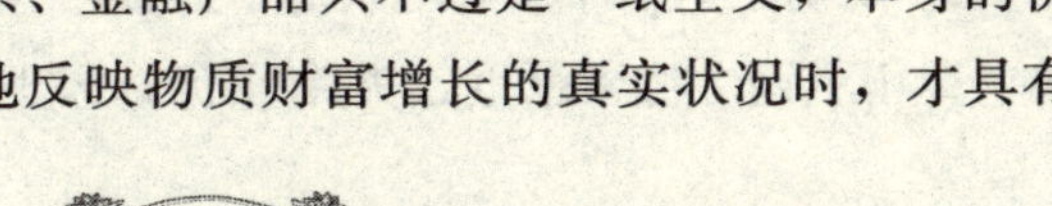

定的价值。因此，社会繁荣富足的基石依然是社会所创造的财富，而非依靠发纸币、炒股票和玩金融产品。

依据佛教的缘起法，世间一切事物皆是因缘所生，世间的财富也不例外，主要来源于如下三方面：

其一，大自然界的生力：一年四季，春花秋实，土地给我们提供的五谷蔬果等丰盛的食物，大地蕴藏着取之不尽、用之不竭之宝藏。

其二，全社会的踏实努力：社会大众通过辛勤劳动所创造的财富。

其三，技术革新：提高生产力，更有效地创造财富。

由此可知，人类只有如佛教《般若波罗蜜多心经》所说的那样“远离颠倒梦想”，脚踏实地地工作，创造更多财富，才能确保社会的真正繁荣及人生的安定富足。

遗憾的是，很多人这辈子都在颠倒梦想之中。有的人梦想着通过投机取巧一夜暴富，有的人迷恋于通过各种方式一举成名，有的人为情欲魂牵梦绕……有多少人栽在名上、倒在利上、毁在情上。为什么？难舍难离，看不清，看不透，看不破，放不下。

在中国，几千年的封建思想的影响根深蒂固，近几十年来又受西方资本主义社会思潮的影响，人们的道德观念在发生巨变，一切向钱看，发财、成名、权力、欲望让人们昏了头，着了魔。利用一切可利用的资源，不择一切手段，都想做名人、明星、一夜暴富，一切为了钱，颠倒梦想到了疯狂的地步！

如今一些人为了钱财，为了名利，丧失道德良心，贪污、卖淫、造假，社会风气日下；一些所谓的名人、明星们时时不忘捞钱，利用百姓对他们的喜爱和崇拜，为那些虚假产品做广告；伪劣商品，假药，整天在欺蒙善良的百姓；贪官和奸商们掠夺着百姓的血汗钱，巧取豪夺到了令人惊叹的地步……赤裸裸的颠倒梦想！

在很多人不相信因果正见的现代社会，物质的丰富并没有为世界带来真正的幸福，反而导致人心迷失、道德沦丧、社会动荡、家庭破裂。嗔心的放纵，使得世界战火纷飞、生灵涂炭，暴力枪杀频频发生，人们居无宁日食无安日；贪心的放纵，使得上行下效，人们沉溺于花天酒地之中，不顾一切地来满足自己的欲望；纵情于五欲之中的人们开始饱尝难以尽述的苦难：风雨不调、污染严重、灾难频仍，天下之大已经难以找到一方纯洁的净土；没有了亲情的抚爱和传统美德的熏陶，现代孩子只能任随社会的污流毒蚀幼小的心灵；杀业的泛滥、性欲的放纵，带来了癌症、艾滋病等可怕的绝症，人们的身心健康普遍受到了威胁；吸毒的瘾君子们被毒品摧残得成了人间活生生的饿鬼。

我们只有明了生死流转的恐怖与无奈，并能因此对这种流转之苦产生出离心，即远离各种贪著和颠倒梦想，才能获得彻底的解脱和大自在。

佛法是真实不虚的，佛陀为我们指出了远离颠倒梦想的光明之路，引领我们成为一个脱离了低级趣味的人，一个觉悟的人，一个无有挂碍、无有恐怖的人。

《般若波罗蜜多心经》中曰："远离颠倒梦想。"菩萨了悟诸法皆空，不怖畏生死，无有任何恐怖，自然便能远离颠倒梦想。

"颠倒"是指一切不合理的思想与行为，错误的认知，执著于我，执著于法。"梦想"是指妄想，即一切颠倒的念头，原因是身与心的对立，自与他的对立，物和我的对立等。

凡夫因迷于人、法二执而产生了四颠倒：

一常颠倒：无常认为有常。世间一切事物都是无常，但偏把无常当做恒常，这是凡夫的颠倒。本来时时都在转变，转眼间都变化了，什么都在转变，人生百岁，便把一百年认为无穷无尽，拼死在那里营谋。

二乐颠倒：以苦当做乐。这个世界一切都是苦，没有享受，顶多只有一点点的享乐，犹如刀口上的一点蜜糖，舌头一舔，刚尝到甜味的时候，舌头就破了。真是八苦交煎，可是凡夫不觉得，乐此不疲，还在里头终日忙碌，为衣、食、色、金钱、名誉蝇营不息。

三净颠倒：以不净为净。明明是一些很脏的东西，大家却看它很干净，实际都是些很污秽的东西。人就是一层皮好看，揭掉一层皮，恐怕谁都不愿摸一摸，都是血肉模糊，哪里会干净？哪里会美丽？凡夫就觉得美好清净，这是以不净为净。

四我颠倒：无我认为有我。以无我为我；一切本来无我，哪里找一个我？镜子里看看，当年的我不知哪里去了，谁都是一样，一切的一切，老朋友一见面，都变成头白面皱了，哪个算是我呢？而这个"我"，是个主宰的意思，控制自己的意思，其实，自己焉能主宰，都是被因缘牵引，被业力主宰，以无我为我。

只有远离颠倒梦想，才能心无挂碍。佛陀告诉众生，真正的远离，不仅是身的远离，更是心的远离，即要有一颗通透的出离心。

在《大乘本生心地观经》中，释迦牟尼佛说："远离之行，有其二种：一身远离，二心远离。身远离者，若人出家，身处空闲，不染欲境，名身远离；若有出家，修清净心，不染欲境，名心远离。身虽出家，心贪欲境，如是之人，不名远离。若净信男及净信女，身居聚落，发无上心，以大慈悲饶益一切，如是修行，名真远离。"

大意是：修远离心，有两种方法：一是身远离，二是心远离。所谓身远离，就像有人出家，身处空闲寂静的地方，身不染著外界的欲境，这叫身远离；就像出家人，修清净心，心不为外界的欲境所染著，这叫心远离。如果身出家，而心贪著各种欲境，不能清净，这样的人不能称为修远离行。如果净信佛法的善男子和善女人，虽身处人烟稠密的聚落，但发起成佛的无上心，大慈大悲，饶益一切众生，像这样修行，才称得上真正的远离贪欲和外境。

六、克制心：

行有所戒，严谨自律

当今物欲横流，很多人纵情于声色和口腹之欲，且美其名曰“自由”。因肆无忌惮地向大自然索取，物种灭绝了，生态破坏了，人类也正在承受着大自然的种种报复。毫无节制的自由，使人们习惯于始乱终弃，视邪淫滥情为乐事。很多人不信因果，因而也就不克制自己的言行，假话妄语满口，互相忽悠欺骗；将公共财物据为己有，自诩“能干”；嗔恨心炽盛，怒火时发，蝇头小事往往就引爆一场冲突斗殴。放纵眼、耳、鼻、舌、身、意六根的现代人，实在需要修炼一颗克制心，遵守基本的戒律，严谨自律，自求多福。克制心是戒：戒杀生、戒偷盗、戒邪淫、戒妄语、戒饮酒；克制心是忍：忍辱、忍让、难忍能忍、无生法忍。克制心是修行的基础，是成佛的铠甲。

克制杀生心，刀下留情

据佛经记载：在释迦牟尼佛未成佛道的多生以前，曾有一世，转生为一条力大无穷的毒龙。

这条毒龙有一个庞大的身躯，一双可怕的大眼睛，假如有人惹它，它会用那双毒眼把人瞪死。身体强壮的，即使不被瞪死，只要它嘘一口气，也会使人致死。因此，它伤害过许多生命。

但有一次，毒龙被一位修道者降伏了。修道者用佛法降伏它，彼此没有动武，没有流血，顽强的毒龙真真切切地信受修道者的一番话："宇宙间的有情动物最强的欲望，就是自己的生命能永恒不死。所以，伤害人家的生命是不道德的，受害者必定非常怨恨，这股怨气会维持到它报了仇为止。所以，害人者必受人害。假如你能奉行不杀戒，一天也不伤害有情的生命，这种功德力，能超拔自身脱离痛苦的深渊，像你，就能舍去这笨重的身体，远离畜生道，上生天界。"

毒龙很相信这些道理，它希望脱离畜生道。因为这笨重的巨体，实在加给它许多苦恼和不自由。所以就誓愿奉行修道者的法训："不杀生戒。"

从此，毒龙不敢伤害有情，就是一条小虫也不敢害它，宁愿自己忍受饥饿的痛苦。渐渐地心中开朗起来，不像从前那样暴躁、爱生气，畜生的坏习惯也逐渐消除了。它不像一条龙，俨然是一位菩萨了。后来，它找到深林里的山洞，干脆躲进去专一修行。

过了很久很久，有一天，毒龙走出山洞在大树下打坐的时候，也许过于用功，身体疲倦，竟睡着了。

毒龙的睡相很好看，软绵绵地像一条绒毡，身上的鳞甲闪发出美丽的纹彩，就像一堆宝石。一个猎人巡猎到这里，看到它心里非常喜爱，他想："假如采得这张美丽的龙皮，献给国王，一定是无上的礼物，必定能获得重

大的奖赏。对，不要错过机会，就快些动手吧！”

于是，猎人用铁杖按住毒龙头，取出锋利的刀子，开始剥它的皮。

毒龙知道有人要剥它的皮，它想：“我的体力可以翻山倒海，没有任何动物的力量可以抗拒我。一个区区的人，只要我伸个懒腰就足以损伤他了。可是，我不能如此，因为我已经发愿持戒，希望脱离畜生道。也罢，忍受一时的痛苦，成就猎人的愿望，我也可以顺此机会，舍离这副臭秽的皮囊，以一向修持的功德，或许能上生天堂。”

想定后，毒龙就闭上眼睛，屏住气息，开始观照：“慈悲！慈悲！怜悯这个人，把自己喜舍给他吧。”

这样，毒龙就平心静气地任猎人去剥割皮肉，忍受满身的惨痛，而心中没有丝毫怨恨。

皮被剥走了，鲜红的肌肉沉浸在血水之中。白天，炎红的阳光照射到它的身上，像是无数的火舌在刺烧它，这真是残酷的烙刑。

森林里的鸟兽，甚至爬虫，闻到龙血的腥味，都来啄吃毒龙身上的肉，小动物爬满它的身上，痛苦非常剧烈。它想翻一翻身，或打几个滚来减低苦受；但毕竟强硬地抑制住了，它不能稍动，那将会压死许多小生命。为了严持不杀生戒，布施到底，把身体摊在那儿，任它们去食。

毒龙用最诚切的心发愿道：“愿尽此生所有，布施给一切众生，护持无上的戒宝。将来有一天能成佛，我愿以佛法布施给众生，使他们获证无上正觉。”

即时，毒龙的肉身干枯了，它飘升到忉利天上。

像这样，佛陀在因地的修行，难行能行，难忍能忍，最后证悟了无上佛道。

如果每个众生都能像这条修行的毒龙一样，克制杀生之心，持“不杀生戒”，那么就可以成就很多功德。

在《佛说十善业道经》中，佛陀说：“若离杀生，即得成就十离恼法。何等为十？一、于诸众生普施无畏。二、常于众生起大慈心。三、永断一切嗔恚习气。四、身常无病。五、寿命长远。六、恒为非人之所守护。七、常无恶梦，寝觉快乐。八、灭除怨结，众怨自解。九、无恶道怖。十、命终生天。”即：若能远离杀生，就可成就十种自在没烦恼的法门。哪十种呢？第一，对于忧愁恐惧的众生，常能给予安慰。第二，时常会对于众生起慈悲心。第三，永远断除一切嗔恨习气。第四，常保身体健康，没有病苦。第五，寿命长远。第六，常有鬼神暗中保护。第七，夜晚睡觉不做恶梦，白天醒来快乐无忧。第八，和一切众生的怨仇自然化解。第九，没有堕入地狱、饿鬼、畜生三恶道的烦恼。第十，命终往生天上。

人类在最近一百年可以说是人类吃动物最疯狂的时代，远洋渔业，大型工业化的养殖业和屠宰业，吃动物越来越快，越来越方便。再看看武器的发展，越来越精良，杀人越来越方便，杀伤力越来越大，想一想，这一切岂是偶然？两者之间难道没有关联？所以古人写道："千百年来碗里羹，怨深似海恨难平。欲知世上刀兵劫，且听屠门夜半声。"说明白一点就是："千百年来被人杀死做为羹汤的动物，它们的怨恨就像海一样深，难以填平。如果你想知道世界上为什么会有人类互相杀戮的战争，夜晚的时候，去听一听屠宰场里动物嚎叫的声音，你就会明白了!"

前文提到的琉璃王屠灭释迦族的这场"刀兵劫"，在佛眼看来，是前世杀生招来的恶报。

当佛陀的弟子请问："释迦族以何因缘受此苦难?"佛陀说："往昔，罗阅城有一鱼村，因为时值饥荒，米贵如黄金，人们就以草根为食。村中有一大池塘，池内有很多鱼类，人们便捕鱼而食。当时有二条大鱼，这样说道：'我等是水族，不是处在干地之中，而这些人都以我们为食'，村中有一小孩，才八岁，虽然不捕鱼，但见到人们捕鱼时，心生欢喜，但他从来没有吃过鱼肉，只是好玩敲了大鱼头三下。"

佛陀进一步开示道："诸位要知道，当时二条大鱼，一为琉璃王，一为鼓动琉璃灭释迦族的苦行梵志；小鱼们就是现在他的军队；渔村的人们就是现在被他们杀的释迦族；当时那个没有吃过鱼肉的小孩就是我，因为当时我敲了鱼头三下，所以现在就为这件事情头痛三天。"

一般人杀生食肉的目的往往是为了滋养身体。在现代营养学观念的影响下，人们更是普遍认为肉体的营养补给是生命活力的源泉，而食用动物的血肉即是摄取营养的一大途径。

随着社会竞争的日益激烈，工作的日渐繁忙，人们往往觉得精疲力竭、精神涣散，整个身心像散了架似的力不从心。因此人们在养生意识的支配下，都迫切地想给身体补充能量，于是频频食用动物的血肉，想以此来恢复自身的体能和精力。

其实这正是现代养生观念的一大误区。在现代科学思想的熏染下，人们已完全淡忘或漠视“病由心生”的道理，根本不知道一切疾病的根源乃为自己心中的烦恼——贪、嗔、痴三毒。现代人整日都在计算如何攫取更多的财物、如何爬上更高的职位等，内心极为紊乱、不清净，同时强大的社会压力、紧张繁忙的工作把人们压得喘不过气来。由于身心长时间无法得到休息、调整，最后必然导致身体机能急剧衰退、精力涣散，这时各种病魔便会乘虚而入。所以为治心生之病，便应反观自心，对自身的一切行为作一个深刻的反思，而不是仅从外在物质上去找原因，更不该以杀生食肉的方式来滋养身体。

如今很多腰包膨胀的富裕阶层，他们凭借着自身的福报，过着醉生梦死、穷奢极欲的生活。他们对饮食的要求越来越挑剔，心中难以遏制的贪欲控制了他们，于是，几乎一切可食用的动物都成了他们餐桌上的“佳肴”。每当夜幕降临，都市一片灯火辉煌，而在林立的餐馆之中，举止庄重高雅、打扮入时的高贵的人们正在啮食着各种动物。除了常规的菜肴，餐桌上龙虾、海贝、鲍鱼、毒蛇、熊掌、甲鱼、山雀、乳鸽以及各地江河湖海中的鱼类等，可谓应有尽有。人们想尽了各种烹制的方法，将这些动物的血肉制成了浓香四溢的盘中之餐。

这些所谓的现代“文明”人直吃得满嘴油光、满面通红、气血沸腾。当一群群这样的人在感受着生活的“惬意”时，是否想到过：同样也是生命的另一群为此感受了何等难忍的痛苦？这些动物或被屠夫用锋利的刀刃割断头颈而死，或被绳索活活勒死，或被扔进滚烫的火锅里……想到这些情景，怎能不怵目心惊、难以下咽呢？当一群人围坐一桌，桌上放着酒精灯，架上火锅，然后将一只只尚是活蹦乱跳的鲜虾放入锅中活涮时，可曾想过如果是自己被放入锅中，那会是怎样的感受！平时只要被一点开水烫着皮肤，自己都已疼痛难忍，那么，动物在火锅中被活涮的剧烈痛苦又该难忍到何等地步？推己及物，怎能忍心咽下这些物命的血肉呢？

很多人认为越吃动物的肉，营养就会越丰富，越有益于身体健康，但《地藏菩萨本愿经》中却说：“地藏菩萨若遇杀生者，说宿殃短命报。”即杀生食肉，会使自己因宿世的灾殃，而遭受多病短命的恶报。

明代高僧莲池大师有一篇著名的《戒杀文》，他说：“世人吃肉，都认为是理所当然，杀害生灵满足自己的口腹之欲，长此以往，就会积累下广大恶业。”形成习俗，世人对其行为构成的危害性茫然无知，糊里糊涂。当我们延续这种两败俱伤的习俗而不觉得是一种错误，一旦因缘和合报应现前的时候，我们痛哭流涕、哀嚎叹息又有什么用呢？

现实中，我们不仅要克制自己的杀生之心，对别人的杀生害命行为，也应当以有效的方法加以劝阻；最起码，不要鼓励、赞赏他人的杀生害命行为。

佛经上记载：从前在印度，有个富翁，家财万贯，膝下有一独子。这独子年方二十，刚娶媳妇未满七天，有一天，夫妻俩到后花园赏花，丈夫因为爱妻心切，所以爬上高树要攀花，想不到树枝忽然断裂，人因而掉到地上，活活摔死。

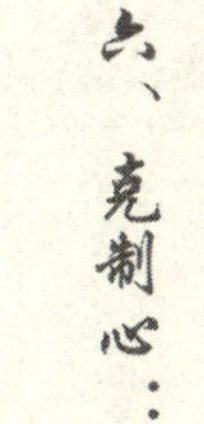

当时全家人抱着尸体，悲痛欲绝，连来探视的亲朋好友都为之拭泪，他的父母、新婚妻子，更是哭得呼天抢地死去活来，怨怪老天爷不长眼睛。等依俗送葬后，全家大小仍然沉溺在悲伤的情绪中。

佛陀知道后，悲悯他们，便前往慰问，语重心长地告诉富翁说：“听我的劝告，万物万事都是无常的，有生就有死，祸与福也是相连的。现在这个孩子死了，有三处众生为他哭泣，你知道他究竟是谁的儿子，谁又是他的双亲吗？”

富翁知道佛陀意有所指，因此停止哭泣，请求智慧的佛陀为他开示。

佛陀徐徐说道：在非常久远以前，曾经有一个孩童手拿着弓箭，来到一棵树下，仰着头搭起弓箭就准备要射鸟。当时旁边有三个孩童鼓励他说：如果你真的能射中，才算真英难呢！”这孩童就很得意地拉起弓箭，果然一箭就把树上的鸟儿射死了。当时旁边的三个孩童看了，都不禁为他欢呼鼓掌。

后来经过无数劫的生死轮回，当时那三个在树下的孩童：一个有福报，现于天界为天神，一个在海中为龙王，另一个就是你婆罗门长者。至于当初在树下射鸟的那个孩童，前生在天界为天神之子；命终转生人间，成为你的儿子；在不幸从树上摔落而死之后，马上投胎化生为龙子；偏偏在他投胎刚化生时，却马上被大鹏鸟吃了。而那只大鹏鸟，便是以前被他所射中的那只鸟所化生的。

现在，有三处在为这个儿子哭泣，一个是天神，一个是你，一个是龙王。你们都因为他曾是你们的儿子而伤心欲绝，这全是因为在前生，你们鼓励他射鸟杀害生命，射中了又大加赞美一番。所以今生，你们三个，同时在天界、人间、海中都为他哭泣，这全都是因无知鼓励杀生的报应啊！

三个无知的小孩，为了偿还“事前鼓励射鸟，事后又欢呼鼓掌”的共业，虽然经过了无穷远的时间，但在因缘和合的驱使下，彼此虽然各在天界、人间和海中转换了不同的身份，但却以父子的“结合”关系，同声一哭，来了结那份终究无可逃避的共业。

只是，当初同为别人欢呼，可曾想到以后将为别人同声哭泣？这个鼓励杀生的欢呼，是何等的无知，又是何等的沉重啊！

宋朝的黄山谷，曾作了一首“戒杀诗”，诗曰：

我肉众生肉，名殊体不殊。
元同一种性，只是别形躯。
苦恼从他受，肥甘为我须。
莫教阎老断，自揣看如何？

愿当今的人们在举刀、食肉之际，能想起这首诗。

克制盗窃心，不与勿取

很久以前，有一位在家学佛的居士，天性好静，专心修学佛法，他在西湖附近，自己盖了一所茅屋，就在其中静修，每天除了自行料理一餐午饭之外，其余的时间，都在精进修持佛法。

有一天，快近中午的时候，他走进厨房煮饭，把各种蔬菜混在一起，想煮成一锅罗汉菜，以备数天的佐食。当一切都已准备妥当的时候，忽然发现自己所准备的盐，已经不够用了。在此临急之际，他就匆匆忙忙跑去，想向邻家借一汤匙的盐。

可是，当他跑到邻家去借盐时，邻人刚好有事外出，家里没有人在。烧蔬菜没有盐又不行，怎么办呢？他心想：盐是本地出产的粗俗物，反正一汤匙盐，价值也不到一毫钱，拿人家一汤匙的盐回去应急，大概没有什么关系吧！于是他就私自走进邻家的厨房，随便拿了一撮盐。

依照一般世俗来说，借一撮盐，是一件小事，所以这位居士根本就没有把借盐的这件事记在心里。因此，也就忘记把一撮盐送还给人家。

借一撮盐虽然是件小事，但是“非与而取”，这在因果律上，已经构成严重的问题。因为佛说三毒之中，以贪为首。凡是一花一草，非与而取者，就是犯了偷盗之罪。

居士借盐这件事，经过一年之后，他有一天在修法的定中，忽然看见面前有一大堆浓重的阴影，而且从此开始，每天都是如此。他仔细观察，发现这个阴影，并非别物，而是像山一般的盐堆。他一再详细研判，终于省悟昔日向邻家借盐的往事。

他非常惊骇地说：“拿人家一汤匙盐，一年未还，利息竟然生了这么多！如果亏欠人家一块钱，一年的利息，可能会生出千万块钱，业债果报真是‘一本万利’啊！”

他急忙准备了很多钱，亲自到产盐区去购买数千包盐，盐价钱及运费，均一齐付清，嘱咐产盐的主人，把这如山的盐包，运到他昔日借盐的邻家之后园，说是偿还他的旧欠。

“盐债”还清之后，浮现在他面前的盐山，即时消散无踪。从此以后，他的面前就不再浮现盐山了。此时，这位居士终于彻底了悟因果业报的严重，他经常把亲身体验的这件事告诉大家，使他们有所警惕，他说：“莫道小溪容易过，须防暗石也惊人。佛经上所说的‘因果业报，如影随形’，一点也不会错。我向邻家拿一汤匙盐，忘记送还人家，想不到一年之后，一撮盐竟变成如山之大。如此一本万倍的严重利息，真使我心骇胆裂！好在盐是本地出产粗俗又便宜之物，否则如果是金钱或珍贵之物，那后果就难以设想了！”

居士又再三郑重地劝告大家说：“拿俗家一撮盐，尚且有如此严重的因果，假如有人盗取三宝物（佛寺或精舍以及出家人的财物），那罪业就更加严重了。”

不偷盗，是人类正命的生活。人类生存所需要的资生物资（如衣服、饮食、住宅等），佛陀主张信徒以自己的劳动获得。若以不正当的手段非法强力夺取、偷窃，或骗取他人的劳动成果，不管以何种形式或借口，都是偷盗的行为，都是邪命自活，不仅会给他人带来痛苦，而且会引发社会的动荡不安。这不仅有违佛陀“以大悲心利他”的原则，同时也与世俗的情、理、法背道而驰。其必然结果是，现世受国法制裁，后世转生恶趣。正如古人所说：“万般将不去，唯有业随身。”

佛教的偷盗戒如果详尽的介绍，乃是五戒之中最最繁复的一戒，我们在这里，只能明其大要。盗是偷盗，不与而取的行为，便称为偷盗。不论是自身不与而取，教人不与而取，或派遣他人为自己不与而取他人的财物，皆为偷盗。

佛教戒律认为，盗戒的毁犯，也有轻重之别，具备六个条件，便成重罪：

一、他物——他人的财物。

二、他物想——明知是他物而非自己之物。

三、盗心——起偷盗的念头，亦即存有偷盗的预谋在先。

四、兴方便取——假借种种方法，达成偷盗目的。

五、值五钱——所盗之物，价值五个钱。这是佛陀比照当时印度摩羯陀国的国法而制。国法偷盗五钱以上，即犯死罪，所以佛也制定佛子偷盗五钱以上，亦成重罪不可悔。五钱究有多少价值，现在难以衡定。

六、离本处——将所盗的财物，带离原来的位置。但此中包括移动位置、变动形状、变更颜色等，凡是以盗心使物主生起损失财物之想者，皆称离本处。

当代高僧圣严法师在《戒律学纲要》说："无论是地面上、地面下、水面、水中、高处、低处、树上、空中、动物、植物、矿物、行动中的、静止中的一切财物，不论是国家的、私人的、佛教的，只要有其所属的主权者，皆不得偷盗。除非是无主系属的粪扫物（垃圾类的抛弃物），取之无罪。"

偷盗的现象时有发生，它的内涵也很广。平时由于我们缺少智慧，难以觉察到。但如果用智慧观照一下，就能明了。

不少人一提起偷盗，便想起小偷；其实不然，偷盗现象极为普遍，偷盗档次各有不同，它们对社会的健康发展有很大的危害。

现在让我们以不同的工作为例，具体讨论现实生活中各种偷盗现象：

对于普通民众来说，讲无意义的话，浪费他人宝贵的时间是偷盗，偷盗他们的生命。乘公车不买票是犯盗戒。平时贪小便宜，让他人付款是偷盗。

上班族上班迟到，工作不讲效率，下班早退，但仍领取很完整的薪水，就是犯盗戒。用办公时间做个人的事物或谈私人的事，或用办公室的电话谈私人的事情，都是属于偷盗。

对生意人来讲，贩卖假冒伪劣商品，牟取暴利，是偷盗。偷税、漏税更是偷盗。

对技术工人来说，偷工减料是偷盗。

对国家官员来说，贪官污吏贪赃枉法，行贿、受贿是偷盗。

如此等等，不胜枚举。所以佛陀所制的不偷盗戒在今天不但没有过时，而且有很重要的现实意义。

依据佛法，不得以任何理由，如疾病、天灾人祸、孝养父母等，而进行偷盗的行为。若行偷盗，皆一律成罪。如有困难，可以求乞，受人布施者无罪。过后，环境好转后，再布施于其他有需要的人。

由以上分析可知，偷盗在当今社会中是如此之普遍，它易犯难持，但只要我们认识到对己对人都是有害而无益，偷盗戒并不难持。

犯了偷盗，在《分别善恶报应经》载有十种恶报：

一、久结宿怨；二、恒常疑虑；三、恶友随逐；四、善友远离；五、破佛净戒；六、王法谪罚；七、恣纵豫逸；八、恒时忧恼；九、自心不乐；十、死入地狱。

偷盗的恶报如是，现代人皆当慎之！

在《十善业道经》，列举了不偷盗的十项善业：

一、资财盈积，王贼水火及非爱子，不能散灭；二、多人爱念；三、人不欺负；四、十方赞美；五、不忧损害；六、善名流布；七、处众无畏；八、财命色力安乐，辩才具足无缺；九、常怀施意；十、命终生天。

据上述，守持不偷盗的善行，有如是的功德利益。

对个人而言，若犯偷盗，必堕恶道，随业轮转；一失人身，万劫不复；因此持守此戒的意义就显得特别重要。只有守持此戒，才能保持人身。对社会而言，若人人能持此戒，“夜不闭户，道不拾遗”的盛世就会再现。对国家而言，若人人能持此戒，则国家必然繁荣昌盛、和平康宁。我们只要深信因果、树立正见、自净其意，就能做到：若物属他，分文不取。同时，还要发菩提心，广积善缘，量力施舍，多做慈善事业，造福人群。如此才算真正守持了不偷盗戒。

克制邪淫心，安住正念

《圆觉经》中说："一切众生，从无始际，由有种种恩爱贪欲，故有轮回。"生死轮回因贪欲产生，淫欲为一切烦恼之本。

淫欲为万恶之源，有百害而无一利，历史上因色欲亡国灭身的不知有多少！有"从此君王不早朝"的唐明皇，有"冲冠一怒为红颜"的吴三桂。当今那些巨贪们为博得美人的欢心不惜一掷千金，为色欲丢掉身家性命的不胜枚举。曾经的省部级高官成克杰、胡长清之流，别看一个个的道貌岸然，都栽在石榴裙下。

色欲是修行人的一大障碍，《大唐西域记》载：往昔有郁头篮子仙人，经常受到摩羯陀国国王的供养，每至食时，经常以神通力飞到王宫上方，大王对其非常礼遇，烧香散花，恭敬礼拜，以胜妙饮食供养。一日，大王远游，把承接仙人的任务交给一位美丽的女子。仙人一触到女子，生起爱染之心，顿时神通消失，再也无法飞回去了。

在西方"性解放"思潮的鼓吹下，现代人的淫欲心更甚。现在的人口膨胀也是由淫欲惹的祸，有的人哪怕一日三餐不继，也不放弃淫行，生下众多子女却无力抚养，为争夺食物资源必然发生战争。饥馑、苦难都是淫欲的副产品。不能控制自己的淫欲，就是向畜生界堕落，像动物一样没有理性只能听凭感性欲的驱动。

面对淫欲的恶果，现代人不仅不反省，反而鼓励纵欲，只看到压抑性欲的害处，没看到纵欲的危险，把性生活作为衡量生活质量的指标。媒体网络上色情泛滥，演员穿着薄透，卖弄风情，突出性特征吸引眼球。非婚性行为增加，卖淫、嫖娼泛滥。面对艾滋病的威胁，不是从根本上规范自己的行为入手，而是教人消极的采用避孕套防范。爱不是婚姻的基础，性倒成为婚姻的基础，只要得不到满足，就另觅新欢……

佛经讲："财色名食睡，地狱五条根。"外界欲爱的引诱就属于色的范围，色就是贪爱，贪爱会造成堕落。禁不起外界色欲的诱惑，婚姻生活就容易破裂。

释迦牟尼佛修行时，天神送来许多美女，佛不但无动于衷，反而看待美女的身体为"革囊众秽"。中国古代也有柳下惠，曾因为坐怀不乱而得到赞扬。"眼不视恶色、耳不闻恶声"，除了眼耳要保持清净之外，心更是要能安住正念。

唐朝有位狄仁杰，相貌堂堂，文采也很出众。有一次，他上京赶考，住在旅店。旅店的老板娘年轻貌美，竟然看上了狄仁杰，她趁着天黑，到他下榻的房间想要勾引他。狄仁杰起初看到美貌的老板娘，也是怦然心动，但是他立刻觉察到自己的起心动念，知道欲火烧身、为害不浅。于是他将心中的欲念止息下来，安住在正念当中，并且劝告老板娘："欲爱、色爱有如毒蛇一般，不但让人失去理智，亦可能断送性命；淫业的后果是不可收拾，往往一失足成千古恨。"

狄仁杰又说："从前有位师父教我：'遇到年纪大的男子、女子，就当他是自己的父母；遇到与自己年龄相仿的，就视为兄姊；年轻的就视为子女。再者，年轻貌美、身强体壮，终归是无常；取而代之的是鸡皮鹤发、老态龙钟。我们的筋肉、皮骨，最后也是臭水一滩，这么思维，欲念自然就能熄灭。'"

福建省福州县，有一生员姓林名涛，年少貌美，某年到外地去办事。有一日趁闲暇出去散步，回来后看见自己书桌上突然多了一株兰花。过了一会儿，忽见出来一位少女探头偷看，林涛问她兰花是不是她拿来的？少女笑着说："这兰花是我姐姐要赠送给你的。"

林涛又问："为什么要赠花给我呢？"

少女回答说："这个我也不知道，不过请问公子是否可以与姐姐相会呢？"

少女还没等他回答就进去了。不一会儿，又走出来一位带着笑容的美少女，林公子一见她有沉鱼落雁之容，闭月羞花之貌，不胜钟情销魂，于是乘机向她道谢，并用言语调戏她。

美少女约他说："明天我父兄都要进城，需过夜才回来，黄昏后你可以从我家屋后偷偷进来，我当不锁门以等待你。"

当天林涛如期赶约，进到屋内，但见绣房清洁，芳香扑鼻，二人坐在床前细语，两相慕悦，爱情悖发，欲火马上炽烈起来……

正想越礼之际，林涛忽然想起家中的妻子，暗中自言说："我已有妻子，而她尚未出嫁，虽然两相恋爱，但如此淫乱，岂不是亏损了阴德，枉费我读了这么多圣贤书！明年科考已近了，功名怎有希望呢？"

这念头一转，就如冰雪覆身，欲火全消，于是他改对小姐婉转劝说，辞别出来。

自从那夜回来后，便不再前往，那少女等他不来，得了一场病，险些儿病死。林涛闻知也丝毫不痛惜。

以常人的情理来衡量，林涛虽然近乎绝情，但"情逢多处必生淫"，多情往往容易犯淫过，只有能意念端正，不妄动情爱，才称得上是"奇男子"。

第二年林涛即考上举人，后来更步步高升。

佛家把夫妻性关系称为"正淫"，把夫妻以外的男女性关系称"邪淫"。可以说，一切不受国家法律或社会道德所承认的男女关系，均称为邪淫，如偷吃禁果、一夜情、嫖娼、婚外情、手淫、意淫等。邪淫即是对自己和他人的不尊重和践踏。邪淫之果报极惨烈，现世即招感倒霉、运气差、耗钱等恶报。

在《分别善恶报应经》中，释迦牟尼佛说："邪欲报有十种，何等为十？一欲心炽盛，二妻不贞良，三不善增长，四善法消灭，五男女纵逸，六资财密散，七心多疑虑，八远离善友，九亲族不信，十命终三途。"

意思是：不正当的男女性关系，会招致十种后果：一是淫欲之心炽盛，二是妻子不贞洁贤良，三是不好的事情会增多，四是好事会消减，五是男女纵欲无度，六是财物耗散很快，七是变得多疑多虑，八是善友远离，九是亲戚族人不会相信你，十是命终之后堕入地狱、饿鬼、畜生三途之中。

2009年年底，各大电视台热播了一部反映都市情感的电视剧《蜗居》。这部剧是现实生活的真实写照。也许我们以普通老百姓的眼光去看，只是感觉剧情很现实，很感人，只是一部很好的电视剧而已。但如果以佛教的眼光看，就会看到很多因果报应、邪淫恶报。

故事的主角海萍，是一个来自小镇的姑娘。大学毕业后，她和大学男友苏淳留在了江门这座大都市发展。房子是他们生存的动力。海萍是个能干的姑娘，默默无闻地努力着，最终和丈夫住进了如愿的大房子。

而她的妹妹海藻毕业后，留在她的身边，也有自己喜欢的男友。但是一个偶然的机会海藻认识了市长秘书宋。宋是一个处心积虑、城府颇深的官场人物。他以自己的职务便利和地产开发商蛇鼠一窝，赚取了不少外快。可是他爱上了一个不该爱的女人——海藻。一个有妻子、女儿的男人，和一个要结婚的女人厮混在一起。最后真是善恶果报，丝毫不爽！自己官位不保，在去看海藻的路上被车撞死。海藻不守妇道，最终落个曲终人散——自己心爱的男友已经有了别的女友。更可悲的是，海藻在和宋妻子的争斗中流产……愿渴望婚外激情的人们都去看看这部电视剧，挥起慧剑，断除邪淫，断除没有结果的孽缘！

须知，有多大的快乐，相应的就有多大的痛苦！婚外邪淫是一个不可涉足的泥潭，只要深陷进去了，就难拔离这道坑，最终闹得妻离子散，众叛亲离，家破人亡。而就算经过千万重的曲折重组的“有情人终成眷属”的另类家庭，也不会幸福到哪里去。千配万配终不如原配。没准离了还要再离，或是过不下去又怕他人耻笑，只得强颜欢笑将就着、痛苦着终老一生。

婚外情犹如一朵盛开在暗夜里的罂粟花，美丽妖艳却贻害无穷。它就好像一颗不定时的炸弹，一旦爆炸，就是毁灭性的灾难，男人、女人、情人、家人无一能幸免。

从表面上看，婚外情是对不幸婚姻的一种感情补偿，在短时间内，一般不会影响双方的家庭，可是随着时间的推移，情感的投入，最终会在某一天打破现有的宁静与和平，随时可能毁灭一个人的名誉乃至家庭，你几十年的奋斗就会前功尽弃。婚外情是一个危险的游戏，在婚外情中，没有胜利者，所有的人都是殉葬品。玩火者必自焚，作茧者必自缚，婚外情最终毁灭的是自己。

按佛教因果讲，邪淫虽图一时的快乐但恶报无穷，现世福报消减，身体多疾，死后直接堕入地狱、饿鬼、畜生三恶途中。奉劝多情的男男女女们能克制自己的欲望，不受外界诱惑，观身不净。若已有邪淫行为的人，应下定决心痛改前非，发愿忏悔，永不复造，才能改变自己的命运。

佛陀为在家修行者制定的重要戒律之一，就是戒邪淫。

即使夫妻之间正淫也应有时间、地点、因缘等限制，不可放纵。

“杀盗淫妄”四条根本戒中，最难、最要紧的是淫戒，所以佛将“断淫心”作为修楞严大定的“第一决定清净明诲”。

淫欲炽盛，必须想办法窒欲。但戒淫之难，难于上青天。欲心炽盛之时，不论诵读佛经戒语，或是切念因果难逃，也难免无济于事。大约因此故，佛陀乃及历代祖师，还传了很多其他方法。最常见、最有功效的，有如下几种“作观”戒淫法。

一、四觉观：睡起生觉第一，观口中不净；醉后生觉第二，观呕吐不净；病时生觉第三，观容貌腐溃不净；见厕生觉第四，观排解不净。观诸不净，不起心，不动念，不妄想，不执著。

二、九想观：①新死想，身僵气寒；②青瘀想，死后变色；③脓血想，腐肉脓溃；④绛汁想，臭不可闻；⑤虫啖想，腐尸生虫；⑥筋缠想，唯剩筋骨；⑦骨散想，筋也烂了；⑧烧焦想，死尸被焚；⑨枯骨想，坟破骨露。人死之后的过程大约如是，如果是火化，则瞬间变为灰烬，无限悲凉。此九想既可以作他人死想，也可以作自己将来死后过程的观想，渐次达到“人想死亡日，欲火顿清凉”的效果。

三、毒蛇观：佛陀最后的教诲说：“贪欲之魔，经常在找寻机会，去欺骗人们的心。如果有一条毒蛇住在你的屋子里，你想得到安宁，你必须首先把它驱逐出去。你必须逐去你生命里的贪欲毒蛇。”印光大师在《不可录》重刻序中教人窒淫欲，作毒蛇观：“又当淫欲炽盛，不能自制之时，但将女阴作毒蛇口，如以阳纳蛇口中，则心神惊悸，毛骨悚然，无边热恼，当下清凉矣。此又窒欲之最简便法也。”

四、变性观：虚云老和尚曾教其在家弟子作变性观——男子见了女子，或可观想自己亦作女子；女子见了男子，或可观想自己亦作男子，以杜绝妄想。

五、白骨观：跏趺坐，或双盘，或单盘。观想白骨。日常多看白骨图片或骨架模型。“想”出来了整体白骨之后，功夫精进，慢慢在“心眼”里呈现白骨，由模模糊糊以至于清清楚楚，玲珑剔透，渐渐的功夫纯熟。只要略微起观，全体白骨就会现前，功夫到了这个地步，“所”“能”“观”到的，无论在公车上、马路边，无非是白骨。

六、亲想观：阿难曾问佛，如何对治淫欲？佛告阿难：“想其老者如母，长者如姊，少者如妹，稚者如子。生度脱心，熄灭恶念。”

七、普门观：如何才能断淫欲，念佛人不一定要修“不净观”，最简洁

有力的对治法，就是多持念观世音菩萨圣号，多多读诵《观世菩萨普门品》。《普门品》中明白告诉人们：“若有众生，多于淫欲，常念恭敬观世音菩萨，便得离欲。”

八、解脱观：“托质上品莲，戒淫之事尽。”即修学《观无量寿经》中“十六观”，观阿弥陀佛，观观世音、大势至两菩萨，观极乐世界种种庄严，观莲花化生，等到观想成熟，净境现前，即使天宫之乐现前，也不会接受，何况区区淫欲呢？

克制嗔恨心，降伏怒火

现实中，不少人突然发现：自己的脾气越来越坏，常常情绪失控冲人发火。这种火，佛家称为“嗔火”。有人为商贩的短斤少两发怒，有人为孩子作业不认真发怒，有人为妻子烧菜不合口味发怒，有人为员工不能按时完成任务发怒，有人为种种误会产生的摩擦而发怒……

生而为人，难免会遇到不如己意或被他人损害，于是自然会生气。这种愤怒、仇视、怨恨和损害他人的心理，会使人们身心产生热恼、不安，也是人的根本烦恼之一，与“贪”和“痴”一起被称为“三毒”。

据佛经记载：舍利弗尊者行菩萨道时，发心虽广，但功夫未深。

有一次，一个婆罗门教徒，走来试他：“尊者！我闻得说您发大心，行菩萨道，所以我特别来请您布施您一只眼睛给我；因为我的母亲生病，医生说一定要修行人的眼睛作药，才能治疗。”舍利弗听说，毫不思索地立即挖下自己的左眼给他。

但婆罗门说：“啊！我弄错了，医生说是要右眼才好哩。”

舍利弗于是又挖了右边的眼睛给他，好好的两只眼睛把它挖下来，已经痛苦不堪了，何况因此会影响到今后的生活呢？在平常人来说，是谁也做不到的，但舍利弗是行菩萨道的人，只要众生得离苦难，即使自己痛苦一点，甚至牺牲了今后生活上的幸福，都在所不计，所以肯把自己的眼睛挖了一只又一只地施舍给对方。

谁知对方拿了舍利弗的两只眼睛，不但不道谢，反而用鼻子嗅了一嗅说：“哟！这么腥臭的眼睛，怎能医好我母亲的病呢？”接着把两只眼睛掷到地上，同时用脚去践踏它。

这真是岂有此理！当时的舍利弗气极了，大发嗔恨心说：“菩萨道是行不得的，还是自了好！”遂退失菩提心，退居凡小。后又遇恶逆的境界，起嗔毒心，受了蚖蛇之报。

佛教经典《大日经》上说："一念嗔恚火，能烧无量劫善根。"小小的愤怒之火，具有燎原之势，烧尽原先培植的善根。平时种善根，一念嗔心起，摧毁皆无余。

历史上，怒火烧掉了不少辉煌灿烂的一代王朝。不管是君王一怒沙场见，还是冲冠一怒为红颜，多少人为此死无葬身之地，大批珍贵的物质财富化为灰烬。怒气犹如藏在人体中的一桶烈性炸药，"一念火起，害己毁身"！情绪失控，炸掉的既可能是自己的身体，也可能是自己的事业，甚至是自己最高贵的生命。一时的发作，可以毁掉长年累月的全部工程。

佛教认为，嗔怒的起因有三：

一是顺理嗔：因无辜受害，或他人无理取闹，故意中伤破坏自己的声誉与地位，损害自己的直接利益，所以大发脾气，此属人之常情，发脾气发得有理，故名顺理嗔。

二是非理嗔：这是无缘无故而发嗔心，或恶人先告状之类；明知自己理亏，对人不起，但大发虎威，先发制人，无故动肝火，翻脸无情；或无端发脾气，这些都是拂乎人情，非理而嗔。

三是争论嗔：或起于辩论，或起于闲谈。在辩论会中，每见到双方争持不下，而激烈驳辩，结果，弄得面红耳赤，各怀愤恨。或有人在茶余饭后，虽情投意合，相对聊天，但偶一谈及关于双方见解不能一致或思想不能统一的某一问题，或某一主义时，由于彼此意志的分歧，很容易发出相反的言论；于是你一言，我一语，唇枪舌剑，互相厮杀，甚至嗔火万丈，大打出手。这些导源于争论的嗔心，都名为争论嗔。

无论是顺理嗔、非理嗔，抑或争论嗔，都会自害损他。人与人之间的纠纷与磨擦，国家与国家之间的开火，甚至老修行人，功亏一篑，招致三涂之苦，皆导源于嗔心。

仔细想想，人在生气的时候，就好像乌云盖在心头，你越想驱散它，越驱之不走。其实，没人喜欢生气，但往往境界现前，却没办法不生气，而且是越想越气。由于众生习气不同，有人是沾火就着，有人看起来似乎不会生气，但心里却是暗自生闷气。不管怎样，这心头火，却是被这怒和怨，慢慢点燃，最后形成熊熊烈火，不管不顾，烧掉了所有的功德——亲情、爱情、友情；毁掉了良好的人际关系和福报善果。

释迦牟尼佛在《佛遗教经》中说："当知嗔心，甚于猛火。常当防护，无令得入。劫功德贼，无过嗔恚。"

意思是：应当知道，嗔恨发怒之心，比熊熊燃烧的大火还要厉害。所以，应当时时防护嗔怒之火，不要让它燃入胸中。劫掠修行功德的贼寇，莫过于嗔恨恚怒之心了。

佛经有一首诗偈："面上无嗔真供养，口里无嗔吐妙香；心中无嗔是净土，无染无杂是真常。"潜修的人才能远离烦恼，修行之后，凡事都能以平常心视之，无明之火自然消失，不会有嗔怒。

释迦牟尼佛之所以能够最终成佛，与他过去世修持忍辱波罗蜜，克制嗔恨心，降伏怒火有很大关系。在《金刚经》中，佛陀说："须菩提，如我昔为歌利王割截身体，我于尔时，无我相、无人相、无众生相、无寿者相。何以故？我于往昔节节支解时，若有我相、人相、众生相、寿者相，应生嗔恨。"

这段经文讲的是释迦牟尼过去生为忍辱仙人时的公案：

有一次，歌利王带同妃嫔大臣及侍从到山中狩猎。妃嫔们四处游览，遇到忍辱仙人，见其留须长发，貌甚怪异，即欲躲避。忍辱仙人叫她们不用惊慌，妃嫔们见他说话便留下来，问他何以在山中？忍辱仙人答："我在山中修忍辱行。"妃嫔们听后，好奇而围着他，与他交谈。

此时，歌利王听闻妃嫔们在山中与人谈话声，便走来看个究竟。见妃嫔们与忍辱仙人畅谈，便妒火中烧，他问忍辱仙人在山中做什么？忍辱仙人回答他在山中修忍辱行，能忍受一切痛打辱骂而不反抗。

歌利王不相信，说："世上哪有受人打骂也能忍受的呢？"随即挥宝剑把忍辱仙人耳朵割下，但见其面色坦然，毫无愠色。

歌利王又把他另一只耳朵也割下，忍辱仙人仍能忍受。歌利王认为他在打妄语，哪会有被割耳朵而不生嗔恨的人呢！又把忍辱仙人的鼻子割下，叫他说实话。忍辱仙人仍说能忍，歌利王又把他一只手割下，忍辱仙人仍能忍受。

歌利王说："既然你能忍受，我就助你完成道业好了。"随着便把忍辱仙人另一只手也割下。后又把他两条腿也割下，忍辱仙人仍不生嗔恨。

歌利王问："何以证明你不生嗔恨心呢？"

忍辱仙人答："若我生嗔恨心，将来就不能成佛，乃至堕地狱。若我没有生嗔恨心，我的耳朵、鼻子、四肢立即复原如初。”

说罢，其耳朵、鼻子、四肢立即恢复原状。

这时歌利王大为震惊，以为面对妖怪，命令随从把忍辱仙人宰杀。这时，触怒护法善神，天即打雷降雹。歌利王大惊，向忍辱仙人求救。忍辱仙人为他向护法善神求情：“不要怪他，他是来考验我，成就我的道业。将来尽未来际，我成佛时，第一个人要度的就是他。”

歌利王大受感动痛哭流涕，希望能于佛成道后成为佛的第一个弟子。

释迦牟尼佛成道后先度的憍陈如，即昔日之歌利王。

释迦牟尼佛在《金刚经》的这段经文中，实际上也给人们开示了克制嗔恨心的方法——“无我相、无人相、无众生相、无寿者相”，试想，一个人通过修行空观，把自我、他人、众生、寿命长短等都“空掉”，还有什么可嗔恨的呢？还有什么怒火可烧呢？

从前，有一个老和尚，常起嗔恨心，常有火气，遇到事情爱发脾气。佛法认为，有脾气那就是“我”在，老和尚就想办法去掉这个“我”。他花钱雇了一个人给自己做饭、买菜、打零杂。他对侍者说：“我发脾气的时候你给我一个嘴巴子，打一个嘴巴子给一块大洋。”

这个侍者成天在老和尚跟前跟着他吃跟他喝，就等着他发脾气。老和尚就不发火，从来不发。

一天，老和尚一位好友来访，老和尚让侍者外出买菜，准备好好招待客人。侍者外出很久没有回来，老和尚等得有点火了：“这太不应该了。你买个菜到市面很近，顺手就买，你就不回来。”老和尚等着侍者回来跟他算账。

客人谈了一会儿，起身告辞，自然连饭也没有吃。又过了一会儿，侍者回来了，正好客人刚走。侍者挎着筐买了点菜，哼哼呀呀、慢慢悠悠地走了过来。

老和尚老远瞅着就生气，走近见面了，就说：“你怎么才回来呢？”

侍者一看他发火了，咣就给他一个嘴巴子。

老和尚说：“哎，你怎么敢打我？”

侍者咣又给他一个嘴巴子。

老和尚“哎呀”一下明白过来，就念阿弥陀佛。念着念着，自己就空掉了，当时脾气就不起来了，也就没有想法了。

起初，老和尚想：你看看，你把我的事耽误了，没有招待好客人。你为什么不听我话呀？这些都是“我”字，不断地计较“我”，脾气就不断地生起。侍者一个嘴巴打过去，“我”就空了。

宋代高僧慈受禅师亦有《退步》诗：

万事无如退步人，摩头至踵自观身。
只因吹灭心头火，不见从前肚里嗔。

大意是劝人在受到伤害或吃亏的时候，不要立刻就发火或心生报复；而是后退一步，反观自身，想想这件事因何而起，自己有没有过错？如果发怒，之后会有什么结果？若不生气又会有什么结果？这样孰是孰非就很清楚，怒火也就慢慢消退，相互之间的矛盾，就不再那么尖锐了。一旦能够心平气和地面对现实，自然就可以找出化解矛盾的方法，一场可能发生的争吵或灾难，就这样无声无息地大事化小，小事化于无形了，从前心中的嗔火也就无影无踪了。

如果我们的修行还没有进入圣贤境界，则很难时刻都保持心平气和；但是，我们可以通过不断地学习和修持，来慢慢调整改变自己的习性，学会在事到临头时忍耐克制，“卒然临之而不惊，无故加之而不怒。”正如唐代诗僧寒山诗偈云：“欲行菩萨道，忍辱护真心。”

不妄语假话，言辞诚谛

说话诚实守信，是做人的基本准则，也是修行者必备的基本德行。

很久很久以前，印度有个名叫“须陀须摩”的国王，他是个虔诚的佛教徒，平日遵守佛门教诫，做人老实诚恳，从不说谎言或无意义的话。

有一天早晨，国王乘车与宫女们一起到御花园里赏花。走出城门不久，看见迎面走来一个修行人，停在国王的銮驾前向国王化缘。

当时，国王身上正好没有可以供养修行人的物品或食物，便向修行人说：“我现在身边没有供养品，请您先到宫中等候，等我回宫后，一定供养您。”说完，就和宫女们一起到花园里赏花并嬉戏游玩着。

当时，有个身上长着一对大翅膀的魔王，名叫“鹿足”。他飞行于天空，已经绑架了印度境内九十九个国王。

正当国王玩兴正浓时，忽然鹿足魔王拍着大翅膀从天而降，在宫女们被吓得不知如何反应时，鹿足魔王已经把国王捉了起来，飞驰而去。

大家见国王被妖怪掳走，顿时惊恐万分，哭成一团。宫女们的啼哭，惊动了举国上下。国人见国王不知去向，人人恸哭不已，十分悲伤。

鹿足魔王背负国王腾空而行，回到了魔王的住所，把须陀须摩王安放到被他掳来的九十九个诸王之中。这时，只见须陀须摩王泪如雨下，非常伤心。

鹿足魔王见了，很不以为然，嘲笑他说：“我说大王啊！你可是一国之君，人的生死，自有天定，你何必像小孩子一样地哭哭啼啼呢？”

须陀须摩王回答说：“我不是怕死啊！而是悔恨对别人失去了信用。我有生以来从没说过谎，没做过失信于人的事。可是今天早晨有个修行人来向我化缘，我当时答应回去后就会供养他。没想到现在出了变故，因此失信于他，犯下了欺人之罪，我是为了这个原因才啼哭啊！”

鹿足魔王看了须陀须摩王声泪俱下的说明，不免为之动容，觉得须陀须摩王这种诚实十分难得，于是对他说：“你不用害怕失信于人。你干脆回去，七日之内办完供养修行人的承诺，然后再回到这里来。如果过了七日不回来，我就再飞去把你抓来，反正这对我来说是轻而易举的事，你快去快回吧！”

须陀须摩王返回本国后，连忙广为布施，同时立太子为国王，向大众表示忏悔和谢罪：“我的智力迟钝，天生愚笨，治理国务不得其法，请大家多多原谅。我现在已经是身不由己，性命也不由自己掌握了，将要远离你们，到不知有多远的地方去。”

举国人民和国王的眷属都来向国王叩头，不让国王离去。大家都说：“请大王留下来吧！留下来保护我们和治理国家，不要怕那个妖魔鬼怪。他要是飞来，我们可以准备铁屋、设精兵，与他决个胜负！”

国王听了之后，对大家说：“不能这么做啊！大家的心意我心领了，但请你们听我的劝告。”

接着国王念了一首偈语：

实话第一戒，实话升天梯。
实话小人大，妄语入地狱。
我今守实话，心中无悔恨。

念完这首偈语，国王就独自出发前往鹿足魔王的住所。

鹿足王看看七日之限将到，遥遥望见须陀须摩王果然如约赶来，心中十分敬佩也十分欢喜，于是对须陀须摩王说：“你真是个讲实话、守信用的人啊！茫茫众生，谁人不珍惜自己的生命？你已经从我的手里逃走了，还回来履行约定，恪守信用，真是个伟人啊！”

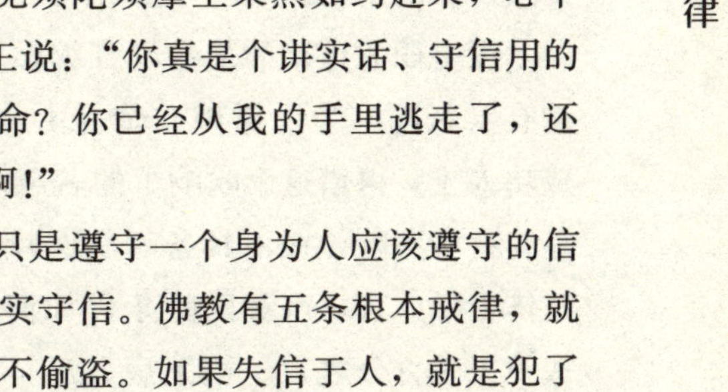

须陀须摩王说：“我并不伟大，我只是遵守一个身为人应该遵守的信条。说实话，是佛教的戒律，教导我诚实守信。佛教有五条根本戒律，就是不杀生、不妄语、不饮酒、不邪淫、不偷盗。如果失信于人，就是犯了妄语戒，说谎骗人。”

须陀须摩王接着更与鹿足魔王分享了许多他修学佛经的心得，让鹿足魔王受到了感悟。

鹿足魔王对须陀须摩王忏悔说："谢谢您让我听闻到这么珍贵的佛法。我现在决定把掳来的九十九个王都安全送达他们的国家，让他们自由。"

从此，再也见不到鹿足魔王的踪影，大家都说鹿足魔王去深山修行了。

妄语戒是佛制五戒之一。佛教认为，违背内心真实的想法而说谎，满口假话，就是妄语。说谎不仅是口说，还有点头、写信等方式。眼见、耳闻、触觉、意知等都可能成为说谎的内容，如《瑜伽师地论》说："若不见、闻、觉、知，言见、闻、觉、知；或见、闻、觉、知，言不见、闻、觉、知，皆名妄语。若书陈说，或以默然表忍斯义，或动肢体以表其相，或为证说，或有自说，或令他说，如是一切皆妄语罪。"

可见，妄语并非仅仅指向别人说假话、谎话，只要是以欺骗他人、蒙蔽事实真相为目的而所用的一切手段，都可称作"妄语"。

特别是在当今这样一个人心浮躁、唯钱是瞻的社会里，物质条件的改善与精神活动的缺氧极不均衡，妄语更是遍及一切，虚假广告，伪劣产品，甚至不实的新闻，哪一个与妄语无关？

在当今人类的贪欲急剧膨胀的时代，为了获取名利造妄语业非常普遍而严重。

在商界，不法商人不择手段地吹嘘夸大商品功能。譬如一种很普通的食品，却通过铺天盖地的广告，被吹嘘成具有益寿延年、包治百病、开发智力等无所不能的功效，让千家万户上当受骗，撑圆了奸商的腰包！本来令人智识昏昧的酒，在酒类广告画面上展示为有益健康、清净、高雅的形象，刊登和播放这些广告的报刊、杂志、电视、网站等，为了赚取广告费，扮演帮凶的角色。

没有职业道德的某些记者编辑，收受贿赂之后，写出不符合事实的所谓有偿新闻，为人树碑立传。由此，很多骗子摇身一变，成为社会名流、成功人士，再借这个吹响了的名声，大肆行骗。

有些医院，在不具备真实医疗水平、设备条件等情况下，拼命在各种媒体上做广告，声称医疗条件如何先进、专家的医术如何高超，治愈率吹成几乎是百分之百。招来病人后，又以低劣的医疗技术敷衍了事。患者在付出成千上万元的巨额医疗费、几乎倾家荡产之后，病情却毫无起色，这时院方又以种种借口推脱责任，将病人一脚踢开。

文艺界的谎言更是铺天盖地，有些所谓的纪实文学、电影、电视剧，完全不顾历史事实，颠倒黑白，任意篡改。

学术界本来以探求真理、严谨求实而自居，但是今天弄虚作假的现象也触目惊心。譬如为了评上职称，为了使论文在学术刊物上发表，随意编造实验数据。或者，在收受不法商人或单位的钱财之后，在未经严格考核的情况下，就开出虚假的鉴定报告。这些完全违背了科学工作者基本的求实、诚信的职业道德。

在职场上，为了求职升迁，花钱买假文凭、假学历，编造虚假的工作简历、技术特长。

在某些娱乐电视节目中，主持人极尽巧舌之能事，一出口就是妄语、绮语、不堪入耳的下流语，人们却听得津津有味，神魂颠倒，把不惭无愧的主持人奉为偶像来崇拜效仿。

某些旅游景点，为了招揽游客，把穷山僻壤描绘成文化胜地、世外桃源、人间仙境，大作宣传，引人来上当。

某些气功师，胡编一套功法，吹嘘修他的功法能强身健体，开发各种人体特异功能，结果很多人不仅没有炼出什么来，反而造成出偏，诱发出精神问题，不仅未能健身，反而使身体更加衰弱……

从上述中可以看出这个时代的妄语业很严重，妄语似乎是家常便饭，为人们经常运用，并不以为是一种罪恶。三十六行，行行都有妄语，原来人们引以为耻的恶业，现在是铺天盖地的普遍现象。现在信息社会，电视台、报刊、网络上登载的一些广告，受众数以亿计，影响非常巨大；传播的方式，不是某一个人对另外一个人去说，而是幕后操纵者以媒体作为途径，以文字来陈述，以种种的画面形象来显示，以各种的手法、各种声光去渲染；它的次数不是一次，而是在电台电视等媒体上密集播放、狂轰滥炸。

这样前所未有的妄语业，根源在哪里呢？就在人们没有因果正见，不以妄语为罪业，所以一激发起来，人人趋向造恶。只有树立了因果正见，这铺天盖地的谎言、无休止的相互欺骗才能消失。

佛教所说的不妄语，是要人们深信因果、言真语切、诚实有信，认为不合时宜或没有分寸的言辞都是人们解脱的障碍，对于求解脱道没有任何利益可言。要知道，妄语的后果是极其严重的，因为妄语的行为将导致许多众生误入歧途。他误导了众生，他自己也将为此而付出巨大的代价。《地

藏菩萨本愿经》上说："未来世中，若有男子女人，不行善者，行恶者，乃至不信因果者，邪淫妄语者，两舌恶口者，毁谤大乘者，如是诸业众生必堕恶趣。"

给别人造谣、无中生有地诽谤别人，显然空口说白话，是妄语，其果报是很严重的。

据佛经记载：有一天，佛陀为四众弟子演说法要，正当大众听得津津有味的时候，忽然有位栴沙婆罗门女从外面闯了进来，挺着大肚子，向佛陀说："你为什么不说自己的事，光说别人的事？你现在很快乐，却不知我的痛苦，你之前与我私通，令我怀孕，现在孩子要出世了，你要负责任！"大家都觉得非常惊奇。这时，护法帝释天便运用神通力，化为小鼠，钻入少女的衣裳里，将绑木盂的绳子咬断，于是木盂从她衣服内掉下来，大家便明白她是无理取闹，毁谤佛陀。

为什么那少女会带盂谤佛呢？佛陀告诉舍利弗：无数阿僧劫以前，有佛出世，号尽胜如来，在波罗捺国说法度人，有比丘六万八十千人。在这许多比丘中，有一位叫无胜比丘，已证圣果，六通自在；另一位名叫常欢，烦恼未断，没有神通。当时，波罗捺国有一位大爱长者，金银财物，富无伦比；他的妻子名叫善幻，很喜欢布施出家人。无胜比丘和常欢比丘时常去向她化缘。善幻知道无胜比丘神通广大，非常尊敬他，所以供养也非常丰富，衣服饮食医药，无不备置；但对常欢比丘却供养微薄，因为他未断烦恼，没有神通，所以善幻不大尊重他。常欢比丘见善幻这样尽心供养无胜，心里妒嫉得很，于是在别人面前毁谤，说无胜与善幻有不净行，所以善幻喜欢他、供养他。后来，常欢比丘因毁谤无胜比丘，命终堕入地狱，受无量苦痛。

佛陀对舍利弗说：当时的常欢比丘，就是我的前身；善幻就是现在的栴沙婆罗门女。因为我过去世曾毁谤过她，所以她会来毁谤我。佛告诉舍利弗：我已成佛犹不免宿缘，何况是愚昧的凡夫。所以你们和一切众生都应当守护好身口意三业，奉行十善。

《大智度论》上说，妄语会招致有十种恶报：

一、"口气臭"：有的人口臭之极，吃什么药也治不好，佛眼观之，就是前生爱说妄语所招致。

二、"善神远之，非人得便"：就是对妄语者，善神会远离，不愿意亲近他，一些非人乘虚而入干扰他的身心。如果一个国家国民普遍都缺乏诚信，这个国家就没有正气，邪气容易侵入。

三、“虽有实语，人不信受”：就算自己说的是真实语，别人也不相信。当今时代，人与人普遍缺乏相互信任。

四、“智人谋议，常不参与”：被妄语习气推动，只习惯生存在妄语纷纷的世界中，智者谛实的言论、能让人心得安乐的言论，却避而远之，不去参与。妄语盛行时代，人们津津乐道的都是一些具有欺惑性的法，在那种场合中会觉得很相应，而真正清净正法的交流场所，却不愿意趋入，而是要避开。

五、“常被诽谤，丑恶之声周闻天下”：当今时代，有人赚了很多钱，却常常被人诽谤，这不是无缘无故的，我们看到的几乎尽是名人、大商人受诽谤，越是公众人物，越会遭人随意批评，恶名传得很快。他今天有点什么事，就会被记者炒作，编出许多奇奇怪怪的事情，瞬间就传遍了全球。

六、“人所不敬，虽有教敕，人不承用”：妄语者，人们不再恭敬他，他虽然站在上面说一些教言，但无人听受奉行。

七、“常多忧愁”：妄语者心地不坦然，所以忧愁，害怕别人揭穿他的谎言。虽然广告上吹得很大，但吹嘘得越厉害，越怕真相暴露。

八、“种诽谤业因缘”：即便没有被人诽谤，但未来决定要受人诽谤。

九、“身坏命终当堕地狱”。

十、“若出为人，常被诽谤”。

最后两条是讲以妄语业命终后会堕入地狱，从地狱中脱生为人，也常常被别人诽谤。

要不犯妄语，就要随时反省自己，看看自己是不是经常在不知不觉中打妄语？自己所从事的职业是否属于佛法“八正道”中的“正命”？

《金刚经》中说：“如来是真语者、实语者、如语者、不诳语者、不异语者。”佛弟子当然要向佛学习，要言辞诚谛，悦可众心。当然，对妄语戒要能够灵活地、圆融地守持，要看自己的发心和动机。如果是为了帮助众生，为了止息他的悲伤、忧愁和痛苦，为了让众生能够深信佛法，有一些方便的妄语是可以开许的。比方说，遇到猎人要追寻猎物的时候，我们明明看到了，也不能够告诉他追寻的正确方向。再比方说，有亲友重病，医院里面查出来是癌症，他自己还不知道，然后问你的时候，你明明知道，

也是要方便善巧安慰他，不要直接说。为什么呢？肿瘤病人很少是有真正病死的，很多都是饿死的、吓死的和毒死的。有一些是因为完全没有胃气了，一点胃口都没有了，然后活活就饿死掉了，或者虽然有很多的丰盛食物，但是他没有办法吃得下去；还有一些是心理负担很重，自己吓死掉了；也有一些是不停地去做化疗、放疗，然后给毒死了。所以这种状况，他很恐惧的时候要能够做施无畏者，要能够方便善巧，不宜实言相告。但是我们的发心是正确的，所以不算犯妄语戒。

不贪图美味，食如服药

民以食为天，任何人都得吃饭，出家修行人也不例外。但佛门禅寺中将吃饭称为“过堂”，早、午斋两次过堂，是一种重要的修行方法，在僧团生活中占有重要的地位，是佛教思想和礼仪的统一。

佛门禅寺有“二时过堂，食存五观”的说法。

早晨、中午到“五观堂”或“斋堂”用食。在过堂时，住持和尚坐在堂中的法座上，僧众在两边就座。饮食之前，先要敲挂在寺庙走廊上的大木鱼（梆）和葫芦型铁板（云板）。梆是吃饭号令，又叫长鱼。鱼昼夜均不合眼，隐喻佛徒修行也应精勤不息，废寝忘食。

当云板响起，大众搭衣鱼贯进入五观堂，依序就坐，向上问讯后，维那师起腔，大众齐唱“供养偈”。

接着维那师呼僧跋后，大众便开始用斋。寺院过堂多使用碗盘，少数寺院使用钵，碗盘皆有一定位置，不得恣意摆放，添汤加菜由行堂服务，也不得出声、恣动。在饭食中须心存五观（一、计功多少，量彼来处；二、忖己德行，全缺应供；三、防心离过，贪等为宗；四、正事良药，为疗形枯；五、为成道业，方受此食）并摄心用功，或持佛名号或参“吃饭的是谁”。末了，大众唱结斋偈。

整个过堂是一个安静的用食过程，住持和尚如有事便会在此时向大众宣布，称为“表堂”。每月初一、十五或特殊节日便加菜施众，或有居士斋僧布施也加菜。

中国佛寺通常在大殿外右侧会设个小小的施食台，体恤饥困的众生。它是根据佛经中“旷野鬼神众”及“罗刹鬼子母”的典故而来，大众过堂时，都由一僧人负责出食，将七粒米或指甲许的面条，透过观想及大众的加持，施食给饿鬼道众生，愿他们同得饱满并去除悭贪。

简朴的佛教丛林用斋，象征的是高远的智慧与宽广的情怀。

佛教寺院常将僧人过堂用斋的斋堂称为“五观堂”，意即吃饭时应当做“五种观想”。五种观想包含深刻的佛教内涵。

在家修行，吃饭时其实也可以通过“五观”，来增进自己的菩提心。

一观：计功多少，量彼来处

吃饭时，须知今日粒米进口，是经过农夫辛苦种植，商人贩卖，工人处理，家人烧煮，才能填饱肚皮，虽是粒米功德，来处非常不易。“计功多少”就是计算这饮食需要人付出多少劳动。说起粮食的来之不易，凡是种过地的人对此会有真切的体会。唐代诗人李绅的《悯农诗》更形象地说明了粮食的来之不易。诗云：“锄禾日当午，汗滴禾下土。谁知盘中餐，粒粒皆辛苦。”《大智度论》中亦云：思维我们的饮食要经过农民辛勤的耕耘下种、施肥除草、收割打稻、舂磨去皮、晾晒入库、淘米去沙、烧火煮饭而成，计一钵之食，农夫工人流汗合集，食少汗多，人咽变恶；我若贪心，当堕地狱，啖热铁丸，出为畜生，偿他夙债。斋堂有一联就足以说明粮食的来处：“一粒米从信士口中分出，半瓯水由行人肩上挑来。”所以，古往今来的大德高僧都十分珍惜粮食，避免浪费。现代高僧印光大师常在早餐食粥之后，用白开水将碗中剩余之粥冲荡一下，然后再喝下；弘一大师在食粥之后，常用舌头将碗舔干净以防浪费。因此，我们每次吃饭都应怀惭愧之心作此观想，便会感到，若不修行，粒米难消。若浪费粮食，罪责难逃！

二观：忖己德行，全缺应供

所谓“忖己德行”就是仔细思量推测自己的道德与行持。这种观想要求饮食时，应当仔细思量自己的道德与行持，看自己的德行是否符合佛制要求，是否值得受用这顿美餐。在《毗尼母经》上说：“若不坐禅、诵经、不营佛法僧事，受人信施，为施所堕。”天台大师也讲：“不管是乞食、随众食，都必须作此观，若不入观，即润生死。”假使不持戒、坐禅、诵经、行三宝之事，便是德行全缺，便不应受此饮食。常见寺院斋堂的对联说“五观若明金易化，三心未了水难消”，如此一想，惭愧心油然生起，自然进德。

三观：防心离过，贪等为宗

防，就是防止；过，乃过患；贪等，就是“贪嗔痴等”的简称。众生心中有无量无明烦恼的过患，而其中以贪、嗔、痴三毒为其根本，所以叫做宗。时时防护，根本若离贪嗔痴，很多过失就会远离，诸患也就不会生起了。《明了论》说：“出家先须防心三过，谓于上味起贪心，下味食起嗔心，中味食起痴心，以此不知惭愧，堕三恶道。”我们常看到有的人，见到好的美味一个劲儿的要，饭菜不好就皱眉大生嗔恚之心骂人，一般般过得去就糊里糊涂只知道埋头猛吃。这是贪嗔痴心最明显的表现。《弥勒所问经》云：“一切恶法，皆从贪嗔痴起。”众生的过患，以贪为根本，如果没有贪心，则诸患不生；常念心中过患，使其远离过恶，则恶念不生。

其实，佛门将吃饭，叫做“过堂”，这个用词就很有深意，即告诉人们，吃饭只是“经过斋堂”一下，如同“百花丛里过，片叶不沾身”，不可起贪嗔念头。面对好吃的东西，不让生起贪心；不好吃的，不令生起嗔念。所以必须慎防自己的道心，要离开过失。

四观：正事良药，为疗形枯

佛教认为，因众生的身体由地、水、火、风四大假和而成，常为饥渴所病，其中一大不调，就出生一百零一种病，四大共成四百零四病。如果没有饮食支撑调养，身体就会形体枯瘦，疾病缠身，无力修行办道。因此，饮食可以作为疗养身命的良药、修行道业的关键。但是只要能养生保健即可，如果又生出贪吃美味之心则反而又沉沦堕落了。《杂宝藏》偈说：“是身如车，好恶无择，香油臭脂，等同调滑。”是说身体就好像车子一样，食物就比如油脂，油涂在轴轮上面，只希望它转动，哪里分什么香臭；饮食也是同样的道理，只是为了维持体力，只要能修行办道，就不要太去分别好坏了。

据《阿育王经》记载：优波笈多尊者装了一钵乳糜，另外还拿了一个空钵，都把它放在一个贪食的比丘面前说：“乳糜很烫，你等它冷一点再慢慢吃。”而那位比丘贪吃的心特别重，等不及就使劲儿的吹希望乳糜凉得快点。尊者见了就说：“乳糜虽然凉了，你的心还是燥热的，也要使它凉下来才行，应当以不净观为水，来除灭你心中的热恼。见到饮食要把它当药一

样的想。”那位比丘一下把他刚吃的乳糜全部都吐了出来，刚好全吐在了那个空钵里。优波笈多尊者就说：“不要浪费了，再把它吃掉！”比丘说：“这么肮脏的东西怎么还能吃呀？”尊者说：“刚才还是你自己吃的东西，怎么一会儿就说它脏了呢？你要观一切法都像这涕吐一样！”因为尊者的说法，比丘精进思维观察，当下就证得阿罗汉果。由此可知，我们应以法为食，以法为药，疗治我们身心的诸病。

五观：为成道业，方受此食

饮食可以资养身体修行办道，佛门讲“借假修真”，以饮食资养四大假合之身，去修行办道，我们才受食这钵斋饭的。因为身体每天要消耗很多能量，新陈代谢，交换不停，行住坐卧都需要热量，要是没有饮食供给营养，那么饥渴生病就不能安心办道了。所以，受食是为了要成就道业，如不为道，则粒米难消。窥基大师讲：“为成道业施将来，道业未成争消得？”自知道业没有成就，须深生惭愧之心，故《行护》云：“饮食须生惭愧，常作观法是也。”

《五灯会元》也有一则公案：一位化主师父外出化缘回山，黄龙慧南禅师上堂说法：“世间上有五种人不容易：第一种是外出化缘的不容易；第二种是能施舍的人不容易；第三种是把生米煮成熟饭的人不容易；第四种是坐在那里吃饭的不容易；还有一种不容易，是什么人？”过了很久黄龙禅师才说“渐耳”就下座回方丈室了。那时，翠岩真当首座，藏主就问他：“刚才和尚讲的第五种不容易是什么人啊？”真首座就说：“脑后见腮，莫与往来。”这句话是什么意思呢？就是说脑袋只会看到自己的腮帮子的人，只知道吃饭的人不要跟他来往。言外之意也就是“吃了饭修行办道的人不容易”。

《佛遗教经》中，即将入灭的释迦牟尼佛谆谆教导声闻弟子：“汝等比丘，受诸饮食，当如服药。于好于恶，勿生增减。趣得支身，以除饥渴。如蜂采华，但取其味，不损色香。比丘亦尔，受人供养，趣自除恼；无得多求，坏其善心。譬如智者，筹量牛力所堪多少，不令过分以竭其力。”

翻译成白话就是：各位比丘，你们在接受饮食供养的时候，应当像吃药治病一样。对于好吃的，不应当多吃；对于不好吃的，也不应当拒绝。吃饭的目的在于给身体补充能量，消除饥饿口渴。就如同蜜蜂采花蜜一样，只是取走了花的甜味，并不损伤花朵和花香。比丘也是这样的，接受大家的供养，目的在于有精力断除自己的烦恼；所以不应当过多索求，以免伤害别人的善心。就好比一个有智慧的人，能够恰当地衡量牛的体力多少，不让它过多劳动，以免精疲力竭。”

总之，我们每天维持新陈代谢，需要从饮食中摄取热量及营养，以保持身体健康。有了健康的身体，才会促进道业增长；为了修行办道，我们因而受此饮食。若饮食时，应当默念：愿断一切恶，愿修一切善，愿所修善根，回向众生，共成佛道。吃饭应带着感恩的心，带着随缘的念头，如同佛门的“托钵乞食”，要次第乞食，平等而乞，不分贫富、不拣精粗、不计净秽、不生增减，能够怀抱这样的心，才合乎菩提心，才合乎饮食之道，才能在看似平常的吃饭中修行。

七、当下心：

人身难得，寸阴是竞

《金刚经》中，释迦牟尼佛说："过去心不可得，现在心不可得，未来心不可得。"抓住了现在，就承载了过去，赢得了未来。不要无休止地追悔过去，也不要被未来的幻想所迷惑，最明智的选择是：以一颗当下心，活在当下！当下心，是对难得生命的珍视，是对宝贵时间的珍惜，是对"毗梨耶波罗蜜"（精进度）的实践，是对修行解脱的专注。一切善行，要从当下着手去做，不要拖延；一切恶业，要在当下去忏悔，不找借口。被过去的包袱压得喘不过气来，是愚人；被未来不可捉摸的灾难吓倒，是懦夫；消磨和浪费眼前光阴，是懒汉！纠缠于往昔，忧虑于将来，丧失于当下，不闻正法，不行正道，是人生最大的悲哀！"一失人身，万劫不复！"

人身难得，佛法难闻

据《杂阿含经》卷第十五《杂因诵第三》记载：

一天，佛陀在猕猴池侧重阁讲堂中，对众弟子们说：

“譬如大地全都变成海洋时，有一只长生不老的瞎眼乌龟，每过一百年才从壳里伸出头来。大海中有一根漂浮的木头，只有一个洞孔。这根木头在海浪中，随狂风四处漂流，没有固定处所。当盲龟过一百年从壳里伸出头时，能够碰上这根浮木的洞孔吗？”

佛陀的弟子阿难回答道：“世尊！不能。为什么呢？这只盲龟，如果在大海的东边，浮木则有可能随风漂至大海的西面、南面、北面，也有可能环绕四周，所以太不可能相遇了。”

佛陀开导众弟子：

“盲龟与浮木，即便是向不同方向漂流，也还有机会相遇。世上愚昧无知的凡夫俗子，如果飘流在天、阿修罗、畜生、饿鬼、地狱五趣之中，要想再恢复人身，比盲龟遇浮木还要难！为什么呢？愚昧的凡夫俗子不遵行正义、不实践道法，不行善、不行真实，互相残杀，弱肉强食，造下无边罪恶。因此，比丘们如果对四圣谛不理解，就应该精进修行，生起增上心，不被惑业所染！”

佛家有两句广为人知的话：“人身难得今已得，佛法难闻今已闻”“一失人身，万劫不复”，都在警示世人，生而为人，是一件多么不容易的事，应该好好珍惜生命，精进修行。须知，“此身不向今生度，更向何生度此身”！

释迦牟尼佛一生，有四十九年是在讲经说法中度过，在他流传下来的经典中，反复多次提到“人身难得”这四个字。

有一年，释迦牟尼佛住在祇树给孤独园。祇园精舍正在盖房子，佛带弟子们去看。

佛陀想借此机缘开导弟子，于是，从地上抓了一把土然后撒掉，指甲缝里就还留有一点。

对于佛陀的每一个举动动作，弟子们都会问：“世尊，您这是什么意思?”因为佛陀没有戏论，不会开玩笑，一举一动都是给人以启迪。

佛陀反过来问弟子：“我指甲上的土多，还是地上土多?”

弟子们纷纷回答说：当然是地上的土多。

佛陀说：“我们现在在世的人，死了以后来生再得人身，数量就如同我指甲上的土一样少；而死了以后不能再得人身的，数量就像大地之土一样多!”

佛陀强调“人身难得”，就是告诫人们在这短短的一生之中，好好珍惜，精进修行，因为生而为人是非常的不容易的，能够得到人身，正是千载难逢的修行成佛之良机啊!

既然人身如此难得，失去后又极难获得，如此难得的人身若不用来修习佛法就是浪费这最难得的人身，世间最愚蠢的事莫过于此!

我们的生命每一分、每一秒都在减少，不可能增加。当我们出生的时候，就迈上了通往死亡的道路，所过的每一天、每一个小时、每一分、每一秒、每一个刹那，都是在奔向死亡，没有机会可以停下来。

大多数人日常生活中的时候能用在修行上的时间非常少。睡眠用去很多时间，剩余的时间有些用在无聊的应酬上，有些用在胡思乱想上，有些用在柴米油盐上，有些用在发呆上，剩余的修行时间已经没有多少了！幼年的时候时间都用在玩耍上，年老了又没有这个精力来修，头脑也变得不清楚，还有疾病等也耗费不少时间。所以我们一生中能用在修行上的时间是少之又少！死时又怎会不堕恶趣呢?

释迦牟尼佛在《大涅槃经》里说：“世有六处难可值遇，何等为六？一是佛世难遇，二是正法难闻，三是善心难生，四是难生中国，五是难得人身。六是诸根难俱。”我们生而为人，太幸运了！“人身难得今已得，佛法难闻今已闻”，如不珍惜人生，当下努力修行，更待何时？修行要有紧迫感，真正拼命利用每分每秒的时间修行佛法，勇猛精进，切不可有丝毫懈怠之心而空耗生命。

人的生命如泡沫一样微弱，我们周围有各种因缘，不知什么时候就造成我们的死亡。不管是有意还是无意的伤害、业力或突然来的障碍，身体器官的疾病，等等，种种都有可能令我们刹那间就死亡。正如《宝蔓经》所云："安住死缘中，如灯处风内。"

按佛法讲，今生能投胎做人是很不容易的，偶尔做一世人，因不明佛法，不知因果，只知妄逐欲望，不知造下多少罪业，这一世人做完后可能就要多生多劫投到三恶道（畜生、饿鬼、地狱）去，来偿还今世做人造下的恶业。等恶业偿还尽了，才能再投胎到人道里。

佛法是很稀有，不容易听闻到的。在我们这个世界几十亿年才有一佛出世，而佛所留下的法在世间也只能存在一万多年就消亡了，我们能生在这有佛法的一万年中，生在有佛法之地而听闻佛法，是一件很难得的事。要是能听了就信那就更难得了，定是多生种下善根的人。

如今我们听闻了佛法，就当抓住机会，精进努力修行，在今生就度了自己。若是懈怠懒散，虽然听闻了佛法，却不能精进修行，吃不了苦，放不下五欲六尘，忍不住五欲的诱惑而放任自流，那一定会空过此生，一口气不来又不知道投胎到哪里去了，也不知道什么时候才能度得自身！

普贤菩萨在其警世偈里告诫大众："是日已过，命亦随减。如少水鱼，斯有何乐？大众，当勤精进，如救头燃！但念无常，慎勿放逸！"珍惜此生，抓住每一寸光阴，精进修行！

勇悍精进，自强不息

据佛典《撰集百缘经》记载：

在释迦牟尼佛化导众生的时代，舍卫国城里有一位富翁，拥有无数的财产和一个独生子——难陀。难陀非常怠惰不振，喜欢赖在床上睡觉，别说下床走走，就算起身坐一会儿也不肯。

难陀虽然懒惰成性，却有聪颖绝伦的智慧，躺在床上听人讲解经书，就能完全明白其中的道理。富翁看着儿子这么善解经论的道理，便邀请外道六师如富兰那这些人来家里教导难陀。在一顿丰盛美味的宴席之后，富翁便对富兰那等人说明自己唯一的儿子的情形，希望他们能调教这位生性怠惰的儿子。于是，几位外道师就随着富翁一起来到难陀的房间，没想到难陀躺在床上理都不理。

富翁看着儿子这么不受教，苦恼地以手托住双颊，不知如何是好。

此时，释迦牟尼佛经常不分昼夜观察众生，只要发现有苦难的众生，便慈悲前往为其宣说佛法，使能心开意解，远离烦恼与痛苦。佛陀遥见富翁正为孩子忧愁不已，便和比丘们一起来到富翁的家里。

说也奇怪，难陀一见到佛陀，便立刻起身为佛陀铺设坐具，并至诚恭敬地顶礼佛陀。

于是，佛陀为难陀开示种种法要，并且呵责他赖床、贪睡，又怠惰不振的种种过失。因为难陀非常尊敬、相信佛陀，因此对自己过去的恶习深深自责，并生起惭愧忏悔的心。

最后，佛陀赠予难陀一根檀杖，并且告诉他：“你今后如果能够勤奋，那么你只要稍稍用心叩打这檀杖，它便会发出美妙的乐声，乐声结束后便能看见地底下所埋藏的一切宝物。”

难陀听了佛陀的话，立刻试着叩击这根檀杖，果然听见了美妙的乐声，也看到了地底下所埋藏的宝物，欢喜得不得了，便在心里想着："我现在不过是稍微努力一下，竟然能获得这么多好处，如果以后更勤劳，一定会获得无上的大利益。"

从此时起，难陀一改赖床好睡的坏习惯，他甚至邀约众人一起去大海采集宝物，每次都平平安安地满载而归。更以种种饮食供养佛陀及诸比丘。佛陀因而再度为难陀宣说种种佛法的道理，难陀听得法喜充满、心开意解，立即五体投地礼拜佛陀，并且发大誓愿："愿以此供养善根功德，作未来世迷愚痴暗众生之眼目；无归依者，为作归依；无救护者，为作救护；无解脱者，令得解脱；无安隐者，令得安隐；未涅槃者，令证涅槃。"

难陀发完弘愿后，佛陀听了微微一笑，口中并放出五色祥光。这时随侍在侧的阿难尊者看见佛陀微笑，恭敬请问："如来尊贵庄重，一向不随意笑，现在是什么因缘让佛陀微笑呢?"佛陀问阿难："你可有看见懒惰的难陀入海采集宝物、满载而归，还以饮食供养佛及众僧?"阿难回答："是的，看见了。"佛陀继续说："难陀再经过三阿僧祇劫的未来世中，就能成佛，佛号'精进力'，将会度化无量的众生，我因此微笑啊!"

佛陀的众弟子，听闻佛陀此番开示后，个个都明白精进的重要性，个个欢喜，依教奉行，精进不已。

修行之路长远，遍布曲折。佛陀大慈大悲大智，怕众生日久气馁，因此又在《遗教经》中作最后的教诫："若勤精进，则事无难者，是故汝等，当勤精进，譬如小水常流，则能穿石。"

精进，是佛教修行人修菩萨六波罗蜜当中的一项，即"六度"之一。精进，就是对于善的事情要坚决修行，对于恶的事情要坚决断弃，以勇健强悍之心，克治自己的懈怠心理，从而完善自己。

要做到精进，必须要具备勇悍的意志。勇悍是什么呢?《成唯识论》中说："勇表胜进，悍表精纯。"勇，是一种前进的动力；悍，是意志精纯无杂。窥基大师在此基础上进一步引申其义："勇而无惰，自策发也；悍而无惧，耐劳倦也。"勇，乃是一种克服惰性的自策发力；而悍，乃是无所畏惧、忍劳耐倦的意志力。

根据其程度，佛教又把精进划分为五种：

第一，被甲精进：如勇将上战场，无所畏惧，勇往直前。

第二，加行精进：加强自身的策发力，坚固信念。

第三，无下精进：不妄自菲薄，无挂碍，无恐怖。

第四，无退精进：遭遇苦境，能坚忍不屈，坚猛心志。

第五，无足精进：永无止境地精进，自强而不息。

古时候，一位只有右手的乞丐来到华严寺向彻悟方丈乞讨，方丈面色严肃地对他说："你帮我把前院的这堆砖头搬到后院去，我就给你饭吃。"

乞丐很生气地说："我只有一只手怎么能搬砖头呢？你这不是在捉弄我嘛！"说着他怒冲冲地向寺外走去。

"站住！"方丈喝道。然后他用一只手抓起一块砖头，说道："这样的事，一只手就能做得到，你为何不去做呢？"

乞丐便不再争辩什么，就用他的一只手和方丈一起搬起砖头来。

他们花了半天的时间，才把砖头全部搬完。最后，方丈递给乞丐一些银子，乞丐接过钱，感激地对方丈说："谢谢你！"

方丈说："谢什么，这是你自己凭劳动赚到的钱。"

乞丐说："我永远不会忘记你的。"说完深深地鞠了一躬，就上路了。

过了不久，华严寺中又来了一位乞丐。彻悟方丈把他带到后院，指着那堆砖头对他说："你把这堆砖头搬到前院我就给你饭吃。"但是这位四肢健全的乞丐瞪了方丈一眼，头也不回地走了。

弟子不解地问方丈："你上次叫乞丐把砖头从前院搬到后院，这次你又让乞丐把砖头从后院搬到前院，你到底是想把砖头放在前院还是放在后院？"

方丈微笑着对弟子说："对我们来说，砖头放在前院和后院都是一样的，但搬与不搬对乞丐来说就不一样了。"

几年以后，一位气度不凡、穿着考究的人来到寺院拜望方丈，美中不足的是，这个人只有一只右手，他就是用一只手帮方丈搬砖头的那个乞丐。自从方丈让他搬砖以后，他明白了方丈的用意，后来他靠着自己的拼搏，终于有所成就。而那位双手健全的乞丐如今还依然在村落中行乞。

只要自强不息、精进不已，哪怕是一个肢体有缺陷的人，也能够依靠自己的力量寻找到自我的价值。

修行大乘菩萨道的人要具有坚韧不拔、自励自强、奋斗不止的精进精神。这种精神，我们在古代的高僧大德中可以看到，如唐代玄奘大师历尽艰难险阻，克服常人所难以想象的种种困境，前往印度求学取经，而在印度求学中，又以其勇猛精进之心，成为印度境内第一流的佛教学者，被印度人誉为“大乘天”。又如鉴真大师，为了东渡日本弘法，前后计十二年六次渡海，虽然遭种种失败，即使双目失明，而不退其志，终于六十六岁高龄时到达日本。

这些佛门大师为我们作出精进自强的表率，这既是菩萨之精神，又与中华民族的“天行健，君子以自强不息”精神是相通的。

生死事大，抓住根本

佛经记载：一天，佛住舍卫国祇树给孤独园中，他的徒弟中有位叫鬘童子的，在僻静处静坐修行，心中生起了一些非常迷惘的念头。于是鬘童子来到世尊面前，请教了令自己迷惑的十四个问题：

一、世界恒常存在（“世有常”）吗？

二、世界不会恒常永在（“世无常”）吗？

三、世界既恒常而又不恒常（“世有常无常”）吗？

四、世界非恒常非非恒常（“世非有常非无常”）吗？

五、世界有边际（“世有边”）吗？

六、世界无边际（“世无边”）吗？

七、世界有边际而又无边际（“世有边无边”）吗？

八、世界非有边际非无边际（“世非有边非无边”）吗？

九、生命即是自我（“命即身”）吗？

十、生命与自我并非同一（“命异身”）吗？

十一、佛死后还存在（“如来死后有”）吗？

十二、佛死后不存在（“如来死后无”）吗？

十三、佛死后存在而又不存在（“如来死后亦有亦无”）吗？

十四、佛死后非存在非不存在（“如来死后非有非无”）吗？

这十四个问题长期折磨着鬘童子那尚好玄思的心灵，他觉得这些问题关系重大，非弄清不可，而佛陀对别人提的这类问题总是置而不答，使他很不满意。这次去请教佛陀之前，他做好了打算：如果佛陀能给予我令人满意的回答，说明这些命题中哪些是真理，我便继续跟随他修道；反之，我便向他提出诘难，然后舍他而去。

鬘童子一口气向佛陀列举完自己的疑问后，说：

“若是世尊也不能解答这些问题，我在此继续修行，也注定没有什么成就的了；明早我便会收拾一切，离开僧团，再过在家的生活，不再修行什么了！”

佛陀听罢徒儿的话，便和蔼地说：“鬘童子，我从来有没有向你说过：‘来吧！鬘童子，到我的座下来修习梵行，我会为你解答世界是否永恒等那几个问题’呢？”

“没有呀，世尊！”

“那么，鬘童子，骄慢的人呀，你在生什么人的气呢？鬘童子，不论是谁说这样的话：‘我不愿在世尊的座下修行，除非他能为我解释清楚世界是否永恒等那些问题，’这人在未能清楚满意之前，就要死掉了。”

接着，佛陀打了一个充满智慧光芒的比喻：

“因为这人就好比一个中了毒箭的人，在亲友找到医生替他诊治的时候，不好好地让医生为他治疗，却骄慢地对医生说：‘我不要你把箭取出来，不要你给我解毒疗伤，除非你能解答我以下的问题：伤害我的人属于什么阶级呢？名字叫什么？身材怎样？是哪里的人氏？他用的弓是什么做的？弦又是什么做的？他用的箭，箭杆是什么做的？箭翎是哪种鸟的羽毛？箭镞的样子怎样？医生，你若不能给我一个满意的解释，我绝不让你给我疗伤。’鬘童子，那人还没有把这些问题搞清楚，他已经毒发死掉了。”

“同样的道理，一个人未搞清楚你所提出的那些问题之前，便把时光浪费殆尽，再没有时间修习梵行了。”

“修习梵行，建立解脱，不在于肯定或否定你所提出的问题。不论世间流行的臆度是怎样？肯定的或是否定的？都不能倚靠它消除人间的苦痛。

“消除痛苦，建立解脱，才是梵行的目的。我为什么不去解释你这些问题呢？因为它们与解脱无关。

“鬘童子，我要解释的又是什么呢？我要解释的是怎样才能止息苦的生起。我要解释的是怎样才能建立解脱。

“从梵行可以建立解脱，从解脱可以得到无限的智慧和力量，到那时，一切的智慧尽在心中，又何愁解释不了你所提出的区区几个问题呢？”

鬘童子听毕世尊这番话，便为刚才的失态感到羞惭，继而因胸中郁结已通而满心欢喜，向世尊谢过后，便欢天喜地地离去，继续他的梵行努力了。

这十四个问题，佛经中称为“十四无记”，即十四个无意义或不应予以解答的问题。在佛陀看来“生死事大”。

南传《中部经》中，载有耆那教游方僧瓦恰向佛陀请教十六个哲学问题（“十四无记”加命与身亦一亦异、命与身非一非异），佛陀也拒绝回答，而说这些问题都是毫无意义的“戏论”，都是惑人的迷魂阵，它们就像傀儡戏，像热带森林，像荒芜的沙漠，是束缚人的枷锁，使人困惑、沮丧、忧悔、痛苦，而不能使人得到寂静、智慧和解脱，对修道及消除烦恼，是毫无用处的。瓦恰听后接着又问：“您既然否定这些问题，那么您是否有自认的哲学主张呢?”佛陀回答：“我不受任何理论问题的束缚，已从一切理论中超越解脱。”

站在佛法的立场上说，世间任何重大的事，都没有生死的事来得重大。世间不论事的大小难易，都可想办法解决，唯有生死大事没有商量的余地，亦即是说生死大事，没有他人可以替代的。平时如不依法修行，生死大事就不能了。解决生死大事的方法，以修行佛法为最切要。

人生苦短，我们所要面临的矛盾和问题很多，我们要珍惜当下，精进自强，但不能不分轻重缓急，胡子眉毛一把抓，在一些无聊的事情上钻牛角尖，耗费精力，甚至在恶业之途上浪费生命。像现在有些人在赌博、游戏方面也很“精进”，夜以继日，但这与解脱之道是背道而驰的，只能导致堕落到新的深渊。每一天，都应紧紧抓住事关生死大事的根本问题，精进于修行梵行，拔除生命中的各种“毒箭”，以便早日解脱生死轮回的艰险畏惧之途。否则，一失人身，万劫难复，堕落三途，无有出期!

置心一处，无事不办

有这样一幅漫画：两人在沙漠中凿井，一个人急于求成，没挖多深就放弃了，于是在他的背后，留下许多小小的坑，却不见井水；另一个人选择好一个地点，便埋头苦干，精诚所至，金石为开，一洼清清的泉水终于在他眼前出现了……

这幅漫画似乎是我们这个浮躁时代的一个缩影。无论在哪里，我们常会听到有人叹息生活忙乱，负担过重。有人把“忙”当做自己才能的代名词，以为“忙”才能表现出自己真正的本事，于是被别人拉去做这做那，忙些不该忙的。试反问自己：这样忙有意义吗？我们太贪多、太求全或太急切，反而使自己顾此失彼，对于自己着手的工作易于失去兴趣，因而时常见异思迁。这就像是凿浅井，井虽然凿了许多，然而没有一个凿到水源的。可以说，这不是能干，而是生命和才力的浪费。人生几十寒暑，无常迅速，在有生之年，发挥自己真正的兴趣与才能，一心一意地做下去，才会有所成就。

当今这个时代是一个浮躁的时代，人们被时尚和流行风搞得晕头转向，许多人心浮气躁，做事浮光掠影，浅尝辄止，难以专心致志，始终如一。《佛遗教经》上，释迦牟尼佛说：“置心一处，无事不办。”心思若集中，全神贯注，任何事都能办成功；反之，用心不专一、意念不统一，会一事无成。

古印度曾有位国王一心想了解专心的力量究竟有多大，于是派人从牢狱中找来了即将被问斩的囚犯，对他说：“你就要被问斩了，不过我可以给你一次重生的机会。现在你手捧一碗油，把它放在你的头顶，在城内的大街小巷绕一圈。如果你能不洒落一滴油的话，我就赦免你。”

本处在绝望中的囚徒，听到国王的话后，突然间好像看到了生的曙光，欢喜不已。于是，他小心翼翼地顶着一碗油，走街串巷。国王为了考验他是否专心，在街道各处准备了各种奇玩杂耍，再伴着美女的载歌载舞，想要分散他的注意力。结果这位囚徒专心致志，两耳不闻所听之事，两眼不视所见之物。这位囚徒专心于头顶那碗油，根本无暇顾及周围的一切，也因为这样，他以自己的专心致志重新获得了自己的生命与自由。

浮躁同样是现代修行者的最大毛病：没念几天佛，便谓无有感应；没看几本经书，以为佛法不过如此而已；看见周围学佛者，不过平平，以为别人修行不见得怎样高深；看见别人的修行有点感应，便舍旧取新，以为自己的法门不对，不知别人的成就来自修行之辛苦……这些都是“凿浅井”的毛病，所以虽有千万人修行，而有成就者难得一二。

黄龙下三代的草堂善清禅师在黄龙祖心禅师门下参学时，问黄龙：“出家，是出离红尘烦恼欲望，如何真正戒除贪、嗔、痴的污染，让自己有清净心灵？”

黄龙祖心禅师把手中的拂尘一挥：“你见过猫捉老鼠吗？猫儿眼不眨，身蓄势，四爪一蹬，毫毛倒竖，奋力挺身扑起，一攫便中。你要是像猫一样专注，心无旁骛，六根自然清净，再好好于二十四时中念念精进修行，让自己心念纯一，那就能戒除红尘污染了。”

枫林里的红叶荣了又枯，溪流里的绿苔雪冻了又化，一年后，草堂善清禅师终于心念纯净，不再有杂骛杂污的妄念了，就写下一首得道偈：

随随随，昔昔昔，随随随后无人识。

夜来明月上高峰，原来只是这个贼。

意思是说：跟随从前的妄心与杂念走，离修行越来越远，就永远迷失自己了。一回头，才发现，修行贼原来是自己痴迷的心。

后来，在白云悠悠飘浮又飘浮，大雄殿的青瓦苍翠又苍翠之后，草堂善清禅师升任住持，升堂，为大众开示自己的心路历程：“你们想了解生命的奥秘吗？想做清净的出家人吗？我告诉你们，清净的出家人要具备四个条件。哪四件？就是：要有祖师的口鼻，要有金刚的眼睛，要有狮子的爪牙，要善用和尚的杀生拐杖，你们了解吗？”

檀香缓缓上升，在他面前悠悠飘逸，他进一步解释道：“说祖师话，呼吸祖师气息，一出一人都作祖师化身，是‘祖师口鼻’；看世间事物要事事讲佛法，物物是佛物，一见一闻都用金刚眼目判断，是‘金刚眼睛’；对世情贪欲能断舍，对名利烦恼不执著，一动一静不受世间牵绊，是‘狮子爪牙’；能自救自度了，还要救世度人，弥杀弥慈，用和尚的杀生拐杖助人杀邪去恶。具备这四样，就可以壁立千仞，纵横变化，否则死守经论，必一事无成。在我黄龙门派里，修行到净境的人，不用祖师口鼻、金刚眼睛、狮子爪牙和杀生拐杖，只用一把拂尘开路，也能让群魔远遁，佛心现前。放下拂尘，也能安稳自在，随缘放旷。名利、色心，你我都有，能转迷成悟，舍得，放下，才是出家人呀!”

我们学佛，是向佛菩萨学习，他们是真正“凿井”者，三大阿僧祇劫地苦修，成就无上正等正觉。历代祖师大德即使在开悟后，仍然于林下水边长养圣胎，修行岂是朝朝暮暮之事呢！修行需要真正的“凿深井”的精神，要有“不见水源，誓不罢休”的气概，需要锲而不舍地追求，要置心一处，一门深入，几十年如一日。只有这样，才能成就无量智慧与福德，使生命获得不断的升华和圆满的解脱。

珍惜当下，莫待来日

佛典《大庄严经》记载：

从前，有兄弟二人同时出家修行，其兄精进修行，不久即证得阿罗汉果位，神通具足；弟弟出家后，由于日夜精研教理，终成为著名的法师，到处讲经说法，不遗余力。

有一天，其阿罗汉哥哥对其弟说："法师！你应该如法赶快修持，不可只顾忙着空谈佛法啊！"

法师弟弟回答说："尊者！我明天就开始修行。"

阿罗汉哥哥再次向他说："法师！难道你没有听见佛陀说，修行要像救火烧头发那么急切吗？"

阿罗汉哥哥多次向法师弟弟说了很多教诫的话，弟弟总是说："是！是！是！尊者说的确是真理。"但明天又过明天，他始终没有如法修持实证。

不久，法师弟弟忽然身患重病，恐命将终了，此时才后悔说："我信奉佛陀的教法，那真是大光明的法灯，而我却是一位最无明的人，连自己都不能自照了；以不能自照的缘故，以后恐将永远沉没于生死苦海中。"因此心怀大恐惧，恳求阿罗汉哥哥说："尊者！由于我的愚痴，不听从您的教诲，如今病重将要命绝，愿兄垂愍拔济，令我远离大苦。"法师说完后即命终。

阿罗汉哥哥以天眼观之，知道弟弟还转世生在人间，即常去探望。后来有一次，其乳母抱这小孩来到阿罗汉的住处，由于失手坠地，把小孩的头撞在石头上，这小孩大发嗔恚心后，即舍生命而堕于地狱中。此时，阿罗汉又以天眼观察，看见他生于地狱中，受大苦报，于是叹道："唉！真是悲哀，你的处境，连佛力都难搭救，何况是我呢？"

由上例可知，即使精研佛理，讲得头头是道，但如果不如法修持，不仅不能得见道迹，解脱生死，更会因理论坚强，我慢心生起，而堕诸恶趣。学佛要重在自身修行证悟，否则不能了脱生死！而修证，则必须抓住今日，抓住眼前光阴，日日精进不懈退、不推拖。

无论学佛修行，还是干世间事业，都应抓住眼前的光阴，精进在今日。人生，什么事，什么理想，都要靠今天完成，明天只是个候补，不能把一切事情拖延、寄希望于明天。

在《四十二章经》里，佛陀问弟子：人命在几间？

弟子甲说：数日间；

弟子乙说：早晚间；

弟子丙说：饭食间；

弟子丁说：呼吸间。

佛陀赞赏弟子丁，是真正了悟生命可贵、人生无常的人。

懈怠消极的人得过且过。今天没有修好，就会想明天好好发心，明天好好修、好好努力；明天又没有修好，那就后天再修嘛！到后天还是没有修好。这样一天一天下去，不知道哪一天才能真正去修行？

明日复明日，明天似乎很多，我们总是认为以后的日子用不完。人生一世，看起来很漫长，一年一年，漫漫生死长夜，似乎没有尽头。但是当你真正回想起来，几十年光阴一晃就过去了，不知道生命中剩下的时间还有多少。

实际上，一个人真正讲起来就是三天——昨天、今天、明天。今天是昨天的明天，明天是今天的明天，所以人就会产生这样的概念，认为所有的事情都是明天的事情，就不想好好用功了，把修行的事情一直往后推，都推到明天去，都推到以后去。

问题是你如果不去努力，明天是不可能有希望的。如果仅仅把希望寄托在明天，而不知道今天要怎么做，这样的希望等同幻想！

所以我们发心、努力、用功是从当下做起，从自己做起，这才是最重要的！我们要做的事情马上就要去做，否则就会“朝看水东流，暮看日西坠”，百年人生有几何，多少人就这么一生虚度了！

有些人也赞同佛法是难得的大智慧，但却认为学习佛法是老年人的精神慰藉，只有没有生活工作目标的人才需要这种安慰。现在修学佛法还不是时候，等到五六十岁的时候再学也不迟。当然说这些话的人到了五六十

岁的时候，又会说等七八十岁的时候再来学，就这样拖延耽误着，任由五欲牵制着，随波逐流，流浪生死。

特别是现代的人，生活忙碌，认为现在没有那个闲工夫去学佛，生活要紧，学佛又不能当饭吃，等“有钱有闲”了再说；也有的说，家里老的小的妻儿等一大堆，需要我来抚养教育，等把父母送终了，儿女培养成才就业了，再来学佛；或现在有家累，实在忙不过来……

80后、90后等年轻时尚一代，认为学佛要一天到晚的念经拜忏，不能吃肉，不能去跳舞看戏，不能喝酒，也不能玩牌，最好不要结婚，什么都不准，只许想生死大事，这样对年轻人来说太不对胃口了！这些都是放不下的嗜好，算了算了，心中有佛就好，还是不学佛，没有约束，比较轻松自在……

就这样，很多对佛法真理还没有听到一点就却步了，结果无法得知人生的真相，更无法体悟真正精神上的喜悦，也无从在日常生活中实践佛法。

大多数现代人的脑袋里，装满了饮食、男女、金钱、名利、权力、享乐、地位等等欲望，深怕学佛以后，就什么也玩不成了，这样不是太缺乏人生的乐趣了吗？所以一定要在年轻力壮的时候在五欲的快乐中打滚，等到年纪老了，头发白了，体力衰退了，没有能力玩乐的时候，才来开始学佛，以为这样才是最聪明的安排。殊不知，聪明反被聪明误！

禅宗曹洞宗的创始人洞山良价禅师告诫：

莫待老来方学道，孤坟多是少年人。

此身不向今生度，更向何生度此身。

身体强健时，不好好修行求菩提，等到白发增添、牙齿松动了，连佛号都念不清了，把“南无阿弥陀佛”都念成“哪有阿弥陀佛”了，还能精进修持吗？等到无常来临，才劳驾别人为我们持念“往生咒”，就太迟了！

劝君惜取寸光阴，劝君惜取少年时！

及早忏悔，改变命运

《地藏菩萨本愿经》中，地藏菩萨说：“我观是阎浮提众生，举心动念，无非是业，无非是罪，脱获善利，多退初心，若遇恶缘，念念增益。”讲的是：地球上的芸芸众生，起心动念，身、口、意三业行为，都是业，都是罪。倘若获得一些善利，因懈怠，也多半要退回初心。如遇恶缘，则念念又在增长罪业。

《地藏菩萨本愿经》中又说：“业力甚大，能敌须弥，能深巨海，能障圣道。”众生自己的业力，能够敌过须弥山，佛教认为宇宙最高的山是须弥山，而我们的罪业比须弥山还高；“能深巨海”，最深的是大海，而我们的罪业比大海还深。我们的罪业能够障碍住我们超凡入圣，脱离六道轮回，所以，像这样的众生，如果没有佛的救度，就永远只有在三界六道中轮转了。

“业”是佛教的专用词，是动作、行为的意思。凡由意志力所发动的，都是业。由身、口、意的活动，能引发出一种动力；而这种动力，将会感得某种果报，这种潜在的能力，就是“业”。

佛教分析众生举心动念所造的恶业，从人的身、口、意的三种动作上，列出十种恶法，叫做“十恶业”。

第一，身有三种恶业：杀生、偷盗、邪淫。

第二，口有四种恶业：妄言、绮语、两舌、恶口。

第三，意有三种恶业：即是心里对于外境，起贪、嗔、痴。

有生死就有轮回，在我们无法计算的轮回中，自己造作了无数的恶业。佛经里曾描述一个众生所累积的恶业的数量，说：“若此恶业有体相者，尽虚空界不能容受。”

龙树菩萨云：一切痛苦皆由恶因而来，一切安乐皆由善因而来。因为

这些数不清的身、口、意三恶业，阻止了纯净的菩提心从心底生起，我们要求得解脱的道路就会障碍重重。忏悔——是此时此刻最好的办法。

释迦牟尼佛传法的时期，有一个国王叫胜军王，他的原配摩利夫人为他生下一个女儿，又黑又丑，就像毫无女人相的铁汉。胜军王就给她取名：波暗罗（印度语中“金刚“之意）。

摩利夫人十分怜惜这个丑女。岁月蹉跎，转眼金刚公主长大成人，该谈婚论嫁了。胜军王觉得很为难：强行嫁到好的人家，女儿会受歧视。他暗暗密令一位心腹，令他去找一年轻人，条件是：这人的家庭原来是贵族，因家道中落，现在穷得无钱娶妻。他要将女儿嫁给这样的年轻人。

过了几天，心腹人找到一位年轻人，他是一个捉襟见肘、面黄肌瘦的寒士，从王宫后门引到假山石的偏僻处。胜军王身穿便服相见，直接与那年轻人讲明白。寒士听后很喜欢的跪下说：“敬奉王命，就算赐我一个愚蠢的婢女，我也感恩拜受。何况是大王的公主。我会小心对待她。”

胜军王于是下令造宫殿，里面装七重门户，为的是常年将公主关在里面不见人。

金刚公主成婚后，每当王宫有娱乐盛宴时，大家总是只见驸马一人来赴宴。众人窃窃私语：那个公主要么长得貌若天仙，怕别人染指；要么是个丑八怪，不愿见人。几个好事之徒在一次宴会上，有意将驸马用酒灌醉，偷取他身上的钥匙，推出五人做代表，到驸马府去察看个究竟。

此时金刚公主独自一人在那暗无天日的黑房间里，自怜身世，痛责自己：“我不知前世种下何种恶业，在家被父王禁阻，现在又被丈夫憎厌！”忽然她转念一想：我有幸生在如来出世的年代，听母后说过，佛法无边。一切受苦遭难的人，只要诚心忏悔自己的罪孽，叩求佛陀大发慈悲，佛陀便会除我的罪孽，脱我的束缚。

于是，金刚公主在黑房子里虔诚叩拜。此刻佛陀坐在精舍，未动一步，就已知晓金刚公主的祈求。佛陀以不可思议的神通力，让金刚公主见到自己的三十二种妙相和八十种随形好。公主在叩拜中见到佛全身金光辉耀，万分快乐，心中的郁闷也一扫而光。顷刻间，金刚公主全身的粗皮脱落，长的不好的地方都变得很美。一下子成为一个妙相庄严的天仙。她恭敬地听佛为她宣讲无上妙法，使她的心地清净，罪垢尽除。悟得须陀桓果罗汉。

正当其时，那五个人来了，听到有人来开门，佛隐去身形。

那五个人开门进来，见公主宛如天人，神光四射。他们不敢直视，即刻关门回转。驸马回家，看见一个容貌超群的夫人。就问："你是何人？"公主说："我是你的夫人。我因自己貌丑而忏悔，得到佛的光明，消除了我的罪业，改变了我的容貌。我现在要见父王。"

驸马立刻告诉胜军王：金刚公主要见你。胜军王紧锁眉头说："别让她出来丢人。"驸马说明缘由，讲公主因佛相救，变得美若天仙。胜军王一听大喜，派花车去接公主。一家人相见后，又一同去佛陀的住处。

胜军王早已是皈依了佛陀的弟子，他顶礼佛足，合掌祈问佛："我的女儿是什么因缘，生在王家，又受丑形之报？"

佛陀慈悲地说："一切世人的容貌美丑，都是夙生自己造下的业。善恶业报，如影随行。"接着，佛陀讲了一段过去的因缘：

在过去劫中，在波罗奈国，国中有一个大绅士，财富无量，夙有善根，崇敬三宝。此时，有一个自修成功的辟支佛，很善于变化，他变成一个粗俗丑陋的相貌，来到这个大绅士家化缘。大绅士欢喜接应，并发愿长期供养他，每天妙好素斋供奉食用。

有一次，大绅士有事外出，叫小女儿代送斋饭。此小女不经世事，不懂因果，以自己的一双俗眼、一颗俗心对辟支佛说："你这个面貌丑陋的出家人，天天来吃我家的饭。我讨厌你！"辟支佛毫不生气地接受了她送来的饭。过了一些日子，辟支佛度化了许多人，功德圆满。他在众人前隐身，又在大绅士家门口现身，作种种变化：时而飞天，时而入水，时而入火，时而变大，时而变小……作十八般变化后，这家已长大的小女悔过自责："我实不知，得罪圣贤。"

从此以后，那小女因讥笑辟支佛，造下口业，多生变得很丑。又因他家长久供养辟支佛，得殊胜功德，使她世世生在富贵人家。她虽然衣食无忧，但是因面貌丑陋，遭人嫌弃。这一世她一念忏悔，现得佛的加持，使她解脱了罪业，进入了佛门，证得初果罗汉。

佛教《三昧水忏》说："人之居世，谁能无过？学人失念尚起烦恼，罗汉结习动身口业，岂况凡夫而当无过？但智者先觉，促能改悔；愚者覆藏，遂使滋蔓。"人，是很容易犯错误的。有了过错，唯一能够补救的方法，就是忏悔，以后不再犯错。

《普贤菩萨行愿品》中，普贤菩萨的十大行愿，其第四就是"忏悔业

障”：“我于过去无始劫中，由贪嗔痴，发身口意，作诸恶业，无量无边。若此恶业有体相者，尽虚空界不能容受。我今悉以清净三业，遍于法界极微尘数，一切诸佛菩萨众前，诚心忏悔，后不复造，恒住净界，一切功德。”从前我所造成的恶业，周遍法界，现在我用清净的三业，在十方诸佛菩萨面前，诚心忏悔自已犯下的罪业，以后永远不再造恶业，永远安守在清净戒律的一切功德上。那么，无始以来所积累的罪业，都可以消除了。

佛教是从印度传入中国的，忏悔在印度的梵语，叫做“忏摩”。忏摩又是什么意思呢？《南海寄归传》说：“忏摩乃是西音，自当忍义——口云忏摩，意是请恕，愿勿嗔责。”就是说：忏摩乃是印度梵文的音译，它的意义就是“忍”；如果我们向人忏摩，意思就是请他人忍受和宽恕我做了对不起他的事情，希望他不要生气、不要责怪于我。所以，忏摩就是请求他人原谅自已的过错——也就是做错了事情之后的一种内心的后悔。因此，忏摩又翻译做“悔往”——后悔以往所做的事情。

从梵语的“忏摩”，演变到“忏悔”，则是在印度的梵文中，加入了中文。《金光明经文句记》卷三说：“忏悔二字，乃双举二音，梵语忏摩，华言悔过。”本来，梵文忏摩一语的意思，就是我们中文的后悔、悔过，大概是古代的祖师，希望忏摩的意义，更容易了解，于是，将“摩”字去掉，放入了中文的“悔”字，成了“忏悔”。如此，人家一看，马上就可以了解它的内容。因此，中文化的“忏悔”，就代替了纯印度梵语的“忏摩”。

佛陀说：“有罪当忏悔，忏悔则安乐。”忏悔是一种勇气，是良心的发现，是去恶向善的方法，是净化身心的力量。忏悔是法水，洗净罪业；忏悔是药草，治疗烦恼百病；忏悔是明灯，照破无明黑暗；忏悔是城墙，摄护身心六根；忏悔是衣服，庄严菩提道果；忏悔是桥梁，导引通往成佛之道；忏悔是船筏，运载众生到解脱涅槃的极乐彼岸！

佛教的忏悔方法大体有三种：

一、作法忏。僧团每半个月做一次布萨，这是僧伽自新的会议。在会上，把你这半月以来，做了哪些不应该做的事，一一说出来，作自我批评，求得大家的原谅，达到消除业力的效果。僧团的这种忏悔，有一套很严格的规定，根据你犯罪的大小、多少，来看你犯的是哪一种罪，你必须对着多少人的面忏悔，如有的要对十个人忏悔，有的要对二十个人，甚至更多的人面前去忏悔。这种忏悔叫“作法忏”。

二、取相忏。取相忏就是在佛菩萨像前，发露过去所造的恶业，然后自责于心，不计困劳的礼拜佛菩萨，以求见到瑞相（如佛来摩顶、见光、见华）。见瑞相之后，身心就会清净舒适，不再有懊恼、不再有罪恶感，于是，过去所造的恶业，便消除了。

三、无生忏。观罪业本空，罪业也是因缘所生，并没有一个实实在在的罪业；但是不要以为观罪业本空，我造罪业多少也无所谓，反正罪是空的，我可以继续造罪，因为果报是不空的。无生忏从观空着手，是一种很高的修忏悔的方法，不是一般人能够做到的。如果能体会罪业的实相本空，我也本空，罪也是空，造下的罪业也就消失了。但是一般人的思想境界达不到，所以还是从作法忏、取相忏下手。所谓“诚心忏悔，后不复造”，诚心忏悔自己从前所犯下的罪业，以后永远不再造恶业。

作法忏与取相忏可合称“事忏”，无生忏可称作“理忏”。中国历代祖师所编的忏悔法，都在事忏之后，再加入理忏，以求忏悔的圆融与究竟，故有“事忏除罪，理忏除疑”之说。换句话说，理、事犹如体、用，不可偏举。事忏之后，必须再加上道理的剖解；前者对治妄心的执著，后者对治妄心的疑惑。这样才能究竟忏除罪业。

《华严经》中说：一念遍满三千大千世界，一念遍满无穷劫。这么长久的时间，一念就可以完全得到改变。因此，忏悔的力量是非常大的，至少能使我们减少继续犯恶的因缘，同时增加我们善的因缘。

忏悔自己的罪业，越早越好。

佛陀曾讲过这样一个故事：有一个人，养了七个儿子，其中一个儿子有一天死去了，这个人把死孩放在家中，让自己和家人离开那所放尸体的屋子。邻人对他说：“您为什么不把死了的儿子拿出去埋葬，却让活的人离开屋子呢？这个行为太笨拙了。”这个人听了以后，想道：“话是不错的，人死了，应当拿出去埋葬；可是叫我怎样拿呢？哦，只有这样吧，再杀死一个，那就可以成担挑出去了。”结果，他真的就再杀死一个儿子，和那先死了的儿子凑成一担，挑到山上去埋葬了。

佛陀用这个故事告诫人们：有些修行人犯了一条戒律，造下罪业，不想改悔，还要企图掩盖事实，假作持戒清净。被人揭发了，告诉他：“修行人守戒，应该和保护珍贵的眼珠一般，怎么可以违犯而不忏悔呢？”他就索性多干些破戒的恶事，以便一同忏悔，这正像杀子成担，以便一同担出埋

一样的愚蠢！

当我们犯下身、口、意三方面的恶业时，不要企图掩盖，更不要破罐子破摔，而是要及早地忏悔，使自己的内心回归清净。否则，日积月累，到头来“担在肩上”、承受恶报的还是自己！

忏悔的效果有好有坏，比如你今天做了一件很对不起别人的事，随便说两句道歉的话，嘴巴在向别人道歉，心里并不自责、悔过、痛恨自己，这种忏悔的效果就很差，你的罪过也许就消除不了。相反，如果在忏悔时，用一颗十分虔诚的心，对这件事感到非常地后悔，埋怨自己当初不应该那样去做，心里感到难受，忏悔时甚至痛哭流涕。这样去忏悔，效果就好，你的罪业才能消除。真正的忏悔应该表现在身、口、意三业上，忏悔时的思想、语言、行为三者高度集中起来，浑身的每一个毛孔都有悔罪的表现，这才是清净的三业忏悔，这样的忏悔才能具有强大的力量。

当我们忏除了往昔所造的一切恶业和不善的行为，从今以后要立下坚誓：一定不再违犯！在努力忏悔时内心没有生起这种誓愿，可以说这不是真正的忏悔，就是再三的忏悔也无法清净。像大地上的野草，不连根拔除，在春风吹拂下还会再生。只有我们从心底厌弃恶业，惧怕恶报，发起猛烈的决心，于一切时远离恶因恶缘，才可以彻底的荡除污垢，慎言谨行，奉行善业，使身心得到彻底的净化，灵魂得到完满的升华，才能彻底改变命运。

末法不懈，末日不惧

最近两年人们谈论比较多的是一部美国电影《2012》，这部虚构的作品在现实中掀起了一些人对末日的恐惧，更引发了人们对于“地球末日”的担忧与探讨。人们不仅要问：佛教究竟如何看待世界末日？

在佛教中，宇宙存在的时间、地球存在的时间、生命存在的时间，都是以“劫”作为时间单位。世界的形成和毁灭，也同样以劫作为划分，即为成、住、坏、空。

佛教认为，世界形成于众生的业力。当然不是某个众生的业力，而是来到这个世界上的所有众生的共业所招感。众生的共业在宇宙中产生旋风：“觉明空昧，相待成摇，故有风轮执持世界。”再由旋风在空中转动而出现风起云涌的现象，云越聚越厚，开始下起大雨。佛经中将这种首先出现的旋风称为“风轮”，将由此而带来大雨称为“水轮”。风轮把空中的众多微尘旋刮在一起，然后又由水轮的力量使各种物质凝聚，经过一小劫的漫长时间，世界的雏形开始显现。世界形成之后，再经十九个小劫，逐渐出现三界六道众生，即为“成劫”。

世界形成之初，土壤松软肥沃，到处生长着茂密的森林和香甜的水果。其时，地球还没有人类居住，除植物外一无所有，水果成熟后也无人采食。后来，光音天的天人来此云游玩耍，发现此地物产丰富，就经常飞来采食，但是由于贪食过甚，身体变沉重，无法飞翔，无奈之下只好居留在地球之上。在这之后，经过一代又一代的繁殖，人口越来越多，世界渐渐进入一种稳定的发展状态，佛经中把这个时期叫做“住劫”。

佛教认为，住劫的时间共有 20 中劫，一中劫是 15998000 年，20 中劫就相当于 319960000 年，现在我们所处的时期正是住劫。住劫有两种情况：一是有诸佛住世，二是出现三种灾难（战争、饥馑和瘟疫）。据佛经记载：

在住劫的第九劫期间，有佛名释迦牟尼来到娑婆世界成佛度化众生，由此可知，我们现在正处于住劫的第九劫。

据有关佛典所述，释迦牟尼佛的教法，会经历三个阶段：正法时期、像法时期和末法时期。

正法时期——正法为释迦牟尼佛出世到涅槃之后一千年。特征是修道证果者很多，佛法坚固、纯正，众生善根福德深厚，功利思想较为淡薄，对一切善法易生出信解和信心。

像法时期——像即佛像，是以佛像、佛经等来表正法（相似于正法）。人们根基较为纯正，修道证果者相对较多，但佛法已经慢慢开始分化、流变了。时间也为一千年。

末法时期——教法从衰微到灭亡时期。佛法分化、流变渐渐会变得严重，社会风气不好，信外道、邪师传法的人多于信正法的人。随即佛像、佛寺庙、佛经等开始变质，甚至最后还会不复存在。时间为一万年。

末法时期的最后阶段，释迦牟尼的教法会灭尽，释迦牟尼佛曾对此有明确预言。

释迦牟尼佛即将涅槃之前，阿难见其光明不现，知必有事，故而一再追问，而佛方说出了现在读来非常沉重的《法灭尽经》。

在《法灭尽经》中，释迦牟尼佛描述了佛法将灭尽时，一些人虽穿出家人衣服，却贪嗔痴不除，更无慈悲之心，同时排挤圣贤，后犯淫乱、荡视戒规，不习经书、强作己解，饰作高雅，但求施主之财。此辈之人，死堕阿鼻地狱，即使出了地狱，仍是饿鬼、畜生辗转轮回，无量恶报受尽后，方得生在边远无佛法的国度为人。接着，释迦牟尼佛说了佛法将灭时，女性较男性重视佛法，同时出家人并无地位。

释迦牟尼佛还说：法将灭的时候，天上的人都哀戚于佛法将亡，同时水旱失调、五谷难收、疫疾传染，以致死亡无数。人民辛苦工作，而政府却严征苛税，最后人心思乱，恶人多如牛毛，而善人少如麟角。此时，时令已乱，人寿转短，女人比男人寿命长。大水突然而至，但人们却以为是自然灾象。水难时，众生无论贵贱，皆受其害，漂浮水中为鱼所食。

在这些世间乱象显现时，却有一股当初被排挤而隐居山林的清流出现，就好比暗室之烛光，极力为佛法做最后的宣扬。这最后的宣扬，就像烛火将灭时放大光明一样，也像狮子将亡时的奋力一搏。在此之后，首先是讲明心见性及诸魔相的《楞严经》与记载实修方法的《般舟三昧经》消失，接着所有的佛经逐渐完全灭去。佛法全消失后，出家人服装自然转为白色，直至五十六亿年后，至住劫第十一劫，弥勒佛将继释迦牟尼佛之后来此世间成佛度众生。其后，于第十五劫、第十九劫都会有佛陀出现在这个世界。

所以，可以说我们现在生存在末法时期。不过这个说法是相对的。因为时间、空间是需有参照物的一种相对概念，在我们的这个时空观察，释迦牟尼已涅槃两千多年了；而在另一些空间的生命看来，释迦牟尼才涅槃几个月，甚至几天。对于业障较轻的众生，对于乐于精进修学的众生，他永远都处在正法的当下。佛的涅槃是无所住处涅槃，“无所从来，亦无所去”，没有来处，亦无去处，我们只要修法清净和精进，随时随处都可能感得世尊在当下“现身说法”。

佛说末法一万年是指一种众生的共业所致，可共业中还有个业、别业，诸行无常，一切都事在人为。况且，按佛教义理，只要佛弟子认真如法地修行，好好利益众生以示现和维护正法，感得佛的经典《楞严经》（表正法住世）在世上存在着，也可以说这个时期还没有到真正的末法时期。对具体的修行人而言，对正法有信心，能坚持如法修行，他就处于正法时期。否则，即便我们生在佛住世的正法时代，心中若不信正法，更不肯如法修行，对于个人而言恐怕早已是末法时期了。因此，一个人的法正与末，与时间的关联性并不直接成因果，而在于他的心。

因此，按佛教的看法，2012 年充其量可能有一些末法时期的一些诸如瘟疫、水旱等灾难，而绝非什么“世界末日”，而出现瘟疫、水旱等灾难，也是很正常的，最近几年不是也经常出现吗？世界的末日，就是佛教所说的“坏劫”，那应该是千百万年后的事情了。

佛教认为，地球经过住劫之后，开始走向毁灭。世界的毁坏不是在一夕之间，而要经历 20 个中劫，即 319960000 年。世界的毁灭包括有情世间的毁坏和器世间的毁坏。有情世间的毁坏，是指世界上一切生灵的消亡，无论是人类还是动物，地球逐渐变得荒芜。待地球上的生命完全消失之后，它们所赖以生存的器世间也随着灾难的降临开始瓦解。器世间是在三种灾难的摧毁下渐渐毁灭的：首先出现的是火灾，将世界化为灰烬；接着出现的是水灾，将万物悉数淹没；最后出现的是风灾，将世界散成碎石乃至无边无际的粉尘，重又回到最初的状态而归于太空。这三种灾难即佛经中所说的“火烧初禅天，水淹二禅天，风吹三禅天”。

因此，希望大家不要因为看了虚构的《2012》而惶惶不可终日。趁现在佛法还住世，接受佛陀的遗教，不懈努力，精进修行，护持三宝，维持慧命于不堕，则可将佛法住世的时代，无限止地往后延伸，为人类带来光明和希望。

如果你的善根深厚，或者继续培养你的福德和智慧，纵然是处于末法时代，而又面临了世界将坏的开始，也不必恐惧万分，更不必绝望。小小地球只是宇宙中的一个太阳系的小星球，可以藉你的善根和福慧而转生他方世界，继续修行。如果你的愿力坚定，信心坚固，也可以往生他方佛国净土。所以，此一世界的坏灭，并不等于山穷水尽，走投无路。

八、淡定心：

八风不动，笃定从容

对佛教影响深远的马鸣菩萨的《大乘起信论》，主张通过施、戒、忍、进、止观五门发起大乘正信，其"忍门"说"亦当忍于利衰、毁誉、称讥、苦乐"。利、衰，毁、誉，称、讥，苦、乐，是使人心动摇的八种障碍物，能煽动人心，所以叫"八风"。合己意或不合己意，为利、衰（又作得、失：得之合己意，则利；失之不合己意，则衰）；暗中毁谤或赞誉，为毁、誉；当面称赞或讥嘲，为称、讥；身心的烦劳或快乐，为苦、乐。中国禅宗对"八风"的超越，是建立在般若空观基础上的"不二法门"式的超越。禅宗认为"八风"最能磨炼性情，"此是行人磨炼佛性处"，认为"定者对境无心，八风不能动""若得如是定者，虽是凡夫，即入佛位"。

得失无喜忧

有这样一个故事：一个圆环失去了一个部件，于是，它旋转着去寻找这个部件。因为缺少这个部件，它的滚动非常缓慢，这使得它有机会欣赏沿途的鲜花，可以与阳光对话，同蝴蝶吟唱，和地上的小虫聊天……而这是它在完整无缺、快速滚动时无法留意、无法享受到的乐趣。但当它得到那个部件后，因为滚得太快，它失去了所有的朋友，不能从容地欣赏鲜花，也没有机会聊天，一切都变得稍纵即逝……

以佛教般若观照，得与失是一个硬币的正反面，是一不是二。“有得必有失，有失必有得”。所以，面对得失，淡定从容，不必为得到的欣喜不已，也不必为失去的忧愁惋惜。

有人视名利为耻辱而不为。南宋抗元著名爱国将领文天祥，为了国家和民族的尊严，视元朝所封宰相一职如弃屣。在利益引诱时不动心，在威胁面前不退缩，在生死关头不投降，毅然从容就义。他失去了荣华富贵，失去了宝贵生命，但他“留取丹心照汗青”，正气彪炳史册，深受历代人民瞻仰，所以他得到的更多。

有人视名利如生命，为了获取个人名利，放弃了人生品行修养，把人民所赋予的权力当成个人牟取私利的资本，不择手段，无限扩大欲望，“搞五官刺激”（慧律法师语），对钱财、美色、名利、地位，贪得无厌，过着奢华糜烂的生活，最后落得身败名裂，遗臭万年。虽风流一时，失去的却是整个人生。

有的人年轻力壮，精力充沛，正好积极进取，但却满足于一时的成果，故步自封，不思进取，吃喝玩乐，贪图享乐，浪费光阴。虽然得到了短暂的欢乐，却失去了大好年华。“少壮不努力，老大徒伤悲。”到头来，一事无成，悔恨终生。

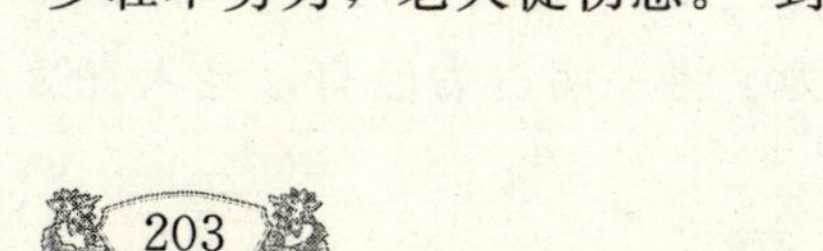

今日之失，可能会带来明日之得；自己之得，可能也会带来别人之失。正所谓“祸兮福之所倚，福兮祸之所伏”“安危相易，祸福相生”。

在得到名利财富时，要考虑灾祸可能发生；走在“康庄道”，常想“崎岖路”；“肚饱带饭，天晴带伞”，防患于未然。在灾祸发生时，不要怨天尤人，要看到光明的另一面，想想“阳光总在风雨后”，怀着平静豁达的心态正确去对待。

造化往往很公平，在你得到美貌的同时，你也许会失去与之成正比的智慧；在你得到快乐的同时，痛苦也许正在虎视眈眈地盯着你。

失去了春天的葱绿，却得到了丰硕的金秋；失去了青春岁月，却使我们走进成熟的人生……失去，本是一种痛苦，但也是一种幸福，因为失去的同时也在获得。

有时候，失去的同时也得到了，而且得到的远远比失去的要多。英国的伟大诗人弥尔顿，最杰出的诗作是在双目失明后完成的；德国的伟大音乐家贝多芬，最杰出的乐章是在他的听力丧失以后创作的；世界级小提琴家帕格尼尼是个用苦难的琴弦把乐曲演奏到极致的奇人。他们被称为世界文艺史上“三大怪杰”，居然一个是瞎子，一个是聋子，一个是哑巴！他们之所以有那样的成就，正是因为他们有一颗平常心，不计较利害得失。

科学家贝佛里奇说过：“人们最出色的工作往往是处于逆境下做出的。思想上的压力，甚至肉体上的痛苦，都可能成为精神上的兴奋剂。”其实，失去并不可怕，可怕的是不能够正视现实。不要感叹命运多舛不公。命运向来都是公正的，在这方面失去了，就会在那方面得到补偿。当你感到遗憾失去的同时，可能有另一种意想不到的收获。

人在得意中常会遭遇到小的失败，后者与前者比起来，可能微不足道，但是人们往往会怨叹那小小的失，而不去想想既有的得。

一位千万富翁，很可能因为失去了两百万元的账而郁郁寡欢；一位经理可能因为遭受总经理的白眼而萌生去意。他们计较眼前的小不如意，却不想想自己已经是非常得意的人。正因如此，许多得意者反而不如一般人活得快乐；甚至千万富翁自杀了，经理辞职了，到头来这些得意的人由于自己的看不开，终于成了真正的失意者。

人生短暂，得失无常。婴儿一出世就握紧双拳，掰也掰不开，似乎来到人间就是为了将一切占为己有；老人在冥冥之中总盼带走一点点，最终的现实仍是“撒手”，于是“撒手尘寰”就成为一种真理。亚力山大建立了强大的帝国，版图横跨欧亚大陆，临终的时候嘱咐旁人：死后将他的双手放在棺材的外面，让人们看看他两手空空，什么也带不去。

彻悟佛家“一切皆空”的真谛，辩证地看待得与失，超越得与失，淡泊名利、地位，不起贪嗔，不怀忧虑。不该得到的不要强求；该得到的没有得到时，要心胸广大，豁达开朗，处变不惊，多想想还有很多比自己更不幸的人。得之不喜，失之不忧，因为世间一切本来就是去住无常；得与失，到头来根本就是一无所得，也一无所失！

毁誉不动心

"毁誉"是八风中具有代表性的一对，即暗中毁谤或赞誉。说的再通俗一点，背地里说人的坏话叫"毁"，暗地里说人的好话叫"誉"。《维摩经·佛国品》："毁誉不动如须弥，于善不善等以慈。"

好誉而恶毁，乃人之常情。人都是喜欢听别人说自己的好话，而不愿听自己的坏话。听到别人说自己的坏话会怒火中烧，听到赞誉自己之辞很舒服受用。但在佛家看来，这就是有人我相，有分别心，难免烦恼缠身。

《金刚经》上说："无人相，无我相，无众生相，无寿者相。"教人要有一种无我的态度，意识中没有你，没有我，没有众生，没有想长寿这个分别念头，这样就没有烦恼生成。

人的真正境界要自己修出来，一个修行人要想成就的话，应该时常保持沉着、冷静，不要为一点小事或一句话，就忍不住了。

月船禅师是一位善于绘画的高手，可是他每次作画前，必坚持购买者先行付款，否则决不动笔，对于这种作风，社会人士经常有微词。

有一天，一位女士请月船禅师帮她作一幅画，月船禅师问："你能付多少酬劳?"

"你要多少就付多少!"那女子回答道，"但我要你到我家去当众挥毫。"

月船禅师允诺跟着前去。

原来那女子家中正在宴客，月船禅师用心为她作画，画成之后，拿了酬劳正想离开。那女士就对宴桌上的客人说道："这位画家只知要钱，他的画虽画得很好，但心地肮脏；金钱污染了它的善美。出于这种污秽心灵的作品是不宜挂在客厅的，它只能装饰我的一条裙子。"说着便将自己穿的一条裙子脱下，要月船禅师在它后面作画。

月船禅师问道："你出多少钱?"女士答道："哦，随便你要多少。"月船禅师开了一个特别昂贵的价格，然后依照那位女士要求画了一幅画，画毕立即离开。

很多人怀疑，为什么只要有钱就好？受到任何侮辱都无所谓的月船禅师，心里是何想法？

原来，在月船禅师居住的地方常发生灾荒，富人不肯出钱救助穷人，因此他建了一座仓库，储存稻谷以供赈济之需。又因他的师父生前发愿建寺一座，但不幸其志未成而身亡，月船禅师要完成其志愿。

当月船禅师完成其愿望后，立即抛弃画笔，退隐山林，从此不复再画。他只说了这样的话："画虎画皮难画骨，知人知面难知心。钱，是丑陋的。心，是清净的。"

有禅心的人，不计较人间毁誉，月船禅师以自己的艺术素养，求取净财救人救世，他的画不能以一般画来论，应该称为禅画了。因为他不是贪财，他是舍财，可是世间人有多少人能懂得这种禅心呢？

中国禅宗基于般若空观立场，倡导毁誉不二，《永嘉集》中说："心与空相应，则讥毁赞誉，何忧何喜？"《传灯录》中说："生死幽径彻，毁誉心不惊。"《五灯会元》中说："是非毁誉付之空，竖阔横长浑恰好。"

现代高僧广钦和尚早年在福建省出家，住在承天寺。他说自己没有福报，不敢接受供养，就去住山洞。一住就是十三年，中间有降伏老虎这些事，他真正有所证悟。

十三年后，广钦和尚回到寺庙里，他还是不住寮房，要求守大殿。大殿不能安床铺，只能天天晚上在大雄宝殿打坐。

过了一段时间，鉴院师和香灯师召集大家宣布说，昨天晚上大雄宝殿的功德箱被盗。这个功德箱是庙上的主要收入，从来没有发生过被盗的事。过去夜里没有人守，也没有发生这种事。所以，当时大家自然怀疑到广钦和尚，认为"你在殿里打坐，即使你没有偷，别人偷了，你也应该知道，也有责任嘛。"大家对他的看法就来了个一百八十度的转弯，认为这个人号称坐山洞十三年，降伏老虎，结果还干出这等事，就很鄙视他，认为太可耻了。全庙的人包括来的居士都对他另眼相看，对他窃窃私语，指指点点。

广钦和尚看到有很多人疏远他，却并没有申明一句"我没有偷，也没有看到别人偷"，好像这件事与他无关一样。甚至有人当面骂他、指责他。他也不回答，若无其事一样。

就这样过了一个星期，鉴院师又来向大家宣布："没有功德箱被盗这回事，我之所以这么说，是为了考验一下广钦师住山洞十三年，到底有没有功夫。现在证明他真有功夫!"

别人讲我们不好，不用生气、难过；说我们好也不用高兴，这不坏中有好，好中有坏，就看你会不会用。

古人云："是非审之于己，毁誉听之于人。"世界上的是是非非，全凭自己去慎思辨别，然后根据自己的分析思维决定自己走的路。听到别人说我坏话要能够不生气，尽管坏话说得很厉害，也不过是像拿火去烧空中，虚空中无物可烧，而火却是终归要熄灭的。正如《证道歌》中说："从他谤，任他非，把火烧天徒自疲。我闻恰似饮甘露，销融顿入不思议。"人的烦恼，都是从心上造出来的；如果我们面对毁誉的心不动，那么烦恼从何处生出来呢?

称讥能自持

当面称扬、赞颂，叫“称”；当面讥谤、嘲弄，叫“讥”。称与讥，是佛教所说的“八风”中的一对。

据佛教《梵网经》中记载：

有一次，佛和大比丘五百人，行走在王舍城至那烂陀的大道上。有个名叫须卑的修行者和他的弟子梵施也行走在这条道上。路上，须卑以种种言语，讥谤佛法僧三宝；而梵施又以种种事例，称扬佛法僧三宝。

师徒俩人争论不休，跟在佛陀一行的后面。到了阿婆罗提迦园，佛陀一行停下住宿。须卑和他的弟子梵施也同住在那里，俩人继续争论。次日清晨，比丘们集坐在讲堂里，议论这件事。

佛知道这件事后，对众人说：他人讥谤我、讥谤法、讥谤僧者，你们不得痛心，不得忧恨，不得怀忿怒；反之，他人称扬我、称扬法、称扬僧者，你们不得欢喜，不得欣悦，不得怀愉快。

佛陀耐心地解释说：无论是对其他人讥谤佛法僧的言论表示痛心，还是对称扬佛法僧的言论表示欢喜，都会造成思想上的障碍（“当成障碍”），不利于修行。但对讥谤或称扬的话，又“不可不辨别”“不可不审定”，要知道前者“非属事实”，而后者“斯属事实”。

可见，在称与讥面前，保持一颗淡定心、如如不动心，才能自持，才能精进修行和完成道业。

据《妙法莲华经》记载：

在无量阿僧祇劫以前，有一位佛叫威音王如来，其寿命和正法住世时间非常久远。

在威音王如来的像法时期，傲慢的比丘势力很大。这时，有一位菩萨

比丘，谦虚恭敬，每逢见到出家、在家修行人，不管其行为如何，都恭敬礼拜，并向他们说："我非常尊敬你们，不敢有所轻视，为什么呢？因为你们都行菩萨道，未来都要成佛。"

这位比丘不但读诵经典，而且身体力行礼拜恭敬，甚至远远地看到四众，都要走过去施礼赞叹。

四众中有心不洁净、嗔恨心重的人，不但对此不屑一顾，而且破口大骂说："你这个无智比丘来自何方？口中自言'我不敢轻视你们'，还来给我们授记，说我们未来成佛。我们用不着你这种虚妄的授记！"

即便如此被讥讽辱骂，这位比丘也不生嗔恚，多年继续如此修行，有时众人用木棒打他，用瓦石投他，他在躲避时仍然高声说："我不敢轻视你们，你们未来都要成佛！"

因为他经常这么说，所以傲慢的出家、在家众都叫他"常不轻"。

常不轻比丘临命终时，在虚空中听到威音王如来演说《妙法莲华经》，由此眼、耳、鼻、舌、身、意六根皆得清净。后广为四众讲经说法，以前打骂他的人无不信服，都前来顺从听法受教。

由于他遇到无数佛，受持读诵《妙法莲华经》，并广为四众解说，所以最后成佛。

面对他人的讥讽辱骂常不轻菩萨不为所动，没有丝毫的愤恨和怨言，坚信每一位众生都有佛性，都可以成佛，自已也功德圆满，最终成佛。这位常不轻菩萨不是别人，就是本师释迦牟尼佛的前身。

称与讥，在日常生活中表现为表扬与批评。

每个人自小都要接受教育，表扬奖励是教育和帮助人成长的一种方法，通过对人的精神和物质鼓励而激发人的成功志愿与上进希求心。批评也是重要的教育方式，帮助人改过、避开错误。

怕受批评，不爱听批评，这是人之常性。常人发觉犯错或遇到批评，第一反映是认识到自已错了，惹麻烦了，立即发生恐慌，心跳脸红等，这是人的基本生理、心理活动。在这个基础上，大多数人会不由自主地保护自我形象，会辩解，会强力维护自我的荣誉。但是，一个善于虚心听取别人批评的人，对于人格的完善和事业的成功是大有裨益的。

听到赞美，心花怒放，这是人之常情。很多人爱听恭维话，PMP（项目管理）在中国就是“拍马屁”，PMPMP 就是“拼命拍马屁”，这对 99%的人有效。

大多数人都努力实现常人不能达到的目标，以求获得自我的满足或者他人的称扬和赞美。然而，在鲜花与掌声、称扬与恭维面前，心态不淡定、不能自持的人，很容易产生傲慢。

傲慢，在佛经中叫做“贡高我慢”。这是人最常见的心理活动特性之一，也是佛家说的五毒（贪、嗔、痴、慢、疑）之一。佛家把烦恼粗分成五毒和恶见；“五毒”叫做“思惑”，五种“恶见”（身见、边见、见取见、戒禁取见、邪见等）叫做“见惑”；断了见惑和思惑就是“无漏”解脱者。

老禅师带着小徒弟出门行脚。在山路上，小徒弟看师父轻松地走在前面，自己却背着包袱跟在后面，心里就想：“因为师父是有修行的人，才能如此轻松自在，所以我也要立志修行菩萨道，将来也要化度众生。”

小徒弟立下了弘大的誓愿，他刚一动这念头，前面的师父马上转头说：“来！包袱让我背，请你走前面。”

小徒弟感到莫名其妙，师父怎么突然对我这么尊重，待我这么好？

老禅师轻声细语、恭敬赞叹道：“因为你发大心要行菩萨道，拯救天下众生，所以我应该尊重你，让你走前面，东西我来背。”

小徒弟恭敬不如从命。走着，走着，心里又开始想：“这样多得意，多自在！自己只是发了一愿心，师父就这么恭敬我。将来我如果再进步，就可以当大和尚，那肯定会受到更多人的尊敬和顶礼。”

当他生起不可一世的自大念头时，老禅师立即叫他停下来，态度很不好地对他说：“把包袱背好，跟在后面走！”

小徒弟觉得师父真是奇怪，刚才是那样，现在又变成这样。师父似乎猜透了他的心思，说：“刚才你很谦卑又发大心，愿意精进修行以拯救众生，这个愿心很高贵，所以我尊重你赞叹你。但是，现在你还没成就，就想要博取别人的恭敬，实在太傲慢、太自大了！这是不正的贡高我慢的念头，会障碍你的修行。”

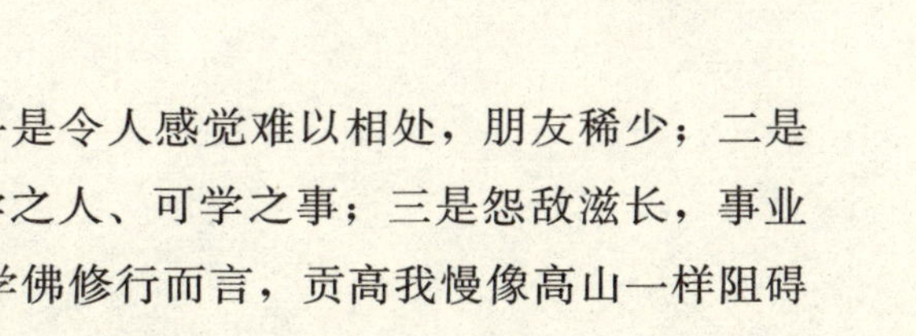

傲慢给人生带来许多危害：一是令人感觉难以相处，朋友稀少；二是造成学习和成长障碍，不见有可学之人、可学之事；三是怨敌滋长，事业困顿。佛经里说“我慢高山”，对学佛修行而言，贡高我慢像高山一样阻碍

修行。

所以，当别人赞美恭维你的时候，多想想自己的缺点和不足，要清醒自己仅是人类和众生海洋中的一滴水，人外有人，天外有天，就像印光大师所说："要视一切众生都是菩萨，唯独自己是凡夫"，这样，才不致在赞美声中迷失心灵。

苦乐一念间

释迦牟尼佛住世时，有一天，在祇园精舍中有四个比丘在一起讨论世间什么东西最苦：一个说淫欲最苦，一个说饥渴最苦，一个说怨怒最苦，一个说恐怖最苦。他们争执不下。佛陀知道了，就来到他们中间，四个比丘将所争问题向佛陀陈述了一遍，请佛陀评判。

佛陀说：“你们所争论的都不是苦的根本。天底下最苦的事情，莫过于不忘肉体之躯。饥渴、寒热、怨怒、色欲、灾祸全都来自于不忘肉体之躯。身体，乃是众苦之根，患祸之源。劳心极虑的，忧郁恐惧的，万物蠢蠢欲动、相互争抢甚至仇视为敌的，自我束缚的，都是由于这血肉之躯的缘故。所以要脱离世间的苦难，就应求得寂灭其身。修心养性，淡泊无求，得涅槃之境，才是最快乐的。”

接着，佛陀为他们讲了一个故事：“过去曾有一个修行者，进山修道，有四种鸟兽：鸽子、乌鸦、蛇、鹿，跟随在他的左右。他们白天出来乞讨，晚上回到住处。有一天晚上，鸟兽们互相讨论：世间什么最苦？鸽子说：色欲炽烈，使人不顾一世，会招来性命之忧，世间诸苦皆由此来；乌鸦说：饥渴之时，身体疲惫，头晕目眩，心神不宁，就可能投身罗网中失去性命；蛇说：一旦有所怨恨，便不顾别人和自己的关系是亲是疏，既可能去杀人，也可能会自杀；鹿说：常常害怕猎人和狼虎猛兽，稍有风吹草动，即惊慌逃窜，所以惊怖最苦。修行者感叹说：‘天下最苦是不忘身啊！’”

又有一天，有四个刚刚皈依佛陀的比丘，来到柰树下嬉戏游玩。此时柰花繁茂，清香宜人，他们一时兴起，就讨论“世间什么是最快乐的事”这个问题。一个比丘说：“仲春之时，草木荣华，在原野上游玩，赏心悦目，这是最快乐的事情”；一个比丘说：“亲友聚会，无拘无束地饮酒作乐，欣赏音乐歌舞，这是最快乐的事”；一个比丘说：“积累很多财富，想做什

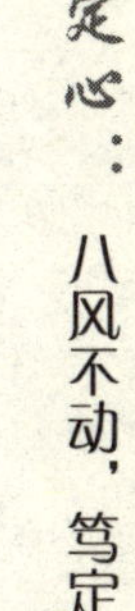

么就能做成，出入着华装盛服，与众不同，光耀不凡，行人全都注目，这是最快乐的事”；一个比丘说：“妻妾容貌美丽，服饰漂亮，薰香馥郁，纵情行乐，这是最快乐的事情”。佛陀听说后，就来到他们中间，告诉他们说：“你们所说的这些，都是能引起人们忧畏危亡的事情，不是长久平安快乐之道。世间万物春天繁荣，秋天、冬天衰落；亲友们相聚快活，但也一定会有别离的时候；财富、珠宝、车马，是居家过活的本分；妻妾美色，是爱憎的根源。爱憎使人生忧，贪欲使人生畏；如果没有爱憎贪欲，人就无忧无畏。世间凡人行事，凭兴致而举动，招惹忧患，有时会危及自身祸灭九族，所以有无尽的忧畏，要遭受无数的痛苦，都是因为这个缘故而引起的。”这四个比丘听了佛陀的一番话，茅塞顿开，断绝了各种欲念，潜心悔过，一心求道，志在无为，不再贪图荣华名利，终成阿罗汉果。

以佛眼观之，世间所有的事物都是有缺陷、有副作用，而且是生灭无常的。所以感官的快乐享受也都是暂时而且要付出代价的。比方说：买了高级的轿车和别墅，必须付出很多钱，保养费和心理压力也会相对提高。而且，越是名贵的物品，越会在遭到偷窃、遗失或毁坏时，感觉非常痛苦。有人觉得吃山珍海味很快乐，但是每天吃同样的东西，日子久了，就会产生厌烦，甚至感到痛苦。只有在心灵上才能找到常久的快乐。所以，《华严经·净行品》说：“禅悦为食，法喜充满！”

其实，苦与乐只在心头一念之间。

同一外境事物，随人的心理状态的不同，而有痛苦或快乐的感受。在同样的物质和环境下，有人感到快乐无比，也有人觉得痛苦万分。例如《论语》中，孔子称赞颜回说：“颜回居住在陋巷，只吃一小箪饭菜，喝一小瓢水，别人都受不了这样贫苦的生活，颜回内心的快乐却丝毫没有改变。他实在有贤德啊！”这就是“心安茅屋稳，性定菜根香”的明证！

因精神修养和心理状态不同，有人在最差的物质条件下，也能感到快乐；有人纵使在最好的物质环境中，也是心不知足，痛苦难受。

事实上，只有当我们心念清净时，才能感受绝对的快乐。如果我们心不清净，只能感受到相对的苦乐。由于众生的心念不断地在变动，所以所感受到的苦和乐也飘浮不定。

许多人都认为升官发财很快乐。但是如果仔细思考，便会懂得不一定如此。因为升官发财的快乐也是短暂而且有副作用的。有些人因为升官发财产生傲慢，眷恋官位、权势和财产，甚至到临命终时还放心不下，而死不瞑目。有的人因为升官发财而遭到小人的嫉妒、排斥和觊觎。这样的升官发财，少有快乐可言。有的人因为升官而鱼肉百姓，有的人因为发财而为富不仁，结果造下无边恶业，到头来苦果自食。只要心不满足，认为自己所升的官位总是不够高，或者所赚的钱财经常不够用，甚至怨天尤人或者嫉妒别人，他便会感到痛苦万分。

一位富翁听了价值两百多万元的音响而闷闷不乐，因为最近又有更高级的名牌机种问世，他认为自己那套音响已经落伍了。他为自己不能拥有世界上最好的音响器材而感到自卑与无奈，平添了痛苦和烦恼。

殊不知：欣赏音乐的快乐，主要来自心境。如果烦恼一大堆，心里没办法宁静下来，以欢喜心去聆听音乐，是无法得到快乐和喜悦的。心境不佳，纵使拥有世界上最贵的音响、聆听最好的交响乐团演奏的乐曲，也只是徒有形式而已。况且，物质的进步和欲望的追求是永无止境的。如果我们把生活的重点放在物质上，那我们便不可能有满足的一天。当我们成为物质和欲望的奴隶，又哪有幸福和欢乐可言呢？

反过来说，有的穷人家意外得到一台又破又烂的手提式收音机或随身听，边听边唱，高兴得合不拢嘴，脸上露出满足和悠然自得的表情。你觉得他是否比前面那位富翁快乐呢？

所以，苦与乐主要来自心念，而非外境和物质。

人生都是以幸福快乐为生活目标，但有一点可以肯定的是：真正快乐的人，绝对不是他拥有得多，而是他心中计较得少！

少计较的人经常会吃亏，因为好处都给别人占去了。这个世界，可以说每个人都在为自己的利益而拼命，抢都不一定抢得到，又怎会平白让给别人呢？然而，争夺追求却又求不得，不正是人生苦恼的来源吗？所以，一个不会和他人争、和他人计较的人，的确是占不到便宜，甚至常常要吃亏，可是他的内心却是轻松自在、快乐如常的！那些通过处心积虑地争夺抢占而拥有万贯家财者不一定享受得到真正的快乐。

人生多苦，可是如果我们懂得珍惜活着的每一分、每一秒，明白人生的目的与价值是为了服务人群、利益众生，那么活着的时候，不就是我们行善奉献的最好时光了吗？一口气还在的时候，能够及早修行，以短暂之人生，求得永世之解脱，这不也是人生之乐吗？一念之间就足以转化“人

生之苦”为“人生之乐”。

很多人面临衰老，很是痛苦。但是，年老者累积了实实在在的生活经验与智慧，都是年轻人请益求教的最好的生活导师，又何以自暴自弃自己老而无用呢？而且一到了老年，事业工作都已到了一个段落，正是落个清闲自在、安享晚年的时候，又怎能哀叹孤独无依无靠呢？享清福与孤苦无依也只是一念之间！

每个人都有遗失东西的经验，尤其当我们遗失贵重或心爱的物品时，更是忧苦煎熬。但是只要我们能一转心念，便可化痛苦为快乐。例如，把遗失东西当做布施想或还债想，心里自然感到开朗和欣慰。如果观想自己把遗失的物品施舍给别人，而且想像他使用得非常愉快，不但可以扩展我们的仁爱心，而且能增进福德。又如，能把遗失东西当做还债想，便没有理由忧愁，因为前世欠别人债务，所以今生必须偿还，越早偿还越好，免得将来又增加一笔可观的利息负担。

无论遇到任何逆境和不幸，只要我们善于转变心念，放大心量，常存慈悲、感恩和欢喜，便可以苦中觅乐，化苦为乐。

九、空灵心：

空有不碍，心佛无二

“般若波罗蜜”（即“智度”）是“六波罗蜜”之一，是大乘佛法的核心思想。般若是梵文音译，意译就是“智慧”。佛陀在《遗教经》中说：“实智慧者，则是度老病死海坚牢船也，亦是无明黑暗大明灯也，一切病者之良药也，伐烦恼树之利斧也。”但是，般若不是平常意义上的聪明机智，而是“空慧”。这种“空慧”，《般若波罗蜜多心经》中描述为“不生不灭，不垢不净，不增不减”；体现在日用中，就是《金刚般若波罗蜜经》所说的“应无所住而生其心”。般若空慧，众生自心本来具足，只是被无明和愚痴所覆蔽。所以，修行的过程，就是一个剔除自心中无明和愚痴的过程，就是一个开发自心无穷智慧能量的过程，就是一个修炼“灵光独耀，迥脱根尘”的空灵心的过程。

因缘生法，毕竟皆空

印度大乘佛教中观学派的创始人龙树菩萨造的《中论》云：

因缘所生法，我说即是空。
亦为是假名，亦是中道义。
未曾有一法，不从因缘生。
是故一切法，无不是空义。

根据这首偈，即可了知，佛教所谓“性空”，就是由于它是建立在一切法互相依存的因果律基础之上的。佛教所说的一切法，是指宇宙中千差万别的事物所存在的现象。这宇宙的一切现象的生起既非本有的，又非常住的，也不是独存的，更非自成的，而是因缘所形成的，受因果律的支配。

所谓因缘，因是指主要条件，缘是指辅助条件。也就是说世界上无论任何事物的生起，必须具备应具的条件。要是生起的条件不具备，世界上就不会有任何东西生起。由于宇宙万法皆是有赖于因缘的和合而彼此相依相待才形成的，因此，佛教将这因缘所形成的万物谓之“缘起”。换句话说，亦即是事物的形成是靠内在基础的因和外在条件的缘相依而生起的。例如，一粒绿豆种子，一定要靠水土、肥料、日光、人工等助缘才会抽芽、开花、结果。如果将一粒绿豆始终放在粮仓里或石头上，再久，再久，不过是一粒绿豆而已。可见，事物的生起，缘的力用是何等的重要。

在《大涅槃经》中，释迦牟尼佛说：“善恶之报，如影随形。三世因果，循环不失。”即：行善与作恶的报应，如同身体和影子一样，不相舍离。过去世、现在世、未来世因果的循环报应，是不会消失的。

两千五百年前释迦牟尼经过自己高度的智慧分析与深入地实际体验，

揭示了世界上一切事物都是“因缘生法”的原理，所谓“诸法无我，诸行无常”，唯其无我、无常所以世界是不断变动的，而不是静止不变的，世界上的一切现象，都循着因果律而发展，因能生果，果能酬因，因果相生，理法历然。佛教要普度众生，由迷转悟，去苦得乐，而指出四摄六度、三十七道品等种种法门，便是建立在因果律基础之上的。

百丈怀海禅师，是马祖道一禅师的嗣人。“马祖创丛林，百丈立清规”，可见他对禅门的贡献。

一日，百丈禅师说法圆满，大众皆已退去，独有一老者逗留未去，禅师问道：“前面站立的是什么人?”

老者答道：“我某甲不是人，实系一只野狐，过去古佛时，曾在此百丈山修行，后因一位学僧问道，‘大修行人还落因果也无?’我某甲回答说：‘不落因果!’因此一答语，我五百世堕在狐身，今请禅师代一转语，以希能脱野狐之身!”

百丈禅师听后，慈悲地说道：“请问!”

老者合掌问道：“大修行人还落因果也无?”

百丈禅师答道：“不昧因果!”

老者于言下大悟，作礼告辞。第二天，百丈禅师领寺中大众到后山石岩之下洞内，以杖挑出一野狐死尸，禅师嘱依亡僧之礼火葬。

这是一则有名的公案，只为了回答学僧说一句“不落因果”，为什么堕入五百世狐身？百丈禅师为其转说一句“不昧因果”，为什么能脱去五百世狐身之苦？其间一字之差，实有天壤之别。问：“大修行人还落因果也无?”答曰：“不落因果。”此即指有修行的人不受因果报应，这种随便胡乱的指点，错矣！差矣！因为任何人都逃不出因果报应之外。百丈禅师的“不昧因果”，实乃至理名言，因为任何修行悟道的人，都要“不昧因果”，也就是明了因果法则。

世界上的一切事物，佛典称之为“一切法”或“万法”，属于心理者名“心法”，属于物理者名“色法”。一切色、心诸法非自然生或偶然生，皆从因缘生，故名“因缘生法”。“因缘”是“因”，“所生法”就是“果”。一切莫非“缘生”，故一切法不离“因果”。

因果论的重点是“四缘说”：因缘、等无间缘、所缘缘、增上缘。《中论·观因缘品》：“一切所有缘，皆摄在四缘，以是四缘，万物得生。”

一、因缘：佛教通常将“因”和“缘”加以区别。从产生的结果来说，亲生是因，疏助是缘。这里所讲的因缘是说因即是缘，名为因缘。因缘就是起主要作用的因，是所谓“亲因”或“真因”，通常把引生结果之主要条件叫做“因”，次要条件叫做“缘”。因也是众生条件之一，故名“因缘”。如竹器以竹为主要条件，竹就是竹器的因缘。

二、等无间缘：又称次第缘。“等无间缘”只在“心法”即精神现象中存在。所谓“等”，便是“同等”或是“一样”；所谓“无间”，便是“毫无间断”的意思，人心前念为后念生起之原因，如无“前念”，必无“后念”。“前念”既灭，“后念”继生，二念体用同等，而且二念之间无有间断，有如呼吸相继，一呼一吸，生生不已，念念不停。佛教认为主观思维的开展，前前后后是相互关联着的，前行的思维大体规定了后起思维的种类，前后思维中间如无其他障碍，那么前者引导着后者就鱼贯而下，不致中断。如此前念心直接为后念心的生缘，称为“等无间缘”。又前念心导引后念心产生，所以又称“次第缘”。

三、所缘缘：又译为“缘缘”。“所缘”的“缘”字是“攀缘”的意思，如心里相信一件事，则心为“能缘”，事为“所缘”。又如欣赏荷花，则眼识为“能缘”，荷花为“所缘”，故“所缘”即是“心识”的“对境”，能引起“心识”的“能缘”的作用。“所缘境”即是“能缘心”的“所缘缘”，如无“所缘境”这个条件，则“心识”起不了能缘的作用。“所缘缘”又有亲、疏之分。“亲所缘缘”与“能缘心”相伴而起，不能相离，例如，“眼识”对“色境”，能见之能力（见分）与所见之影像（相分）二者不能相离，“相分”即为“见分”之“亲所缘缘”；而影像必有物体为其本质，此本质与“见分”相离即为“见分”之“疏所缘缘”。如无“疏所缘缘”即无“亲所缘缘”，如无“亲所缘缘”即不能生起能缘之心法。所以“所缘缘”也就专就“心法”而说。

四、增上缘：所谓“增上缘”者，指任何一种事物对于其他一切事物的影响和作用。分为两类：一种事物对于其他事物有助令生长的作用；另一种事物对于其他事物阻碍之不令生起之作用。此种事物便为其他事物的“增上缘”。于其他事物能助令生长者，如阳光、空气、雨水、肥料、人工、农具等对于农作物来说，都是“有力增上缘”。于其他事物，虽不直接助令生长而亦不障碍其生长者为“无力增上缘”。“有力及无力增上缘”皆属

“顺增上缘”。于其他事物障碍之不令生起或已生起而令之破灭者，如冰雹之于花草，枪炮之于人物，是为“逆增上缘”。“增上缘”范围最广，凡世界上任何一事物皆为其他一切事物的“增上缘”，正因如此，佛教便建立了“万法一体”“诸法无我”的宇宙观。

综上可知，我们通常所认识的宇宙万法既不是有一个超自然的力量创造的，也不是神仙变化出来的，不过是众多条件的结合罢了。因此，从佛教这缘起的理论看，其中不但具有鲜明的无神论观点，而且含有辩证唯物思想的成分。

宇宙万法正由于无不是依种种因缘关系结合而成，因此，论及其生灭时，不过是任因缘而生，凭因缘而灭，完全受“此有故彼有、此无故彼无”的因果法则所支配。一切法既凭缘生，就不能超出相待而有的范围，其本身也就没有独立的自体。

反之，一切法如有其独立的自体，那就不须从缘而生。但事实上，宇宙中，或现实中的一切法无不是从缘而有的。是故，如果有人想要从世界上寻求一切法之常住、独立的实体是永不可能的。也正因为一切诸法求其实体永不可能，所以世界上一切现象，或大或小，是心是色，皆是因缘所生法。故色从地、水、火、风四大假合而有；受、想、行、识是由妄想分别而生，根本没有自性，是幻化不实。

弥兰陀王非常尊敬那先比丘，那先比丘从证悟了诸法实相，出言吐语，充满了慧思灵巧。

有一天，弥兰陀王向那先比丘道：“眼睛是你吗？”

那先比丘笑笑，回答道：“不是！”

弥兰陀王再问：“耳朵是你吗？”

那先比丘再回答道：“不是！”

问：“鼻子是你吗？”答：“不是！”

问：“舌头是你吗？”答：“不是！”

问：“那么，真正的你就只有身体了吗？”答：“不，色身只是假合的存在。”

问：“那么‘意’，是真正的你吗？”答：“也不是！”

弥兰陀王经过这些问答，最后问道：“既然眼、耳、鼻、舌、身、意都不是你，那么你在哪里？”

那先比丘微微一笑，反问道："窗子是房子吗？"

弥兰陀王一愣，勉强回答："不是！"

问："门是房子吗？"答："不是！"

问："砖、瓦是房子吗？"答："不是！"

问："那么，床椅、梁柱才是房子吗？"答："也不是！"

那先比丘悠然一笑道："既然窗、门、砖、瓦、梁柱、床椅都不是房子，也不能代表这个房子，那么，房子在哪里？"

弥兰陀王恍然大悟！

弥兰陀王悟了什么？缘起性空！大地山河，宇宙万有，那是因缘和合的存在，没有因缘，就没有一切！世间上没有单独存在的东西，一切假因缘而生，一切是自性空。

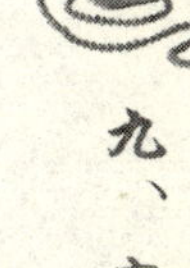

一切法既缘聚即生，而缘散即灭，从因缘而生而灭，则其未生时本空，既灭时亦空，就是未灭时也不过是空体上一时所有的幻相罢了。

由于诸法究其实体，终竟不可得，无一不空，所以一切诸法，毕竟皆空。所以《中论》又说："众因缘生法，我说即是空。"这就雄辩地说明，宇宙万法的真实相状其不过是空而已。而释迦牟尼佛之悟道，也就是悟到了这个"缘起性空"的真理。"性空"是以一切法互相依存的因果律为基础的，故此，离开了"缘起"的诸法谈"性空"，不过是一种戏论。

真空妙有，不二法门

须菩提，意译为“善现”或“空生”，乃佛陀十大弟子之一。原为舍卫国婆罗门之子，智慧过人，但天性恶劣，嗔恨炽盛，为诸亲友厌患不喜，遂舍家入山林。传说山神引导他诣佛所，佛陀为说嗔恚之过患，须菩提即悔责忏罪，随佛陀出家为比丘，后证须陀洹果，又证阿罗汉果。在佛陀的众多弟子中，须菩提最善解空理者，被誉为“解空第一”。在佛陀说法会中，常任佛陀之当机众，在般若类的佛典中，代表与会众向佛陀提问，请示佛陀的教示。佛陀在般若会上，发挥究竟的空理，对其能彻底理悟的，也首推须菩提。

据佛典记载：有一天，佛陀忽然不在僧团中，所有的人都到处寻找，都不知道佛陀的去处。阿那律用天眼观察，告诉大家佛陀在忉利天为母说法，大概要三个月的时间才能回来。

三个月很快就过去了，佛陀回到了人间，还未到僧团时，大家都争先恐后地去迎接佛陀。此刻须菩提正在灵鹫山崛中缝衣，当即放下衣服，准备赶去迎接世尊；但他转念又想道：“我现在去迎接佛陀，是为了什么呢？佛陀的法身不是眼、耳、鼻、舌、身、意上可见；我现在去迎接佛陀，只是把佛陀的法身当做地水火风的和合，这是没有认识诸法的空性。不认识诸法的空性，就见不到佛陀的法身。因为佛陀的法身，诸法的空性，是没有造作主，也没有所造作。一切法是空寂的，法性是无处不遍，佛陀的法身是无处不在的。我皈依奉行佛陀的教法，就不应该被事相所迷。”须菩提因有这样的认识，就没有去迎接佛陀，又回到座位坐下来缝衣服。

第一个迎着佛陀的是尼众僧团的莲花色比丘尼，因为她在尼众僧团中神通第一，她高兴地说：“佛陀！弟子莲花色首先前来迎接到您，我的法喜十分充满！”

佛陀微笑地回答说：“莲花色！我的回来，迎接我的不能算你是第一人，须菩提尊者观察诸法的空性，才是真正迎接见到我的第一人，因为真正见诸法空性的人才能第一个见到佛陀。”

这个佛典故说明是不可以色身相来见如来的。因为佛陀有三身：法身、报身、化身。法身才是真佛，报身、化身都是幻化而成的。须菩提尊者观察诸法的空性，见到了如来的法身，所以是真正迎接见到佛陀的第一人。

在佛陀的教法中，对宇宙人生真理的体会之重视，就是要破除对事相的执著。《金刚经》中说：“如来者，即诸法如义。”这是说如来以诸法真实相为身。《金刚经》中又说：“如来者，无所从来，亦无所去，故名如来。”如来的报身和化身有来有去，如佛陀的八相成道：降兜率、托胎、降生、出家、降魔、成道、说法、涅槃，都是化现。而在如来法身上，则无来去生灭。《金刚经》又说：“离一切诸相，即名诸佛”“若见诸相非相，即见如来”。都说明了要透过事相去认识如来，不可以住著于身相。

明白了如来色身非真身后，进一步认识法身不是离开色身，即不可以如来色身为如来；但也不可离开色身，另外去寻求如来。“如来者，即诸法如义”，就已经告诉我们了，如来法身是遍一切处的，只是我们是否具有认识的智慧。世间一切都是般若，一切都是法身，一切都是实相。我们凡夫之所以不能认识，是因为执相，是因为没有能够认识的智慧。我们如果不执相，不被世间的尘劳幻相所迷惑，远离虚妄分别，不起爱恶取舍，那么，我们就能与三世诸佛同在。

千百劫以来，修行人都在寻找真理，探求宇宙真相。佛家讲“见性成佛”。性又是什么？就是诸法空性。空性有许多代名词，如：真我、本来面目、道、真如、本性、实相般若、菩提、如来、如来藏、法身、涅槃等。纵然用上百个代名词来表达也不够准确，只能说接近它，相似它。

诸法空性无形无相、无声无息、无作无为、如如不动。万事万物中都有它的存在。但你看到或感知到的只是万事万物的表相。说它是空无，它连空无也无，故谓之“真空”。一个连空无也无的“东西”（它什么东西也不是，此处只是方便讲），当然没有分别，清净无念，无作无为，只是如如不动。

佛以及古大德们，为了度化众生，引导众生去体悟空性，因此，劝众生不要分别、不起心动念、无为、修定，等等，都是在让你靠近它。为此，

还让你破除障碍，万缘放下。但是，众生由于不明白宇宙及万事万物的真相，认为万事万物都是看得见，摸得着的实有，是可以得到，可以占为己有的东西。因此又怎能真正放下呢？

宇宙的本性虽是真空，但又能无中生有。宇宙间的万事万物，都是宇宙空性中变现出来的。性虽真空，但性又表现出无限的作用。它是通过变现出来的万事万物，来显现它无穷无限的作用。这个万事万物表现出来的作用即是“妙有”。空性在万事万物中，因此，万事万物的作用都是空性的作用，也只有通过作用才能显现出空性的存在。

真空的本性中能显现无限的事物，无限的事物又在永不停息地无限地变化，从而显现无限的作用。难道这还不够“妙”吗？仔细悟来，真是妙不可言。故谓之“真空妙有”。

万事万物虽能显现无穷无限的作用，但它是真空本性中变现出来的一种假相。看上去似是实有，但由于它都是从真空本性中变现出来的，俗话说“本性难移”，为何难移？因为“性”与“相”本来就是一不是二，是不可分割的。万事万物既然都包含着真空的本性，因此，万事万物也是真空，真空也是万物。这就是佛法所谓的“不二法门”。

正是由于万事万物都是真空的显相，真空的本性决定了万事万物实不可得的特性。人们只能用万事万物的各种作用，但实际却得不到它。这正是佛在《金刚经》里告诉我们的：“凡所有相，皆是虚妄”的真言。佛用最简洁的“凡所有相，皆是虚妄”八个字道破了万事万物的真相，又用“真空妙有”四个字道破了整个宇宙的真相，又用“不二法门”道破了本性真空与万物妙有之间的关系。

宇宙及万事万物是“相”，而空性是“体”。体和相是一不是二，即“不二”，相中有体，体既是空，故相也是虚空假相。体是不生不灭，不垢不净，不增不减。体是真空，相是妙有。万事万物从表相上看，它的变化过程似乎有生灭、垢净和增减，但由于本体的如如不动，不生不灭，决定了万事万物这个相也没有生灭。而人们肉眼看见的生灭，只是一个蛹动阶段和某一变化过程，如同水面的层层波浪，当波浪起伏时，水生了吗？当波浪平息时，水死了吗？它既没有生，也没有死，因为它本来就是不生不灭的，这就是真空和妙有的关系。

如果真正明白了宇宙及万事万物的真相，明白了万事万物的本性是空，实不可得，但它又有无穷的妙用。这种妙用仅仅是各种不同的作用，而非可得的实体。那么，我们再面对世间的一切事物时，就不会再去为了得到某些物质和利益而动念追求。心不动念，心静神安，无忧无虑，无求无欲无烦恼，这是何等的快乐！

但是，佛法并不是消极的，虽不动念追求，但又随缘起用万事万物的作用。如果执著空，不去起用它们的作用，则自堵其路，受到空的束缚和障碍，而难以生活和生存。如果执著有，则动念外求，心神不安，贪无止境的欲望会让人生出无穷无尽的烦恼，生活得又苦又累，如同一生泡在苦海里难以解脱。

如能把握好真空妙有的宇宙真相，在遇到任何事物时，该做什么就做什么，但不再分别和执著事物，不再追求利益和结果。心里很明白，我只是在用它的作用，而不想得到它。心里没有分别，没有取舍，没有欲望，没有得失，没有成败，那么，无论得失、成败，对你来说都是通达的，都是清静平等的。这就是一法不见，一无所求，而又达到一法不舍。这种生活境界是何等的大超脱、大自在、大快乐！

即心即佛，无心是道

《华严经·如来出现品》中说："佛子！如来智慧无处不至。何以故？无一众生而不具有如来智慧，但以妄想颠倒执著，而不证得。若离妄想，一切智、自然智、无碍智，则得前。"这是释迦如来最初成道后的教导，也就是禅的来源和禅的本质。经文告诉我们像如来那样的智慧人人本具，只因妄想执著而不证得。如来是通过修习禅定开悟的，那么我们只要穷心参究于禅定，也就会发生无漏的根本智而证得一切智智。禅是什么？就是我们的心；心是什么？就是禅的体。所以禅的起源，在于释尊的正觉，正觉即禅心禅体。用参究的方法，彻见心的本源，即可得其本旨。禅宗的本源，是佛的正觉，不在语言文字上，必须领会正觉的意义，以心为宗。

"禅"即梵语"禅那"的略语，汉译为"思维修"，亦名为"静虑"，是静止念虑散乱的意思，亦即"定慧"的通称。知道了禅的本源和意义，就会觉得禅门是有方便可入的。

禅宗达摩祖师自印度来中国倡导不涉名言、不历修证、直指人心、见性成佛的禅法，是为中国禅宗的初祖。他在《血脉论》里说："即心是佛，无心是道。"禅是心宗，必须体会心的正觉，才能悟得即心是佛，唯证乃知。众生的心，都是妄想，只有断除妄想彻底无心，才能通达即心是佛。大死一番而后大活，无心而后真心现前，心与法界，共同一体，无挂无碍，智境双忘，脱体无依，无依亦不存，方是大解脱之时。

马祖道一示众说："汝等诸人，各信自心是佛，此心即是佛心。达摩大师从南天竺国来至中华，传上乘一心之法，令汝等开悟。又引《楞伽经》文，以印众生心地。恐汝颠倒，不自信此心之法各各有之，故《楞伽经》云：佛语心为宗，无门为法门。又云：夫求法者，应无所求，心外无别佛，佛外无别心，不取善，不舍恶，净秽两边俱不依怙，达罪性空，念念不可得，无自性故，故三界唯心，森罗万象，一法之所印。”

马祖这段教导，对于即心是佛的意思，开示得非常明确。当时有大梅法常初参马祖，问：“如何是佛?”马祖答：“即心是佛。”常即领悟，遂到大梅山隐居。马祖令僧去问他：“得到什么好处，便在此住山?”他说：“马大师问我说即心是佛，我便向这里。”僧说：“大师近日佛法又别，说非心非佛。”常说：“任他非心非佛，我只管即心是佛。”其僧回来说给马祖听，马祖说：“梅子熟也!”印证法常坚持“即心是佛”是正确的，马祖赞许他对禅的认识和参究的工夫成熟了。

即心即佛是禅宗的根本观点，是诸大禅师一贯的主张。如僧法海参六祖慧能，问曰：“即心即佛，愿垂指谕。”祖曰：“前念不生即心，后念不灭即佛。成一切相即心，离一切相即禅。我若具说，穷劫不尽。听吾偈曰：即心名慧，即佛乃定。定慧等持，意中清净，悟此法门，由汝习性。用本无生，双修是正。”法海言下大悟。以偈赞曰：“即心元是佛，不悟而自屈，我知定慧因，双修离诸物。”说明领悟了即心是佛语，就能大彻大悟，直到不疑之地，解脱自在。特别是“成一切相即心，离一切相即佛”，值得参禅者深思体会，不要放过。

五祖弘忍曾经对六祖说：“不识本心，学法无益。若识本心，见自本性，名大丈夫、天人师、佛。”这些言教与《华严经》所说“心佛及众生，是三无差别”，完全一致。所以初祖传法给二祖慧可时说：“外息诸缘，内心无喘，心如墙壁，可以入道”，也是独指妙心为禅源体性。这个宗旨，立义于达摩，弘演于禅宗诸祖。因为参禅学道的人，停滞于经教语言，终不能契合妙心，立地成佛，所以达摩提倡不立文字，教外别传，独传妙心，悟此心当体是佛，虽万劫轮回而不动的天真佛性从无迁变。二祖悟得禅源的妙心后，忽然向初祖说道：“我已息诸缘”。初祖问曰：“莫不成断灭否?”二祖答曰：“不成断灭，了了常知，言之不可及。”初祖印证曰：“此是诸佛所传心体。”因为息却诸缘，则外境相空寂；内心无喘，则内寻合等绝；如墙壁则心行处灭；言不及则言语道断；了了常知而无妄念，则寂照同时，心境不二，迷悟不二，生佛不二。其恰到好处时，心亦不可得，妙亦不可得，不可得亦不可得。非心非不心，非妙非不妙，行住坐卧，莫非妙心体现。这就是“行亦禅，坐亦禅，语默动静体安然”的境界。

宝志公《大乘赞》说：“不解即心即佛，真似骑驴觅驴。”傅大士《心

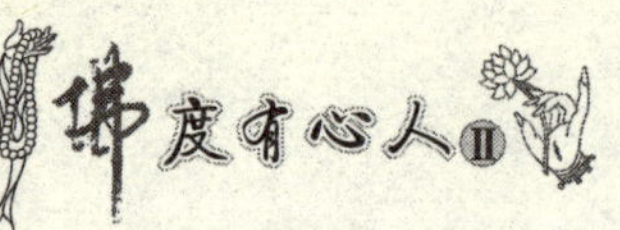

王铭》说："了本识心，识心见佛，是心是佛，是佛是心，念念佛心，佛心念佛。……自观自心，知佛在内，不向外寻，即心即佛，即佛即心。"

即心即佛既是参禅最好的入门方便，用什么方法去参究，才能真正证得即心即佛呢？古德说："即心即佛，唯证乃知。"不是嘴上说说就能真正了知的。成佛实际上是以根本无分别智亲证实相。实相就是无相之相。亲证无相，刹那间是智境冥合，能所双忘，虚空粉碎，大地平沉。这样的境界，绝不是有分别心能通能证的。因此，古德所谓"无心是道"的说法，是正确的方便法门。如黄檗答僧问时就说："即心是佛，无心是道。"达摩传心给二祖慧可时说："外息诸缘，内心无喘，心如墙壁，可以入道。"就是彻底的无心。

所谓无心者，非无真心，而是没有一切杂念妄想，只有孤明历历的心。六祖说："我此法门，从上以来，先立无念为宗，无相为体，无住为本。"

所谓"无念为宗"，无念就是无一切念，一切处无心，对一切境界不动不起，无念时即真念，一切处无心，六根即无染，自然得入诸佛知见，即称无念。入佛知见又从何建立？从无念立。如《维摩经》说："从无住本，立一切法。"

所谓"无相为体"，诸法实相，是一切法无相，在无相中不分别是佛是众生，若起分别，即见相取相，不见法界平等相。真如佛性，本来无相。

所谓"无住为本"，无住即实相异名，实相即性空异名。《维摩经》文殊师利问颠倒想孰为本？维摩大士答曰："无住为本"。

所以六祖说："无相者，于相而离相。无念者，于念而无念。无住者，人之本性。……念念之中，不思前境。若前念今念后念，念念相续不断，名为系缚。于诸法上，念念不住，即无缚也。此是以无住为本。"六祖最初教导惠明时，就是用无心是道的方便。他教惠明屏息诸缘，勿生一念："不思善、不思恶，正与么时，哪个是明上座本来面目？"惠明遂于言下得悟。说明无心是道，是令学人大彻大悟的最好方便。

六祖慧能自己，也是从体认无心是道而悟入的。五祖给他说《金刚经》至"应无所住而生其心"，他便言下契悟。众生的心，本无所住，因境来触，遂生其心。不知境性是空，执世法是实，便在境上生心住心，正犹猿猴捉月，病眼看花，自生颠倒。一切万法，皆从心生，若悟真性，即无所住。无所住，即是智慧，无诸恼烦，譬如太空，无有挂碍。有所住心即是妄念，六尘竞起，譬如浮云往来不定。《传心法要》说："你但离却有无诸法，心如日轮常在虚空，光明自然不照而照，不是省力的事，到此之时，无栖泊处，即是行诸佛行，便是应无所住而生其心。此是你清净法身，名为阿耨菩提。"从达摩"教外别传，不立文字，直指人心，见性成佛"，传佛心印以来，参禅入门之道，可以说都是用的"无心是道"的方便。

但是同安察祖《十玄谈》第九却说："莫谓无心便是道，无心犹隔一重关。"这实际上也是对学人解粘去缚，抽钉拔楔的手法。怕学人在用功上迷执死法而给予否定，使其百尺竿头更进一步。在参禅上讲，真正的宗师，绝不以实法与人，随时给学人拨转迷头，令其处处无碍，事事圆通。禅的真实相，是本来无物，说似一物即不中，"道个佛字，拖泥带水；道个禅字，满面惭愧。"从这点出发，一切言语，一切心行，都是多余的，岂能停滞在无心是道上面？当知以为"无心"还是一种执著。为了打破"无心是道"，使学人在参学上活泼泼地见性成佛去，所以说"无心犹隔一重关。"

明白了祖师否定无心是道的意趣，还是扶着这根拐棍去努力用功，猛参实究。黄檗说："不悟此心体，便于心上生心，向外求佛，著相修行，皆是恶法，非菩提道。"向外求佛，著相修行，那就永远求不到佛，修不了真正清净的行。真正的修行，就是要对境心不起，主要在忘心，如果不忘心，对境必著相，无相的一真法界，怎么会现前呢？所以欲忘境最好是忘心。但用功人往往不敢忘心，恐怕忘心落空，无捞摸处。不知空本无空，无念之时，正是孤明的心，保护孤明，就是修禅最好的一著子。这个方法要求学人对已经生起的心，不让它继续生活；对未生起的心，不让它生起。不续前，不引后，中间自孤。黄檗说："但自忘心，同于法界，佰得自在，此即是要节也。"一切善恶，都莫思量。过去事已过去，而莫思量，过去心自绝；未来事未至，莫愿莫求，未来心自绝；现在事念念不停，不要把捉。于一切事，但知无著。无著者，不起爱憎心，现在心自绝。于三世事不生心，则心忘境自空。

禅宗常用"牧牛"作比喻，以显示无心是道的方法。如马祖问慧藏禅师作什么？慧藏答："牧牛。"马祖问他怎样牧？回答说："一回入草去，便把鼻拽来。"马祖说："子真牧牛。"参禅要保持无心，必须时刻反省内心，照顾当前一念，如牧牛一般，不让它犯人苗稼，做到一回入草去，立即把鼻拉回。就是念起即觉，觉之即无。做到对境心不起，亦无散动，透过一

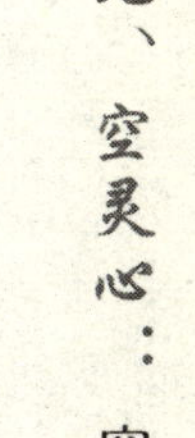

切色声，无有滞障，名为道人。如一团火相似，触物便烧。

无心者，即是内照反省，一念触境生心，就是生死；离境无生灭，就是解脱。一念无心，凡夫等佛，烦恼即菩提。六祖说："前念迷即凡，后念悟即佛；前念著境即烦恼，后念离境即菩提。"此是"最尊最上最第一，无住无往亦无来，三世诸佛从中出。当用大智慧打破五蕴烦恼尘劳。如此修行，定成佛道。悟此法者，即是无念无忆无著，不起狂妄，用自真如性，以智慧观照。于一切法，不取不舍，即是见性成佛。"

心有两种：一种是"真心"，以灵知寂照为心，不空无住为体，实相为相；另一种是"妄心"，以六尘缘影为心，无住为体，攀缘思虑为相。参禅用功，就要时时对治妄心，使真心得以显现。真心以实相为相，必须是无念无相之心才能冥合亲证。明乎此，"即心即佛""无心是道"是参禅最初的方便之门，还有什么可怀疑呢？

佛在《四十二章经》中言："出家沙门者，断欲去爱，识自心源，达佛深理，悟无为法，内无所得，外无所求，心不系道，亦不结业，无念无作，无修无证，不历诸位而自崇最，名之为道。"马鸣菩萨在《大乘起信论》中说："若离心念，则无一切境界之相。是故一切法，从本以来，离言说相，离名字相，离心缘相，毕竟平等，无有变异。"一达到这种绝对境界时，便处处无碍，事事通达，大用现前，一切光明。这便是不存规则的自在无碍境界。

应无所住，而生其心

在《金刚经》中，释迦牟尼佛说：

“诸菩萨摩诃萨应如是生清净心：不应住色生心，不应住声、香、味、触、法生心，应无所住而生其心。”

意思是说：发愿“上求佛道，下化众生”的大菩萨们应当这样生起清净心：不应当执迷于色而生心，不应当执迷于声、香、味、触、法而生心，应一无所住而生起清净心。

“应无所住而生其心”，这句话约是在《金刚经》经文的三分之一处。当年还是柴夫的禅宗六祖慧能到客店送柴，听客人诵经到此处，他就猛醒，直奔黄梅，见到五祖弘忍。五祖叫他作务，他说：“阿那自家日生智慧，不知更作何务?”后五祖专给他讲此经，又到此处，慧能当下大悟，他说：“何期自性本自清净，何期自性本不生灭，何期自性本自具足，何期自性本无动摇，何期自性能生万法!”五祖便付衣钵。五祖开始用《金刚经》教导大家，到了六祖以后，《金刚经》就成了家喻户晓的经典了。

“应无所住而生其心”是《金刚经》的“心中心”。明代高僧蕅益大师说：“金刚般若大旨，应无所住而生其心一语，足以蔽之。”也就是说，一句“应无所住而生其心”可以包括《金刚经》的全部玄义。蕅益大师又说：生心无住非二，“唯无住故生心”。《金刚经》中又云：“应生无所住心。”“应如是生清净心。”故知所生的心，即是清净无住的心。

“心无所住”，是一般人很难达到的高层次境界。

唐代有个三藏法师自诩有“他心通”的本领，他来到高僧慧忠禅师面前，想一展神通。

慧忠禅师谦和地问他：“早就听说你能够看透他人的心迹，确乎如此吗?”

三藏法师颇有些得意地答道："只是些小伎俩而已！"

慧忠禅师于是起心动念，想了一件事，问道："请看老僧现在身在何处？"

三藏法师运用神通查看，答道："高山仰止，小河流水。"

慧忠禅师微笑着点点头，将心念一转，问道："请看老僧现在身在何处？"

三藏法师又运用神通查看，答道："禅师怎么去和山中猴子玩耍去了？"

慧忠禅师面露嘉许之色："果然了得！"称赞之后，随即一切心念收起，反观内照，进入甚深禅定境界，无我相、无人相、无世界相、无动静相，心中一无所住。

三藏法师神通过处，只见青空无云，水潭无月，人间无踪，明镜无影。

三藏法师使尽了浑身解数，天上地下彻照，但对慧忠禅师的心迹了无所得，一时不知所措。

慧忠禅师缓缓出定，笑着对三藏法师说："阁下有通心之神力，能知道他人一切去处，好极！好极！可是却不能探察老僧的心迹，知道这是为何？"

三藏一脸茫然地摇摇头。

慧忠禅师笑着说："因为我彼时没有心迹；既然没有，你如何能够照察得到呢？"

人生为什么有很多痛苦，因为我们有太多的欲望，太多的执迷，心为物役，心为情役。痛苦是因为我们心中执迷的东西不能得到，或者得到了之后又恐失去。《金刚经》中说："若心有住，则为非住。"只要内心还有一点执著和贪恋，都会成为轮回堕落的原因。真正的清净心是无有一丝挂碍。《心经》中说："无挂碍，故无有恐怖，远离颠倒梦想。"内心清净，无牵无挂，才会无所得，也无所失，彻底解脱一切痛苦。

释迦牟尼佛在菩提树下初成道时说："奇哉奇哉，一切众生皆具如来智慧德相。"这就直指众生的本心与十方如来的妙明真心无二无别。既然是这样，那为什么众生又在昏昧颠倒之中呢？那就是世尊当时紧接着说的"唯以妄想执著不能证得"。只因众生执人（人我执）、执法（法我执）着一切相。妄念相续从无间断，所以虽有真心，但不能显现。也就是不能证得。所以，《金刚经》首劝人们离相无住，若能生无所住心，便离一切垢染缠缚，便是清净心，即是妙明真心。

无住而生心，功德殊胜，不可思议。生心与不住不二，故可终日生心终日无住，终日无住终日生心，此实深契不二的大乘菩萨境界，不是凡夫与阿罗汉缘觉等所能了知。

明太祖朱元璋建国后，赐给五台山碧山寺方丈金碧峰禅师一个紫金钵，很珍贵。金碧峰禅师也非常喜欢。

金碧峰禅师入定功夫非常了不起。有一天，阎罗王派小鬼来抓他，却到处找不到。

小鬼问监斋菩萨，金碧峰禅师哪里去了？菩萨告诉说在房间坐禅，但是小鬼就是找不到。

菩萨教小鬼一个办法，说禅师最爱那个紫金钵，你去敲敲它即可。

果然，金碧峰禅师听到敲金钵声，动了念头。这念头一动，无常鬼就看到了，铁链过去就将他给绑住了。

金碧峰急中生智，对小鬼说："麻烦你给阎王老子说，过七天后再来找我，我把事情安排好了跟你去。"

无常鬼听信其言，放了他。

待无常鬼走后，金碧峰禅师立即把紫金钵摔破，不再为心里有这一念爱好放不下而挂念了。

金碧峰禅师于是七天七夜大精进禅定。七天限期到了，无常鬼再来找金碧峰，却怎么也找不到他。只看到金碧峰禅师在墙上留的几句话：

若要抓我金碧峰，除非铁链锁虚空。
若能锁得虚空住，再来抓我金碧峰。

佛把众生分为六道：天道、人道、阿修罗道、地狱道、饿鬼道、畜生道。六道是因自我心中的善恶净垢而上下流转不停：心若为善，便是天堂；心若守规矩，就是人的境界；心若起了嗔恨，就是阿修罗；心若起杀、盗、淫的恶念，便容易堕入地狱；起了贪念，就是饿鬼的境界；心若乱节无伦常，将来就会落入畜生道。这六种境界都是由心所造，心也因此受外界所转动而无法解脱。所有的痛苦和堕落，皆由每个人内心有各自牵挂的"紫金钵"。

心为什么会被境界所转？简单地说，是因为不能生起真正的清净心，

有贪、嗔、痴三毒的垢染。心中若有贪念，境界一现就很容易被它迷惑。贪色的人就着迷于男女色欲，有些男人看到漂亮的女孩就忘了自己，极易被女色所迷；轻者引来家庭不和，重者会因而倾家荡产，更严重的会因色而引起奸杀事件。一个心念清净的人，怎么会被女色迷误而干出蠢事来呢?

再比如很多人贪财。其实财不转人，而是人心自转。如一堆白银，它本身虽是银光闪闪，但其物体自在，只是人心自贪迷。心如执迷于财物，则轻者会引发内心的烦恼，重者导致精神失常。比如现在玩彩票、玩股票的情形，常听说有人为了彩票而精神错乱，或为了股票的跌停而精神失常，有的甚至于跳楼自杀。如果他内心清净无所贪求，会导致这样的人生悲剧发生吗?

人们常说：“色不迷人，人自迷；财不害人，人自害。”一个内心清净的人，可以把财、色、名、利等看得很淡薄，永葆一颗“无所住”的清净心，把心力运用在利益他人上。

北宋永明延寿禅师所著的《心赋注》曰：“无住心体，灵知不昧。”又云：“心常寂是自性体，心常知是自性用。”《华严经》中说：“彼心恒不住，无量难思议。”当一个人真正拥有一颗一无所住的清净心，不执迷于任何事物，才能使心获得彻底的解放，使心释放出不可思议的能量。

离文字相，动念即乖

南岳怀让禅师去参拜慧能大师，慧能大师问他："你从哪里来？"

怀让禅师说："我从你师兄嵩山老安和尚那儿来。"

慧能大师问："是什么东西，为什么来？"

怀让禅师一时回答不出。

怀让禅师在慧能大师身边整整侍从了八年，忽然灵光乍现，悟道了，于是向慧能大师说："我晓得了一个东西。"

慧能大师说："是怎么样的呢？"

怀让禅师说："说似一物即不中。"

慧能大师说："那么这个东西还需要修证吗？"

怀让禅师说："如果一经修证，就不是它了，等于受到了污染，受到了污染就得不到了。"

慧能大师说："就是这个不受污染的东西，是所有佛的第一义谛，是诸佛关注和保护的地方。你是这样的，我也是这样的。"

这个公案中最关键的一句话就是"说似一物即不中"，就是说开悟以后，悟到的那个东西，是非常微妙的，任何语言的比喻和形容都无法确切地加以描述；一旦说它像某个东西，就偏离了道的本质。

南岳怀让用七个字道出了禅家开悟境界的一个重要特征——不可言说性，不可命名性，不可比拟性。

很多学佛的人，想通过参禅的方法冲破凡圣关，了脱生死累，转凡成圣，成为无挂无碍的见道人，证得自由自在的大解脱。但是对于参禅怎样用心、怎样体会、怎样实践、怎样参究、怎样受用，如此等等，想在佛经祖语里去找现成的答案是很难的。即使有所阐发，也大都是些否定的话。

佛法讲佛性、讲自性、讲真如、讲法性、讲空，那么，佛性、空，到

底是个什么东西呢?

禅宗各家历来接引学人的方便却不相同：有的说当体是，佛不要再参再学，自然解脱；有的说鼻直眉横，本来是佛，只要时刻保任便是；有的说万事无心，只问自己是谁，自然相应；有的说空心静坐，久之必悟；有的说放下一切，穿衣吃饭，脱体现成；有的说不染一物，自然成佛；有的说一念净心，便是参禅；有的说只管打坐，终为妙悟；有的说要得妙悟，必须破关；有的说参一句话头，必得开悟……如此等等，是则俱是，非则全非，弄得想参禅的人，不知所措，找不到门路。

所以，“佛性”“空”究竟是个什么“东西”，最终只能靠自己心悟。禅宗讲“以心传心”，即只可意会不可言传。这就是禅宗常说的“不可说，不可说，说即错”“言语断道，心行处灭”“开口便错，动念即乖”。

佛典记载：一天，在灵山会上，大梵天王以金色婆罗花献佛，并请佛说法。可是，释迦牟尼如来佛陀一言不发，只是用拈婆罗花遍示大众，从容不迫，意态安详。当时，会中所有的人和神都不能领会佛陀的意思，唯有佛的大弟子——摩诃迦叶尊者妙悟其意，破颜微笑。于是，释迦牟尼将花交给迦叶，嘱告他说：“吾有正法眼藏，涅槃妙心，实相无相，微妙法门，不立文字，教外别转之旨，以心印心之法传给你!”

所以，佛性、空，是不能用文字、言说、思维来表达的。这就是印度马鸣菩萨在《大乘起信论》中所说的：“离名字相，离言说相，离心缘相，毕竟平等，乃至唯是一心，故名真如。”离言说相，也就是不要执著言语文字；离名字相，名词术语是一个表达的工具，不能执著，这些东西作用，指示方向，但不可以执著；心缘相是什么？是落在意识里头。能够一切都不分别、不执著，才有机会悟入，才能够见性，才能够得到受用。这个受用就是自性包含一切法，用不可尽，无量的智慧、无量的德能是人人自性中本来具有的。

菩提达摩传法给慧可的经过，也是这样“不可说、不可说”的：

菩提达摩欲西返天竺，于是对弟子们说：“时将至矣，汝等为何不各言所得乎?”这时弟子道副回答说：“如我所见，不执文字，不离文字，而为道用。”菩提达摩说：“汝得吾皮。”比丘尼总持说：“我今所解，如庆喜见阿閦佛国，一见更不再见。”菩提达摩说：“汝得吾肉。”弟子道育说：“四大本空，五阴非有；而我见处，无一法可得。”菩提达摩说：“汝得吾骨。”

最后，慧可礼拜后，依位而立，一言不发。菩提达摩说："汝得吾髓!"菩提达摩对慧可说："昔如来以正法眼付迦叶大士，展转嘱累，而至于我，我今付汝，汝当护持。并授汝袈裟，以为法信。各有所表，宜可知矣!"慧可说："请师指陈。"师曰："内传法印，以契证心；外付袈裟，以定宗旨。"

慧可采取"不可说"的方式（亦即只礼拜而不说话的方式），来表达他内心的体悟，因而获得了达摩的印可，传给他禅宗第二代祖师的位子。这和迦叶利用微笑而"不可说"的方式，因而获得释迦牟尼佛所付托给他的"正法眼藏"，完全是同一意趣的。

像这诠释般若"空"的公案，在禅宗的典籍当中比比皆是。菩提达摩与神光之间的初次见面，即是最好的例子：

神光说："我心未宁，乞师与安。"菩提达摩祖师说："将心来，与汝安。"神光说："觅心了不可得。"菩提达摩说："我与汝安心竟!"

菩提达摩意在指出"心"的了不可得。《金刚经》中说："如来说，诸心皆为非心，是名为心。所以者何？须菩提！过去心不可得，现在心不可得，未来心不可得。"

禅宗，古来即盛传有两种不同的思想来源：一是《楞伽经》的"佛性"（如来藏）思想；另一则是《般若经》，特别是《金刚般若波罗蜜经》的"般若"（空）思想。

禅宗的公案试图突破日常语言和一般逻辑的束缚，指出一种超越语言与逻辑的真理。所有的公案，都可以被了解成为探求"佛性""般若"（空）的手段，都可以化归到"不可说"的形式。而"不可说"，并不是因为日常语言的缺陷，也不是因为一般逻辑的限制，而是因为它们所要指称的事物是不存在的——"空"的。在这"不可说"中，并没有超越语言与逻辑的神秘真理；相反地，只要人们在日常中采用经过反省和修正的常识与推理，即可肯定：一个"空"的（不存在的）东西，确实是无法描述的（不可说的）。

禅师们主张不论禅定解脱，只须自见本性，以无念为宗、无相为体、无住为本。凡落言诠皆是错误，不疑语句是大危险。说一佛字，满面羞惭；念一句佛，漱口三日。

由此就产生了如何正确对待佛经文字的问题。佛经文字，一般称之为"文字般若"，它不同于一般的文字，它是从实相般若所流现，而这个文字所告诉你的，是如何进行观照，证入实相。

文字般若虽然可生起观照，而证入实相，但我们不可认为文字般若就是实相般若，更不可认为了达经文便已契悟实相。《金刚经》说："若人言，如来有所说法，即为谤佛……说法者无法可说，是名说法。"《大乘无量寿经》说："非语言分别之所能知。"《法华经》说："是法非思量分别之所能解。"可见，无法从文字语言意识分别中真实理解实相般若的真谛，即所谓"言语断道，心行处灭""开口便错，动念即乖"。

文字般若的重要性，在于指示门路，指示如何去观照，如何去认识实相。所以一切经论，文字言语，都是作为一个指路牌。但是，你不能认为那个指路牌所在之处就是所要到达的目的地。指路牌告诉你方向，你要依着方向去找，文字般若正是如此。

佛经上说"因标指月"。有人用手指着月亮说："这个是月亮。"这就是标指一下。但不可以"执指为月"。别人用手一指，这个是月亮。你就误认他的手是月亮；看到他的手，就看到月亮了。一般人多是这样。执著所看到的手，误认为就是所想见的月了。这样的话，不但是看不到月亮了，而且还生出一个极大的错误，以为月亮是别人手的样子。所以学习般若要从文字、经典之中得到方向去观照，专精勤久，一旦相应，方能契入实相。如果住于文字相，执著文字相，仅在文字上得了一点理解，就以为是实相般若，那就错了，那就永远不能见实相，不能彻悟般若空，不能明心见性，不能体证究竟什么是诸法空性。

十、平凡心：

凡夫即佛，佛在尘世

《金刚经》中说："一切法，皆是佛法。"其实平常日用的一切无不是佛法，修行是以平常心做平常事。释迦牟尼是由凡人修成佛，他来自红尘凡间，他食人间烟火；他不是神仙下凡，但他的智慧高于神仙。可见，佛法在尘凡间。因此，现代人学佛修行，要持一颗平凡心。以猎奇心学佛，为求神通而修行，即使与佛菩萨对面也难相识，反而易招致魔障，走火入魔。佛在迷悟一念间。心迷则万物皆乖，"看山不是山，看水不是水"；心悟则处处有禅机，"青青翠竹尽是法身，郁郁黄花无非般若"，山水云雷，皆演佛法。彻悟者要持平凡心，行似平常人，但却能转烦恼为菩提，转生死成涅槃，在日用中显神通，以红尘为道场，化人间为净土。

人成即佛成

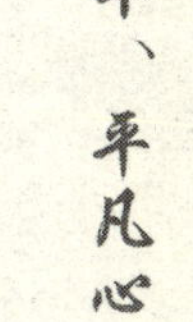

我们都渴望人间化为净土。在佛教中，有西方净土、东方净土，十方上下都有净土。净土，其实与人间佛教分不开。佛陀于人类中成佛，在人间“庄严国土，利乐有情”。真正的佛教，是人间的；唯有人间的佛教，才能表现出佛法的真义。在无边佛法中，人间佛教是最根本和最精要的。人间净土实现了，也就同时实现了西方、东方、上下十方的净土。

人间佛教是太虚大师 20 世纪 30 年代在重庆的缙云山汉藏教理院首先明确提出来的，当时叫“人生佛教”，其实就是后来的人间佛教。

人生佛教，是太虚大师根据印度的佛法和中国传统的佛教，对佛法进行融贯，并结合现代实际做出新的判摄后，提出的适应当今时代发展的伟大佛教思想，为当今众生指出了一条契机契理的修行之路。

太虚大师当时为什么要提倡人生佛教呢？这与当时的时代背景分不开。当时佛教是以两种方式来流行：其一，消极隐遁，躲在深山、岩洞修行，独善其身；其二，一说到佛教就给人以神秘感，让人以为就是念点咒、搞点神通，等等，带有迷信和神秘色彩。因此形成了佛教内部不振作、外部受压迫的现状。佛教要更广地弘传，必须要避开这两种方式，不隐遁化、不神秘化。

太虚大师人生佛教思想的内涵主要体现在对“人生”的关注上，超越了传统佛教思想只重视“出世”的思想，而更加重视佛教“入世”的精神。太虚大师曾有一首偈颂说的最为精要：

仰止唯佛陀，完成在人格。
人成即佛成，是名真现实。

在这首偈颂中非常明确地表达出了太虚大师对“人格”的重视，认为成佛是每一个学佛者的最终愿望，但要成佛首先要完成一个做人的标准，也就是说成佛先要做一个合格的人。这也正说明了太虚大师对现世人生价值的重视，把做人的标准提升到成佛的标准上。因此，太虚大师“人生佛教”的内涵就是——人成即佛成。

太虚大师对佛教人生观作了精辟的解释，在其《人生的佛教》中说：“狭义说，是人类整个的生活；广义说，人是人类，生是九法界的众生。人类是九法界一切众生的中枢，一念向下便为四恶趣等，一念向上便为天及三乘等，故人类可为九法界众生的总代表，也就是九法界众生的转惿点。”

在这里，太虚大师明确说明了“人”是人类，“生”是众生，认为人类是一切法界众生的总代表。当我们的一念向恶时便为四恶道的众生，如果一念向善时便为天及三乘的圣道。对于一个修学佛法的人来说，人道最难得，所以佛经中说“人身难得”，佛陀示现成佛也在人间。从而说明了关注“人生”对修学佛法的重要意义，这也是太虚大师倡导“人生佛教”的意义所在。

太虚大师通过对佛法的精研，敏锐地认识到了佛陀出世说法的本意所在，为度一切众生出离生死。而九法界众生下四趣业力深重不能修行，上四趣福报太大不知修道，唯有“人趣”处中，知苦知乐有进趣之心上升可达佛果。而每个修行的人要修“心”，就必须要通过实际生活和对人生价值观的体现，来形成修学佛法的过程。太虚大师一生致力于佛教的改革，倡导“人生佛教”，主张佛教要重视现世，不要专门去研究死后的问题。认为只有人在活着的时候，才能体现出人生的价值，应当活在当下，不要专门为了死后如何而去生活。

有些人主张学佛就是为了“死的好，死了以后好”，使人们失去了对佛法的信心，认为佛教是消极避世，成为中国佛教发展的很大弊端。而太虚大师“人生佛教”思想的提出，大大扭转了人们对佛教的这种错误认识。

太虚大师劝诫人们：“如果发心学佛，先须立志做人，三皈四维淑世，八德十善严身。”

太虚大师的“人生佛教”思想主要体现在四个方面：一是人生改善，二是后世增胜，三是生死解脱，四是法界圆明。

太虚大师认为人们通过修行五戒、十善来改善自己的人生观和日常生活，如果通过佛教思想理念改善了人们的日常生活和人生观，这就是“人生改善”；人生改善成功后进一步就是对后世的增胜，换句话说就是只有改善了现世的人生，才能使人在未来“后世增胜”，因为现世与后世是因果关系，改善了现世的因才能使后世的果增胜；而人们修学佛法的最终目的在于解决“生死”问题，如果不能彻底解决生死问题，仍然要轮回于三界，所以“人生佛教”仍然包含有“生死解脱”的含义在内，生死解脱也是“人生佛教”的关键；虽然了脱生死如果不能成就佛道，仍然不是最究竟，唯有体悟到诸法自性本空，才能认识到诸法实相，成就“法界圆明”。

这是太虚大师“人生佛教”思想的四个步骤，而最重要的是第一步“人生改善”，只有做好了第一步“人生改善”，才能进趣到究竟的“法界圆明”。

在今天看来，倡导“人间佛教”的思想者，主要有太虚大师、印顺法师、赵朴初居士、星云大师等，其中首推太虚大师。因为，太虚大师是“人间佛教”思想的最初倡导者，提出“人生佛教”使佛教“人生”化；印顺法师是太虚大师的学生，继承了太虚大师的思想，著有《佛在人间》一书，具体阐述了如何实现“人间佛教”的理念；赵朴初居士早年就近亲太虚大师，在太虚大师临终前亲自嘱托赵朴初居士，要继承和完成自己的“人间佛教”遗愿，由此，赵朴初居士提出了“人间佛教”思想精神；星云大师是典型的“人间佛教”的实践者和推广者，星云大师取“佛光山”之名，就是意味着佛光普照人间的意思，建立真正的“人间佛教”。

印顺法师说：“人间佛教，是整个佛法的重心，关涉到一切圣教。这一论题的核心，就是‘人——菩萨——佛’，从人而发心学菩萨行，由学菩萨行而成佛。在现实人间弘扬佛法，利乐众生，造福社会。”

真正将“人间佛教”思想作为中国佛教发展的指导方针的是赵朴初居士，在《佛教常识问答》的最后一章，就是《发扬人间佛教的优越性》。1983 年，赵朴初居士在中国佛教协会第四届理事会上，作《中国佛教协会成立三十周年》的报告时，提出把“人间佛教”思想作为中国佛教协会的指导方针。而赵朴初居士的“人间佛教”思想，是在继承了太虚的“人生佛教”思想的基础上提出的，将“人间佛教”思想的基本内容概括为五戒十善、四摄六度，并且发展成为“关怀社会、净化社会”的理念。赵朴初居士说：“我们提倡人间佛教的思想，就要奉行五戒、十善以净化自己，广

播四摄、六度以利益人群，就会自觉地以实现人间净土为己任。”

星云大师可以说是当代“人间佛教”思想的推行者，他在《佛光山的性格》一文中说：“佛教一旦离开了生活，便不是我们所需要的佛法，不是指导我们人生方向的指南针。佛教如果不能充实我们生活的内涵，那么佛教的存在是没有意义的。佛陀的教化，本来就是改善我们的人生，净化我们的心灵，提升我们的品质……我一生的理想，就是弘扬人间佛教、生活佛教。”

佛教净土法门所讲的三福业为：“一者，孝养父母，奉事师长，慈心不杀，修十善业；二者，受持三皈，具足众戒，不犯威仪；三者，发菩提心，深信因果，读诵大乘，劝进行者。”第一个福业，讲把人做好；第二个讲解脱，以持戒为中心；第三个讲菩萨行。《阿弥陀经》上讲“不可以少善根福德因缘得生彼国”，“善根福德”与三福业紧密相连，要生彼国必须把人做好，这是前提。第一个福业相当于《菩提道次第广论》中的下士道，第二个福业相当于中士道，第三个福业相当于上士道。

三福业与三士道的精神完全一致，都是讲在做人的基础上修解脱行，发菩提心，直至成佛。因此，做好一个人是前提，否则谈不上解脱与净土。可见，太虚大师倡导实现的人间佛教，与净土是联成一片的。若是能够实现人间佛教，也就实现了人间净土。

当今世界，物欲横流，拜金至上，五浊炽盛，这个业流会把世界引向毁灭。今天修习佛法，应该大力践行人间佛教，“人成即佛成”，人做好了，也就净化了心灵，净化了人间，人间净土定会实现。

烦恼即菩提

当今人们的生存压力很大，随处可以看到有人愁眉不展地叹息：最近比较烦，比较烦，比较烦……其实，如果以佛的大智慧观照，烦恼是菩提之因，烦恼即是菩提。

在《仁王护国般若波罗蜜经》中，释迦牟尼佛说："菩萨未成佛时，以菩提为烦恼；菩萨成佛时，以烦恼为菩提。何以故？以第一义不二故。"即：菩萨没有成佛时，误以菩提为烦恼；菩萨成佛时，便能转化烦恼为菩提。为什么呢？因为以最高智慧来观察，则烦恼与菩提是一体的，不是两种不同的东西。

为什么说"烦恼即菩提"呢？佛法认为，心生万法，万法唯心，烦恼与菩提都是从心性上起。当烦恼之时，就没了菩提；当菩提之时，也就没了烦恼。从事上说，必须要有转的功夫。古人云："若能转物即如来"。这个转的功夫，就是提起正念，就是见性。用智慧观照，烦恼立消，消即菩提。我们凡夫当烦恼时，怨天怨地，怨人不怨己，往往外求解决烦恼之法，越求离菩提越远。若身处逆境，心能入静，办法会不求自得。

俗话说："山不转水转，水不转人转，人不转心转。"若会用，烦恼就是菩提；若是不会用，菩提变成烦恼。譬如菩提是水，烦恼是冰，水就是冰，冰就是水，水冰同体，没有什么两样。寒时，水结成冰；热时，冰化为水。换言之，有烦恼时，水结为冰；无烦恼时，冰化为水。正如《维摩诘所说经》称道之"一切烦恼为如来手中"。

很久以前，有位比丘，每天都会到城外旷野的坟场。而比丘在前往坟场的途中，都必须穿越一块田地。田主人看到比丘老是穿越他的田地，禁不住地起了嗔恨心。

终于有一天，田主人忍不住了，拦下比丘问道："你是打哪儿来的乞

士，每天在我的田地纵横往来？田地都被你走出道路来了！”

比丘回答道：“我目前正在兴讼当中，急需有人为我作证。为了找寻证人，所以必须经过你的田地。”

比丘说完就又走了。田主人心生好奇，跟在比丘后头，想看他到底要去什么地方。

到了坟场，田主人发现那里到处摆着发胀臭烂的尸体骨骸，一群群鸟兽正在争食这些尸体。

比丘指着这些鸟兽对田主人说：“这些鸟兽就是我的证人！”

田主人觉得很疑惑，问道：“为什么这些鸟兽就是你的证人？你身为一位出家众，又能够和谁有争讼？”

比丘答道：“我的心仍会追逐着虚幻不实的色、受、想、行、识等五欲境界，有许多烦恼、恶念。为了降服心中的烦恼贼，所以每天都到旷野当中，观察这些臭秽不堪的骨骸。再转而观察自己的这个色身，从头到脚没有一处和这些尸骸有所不同，教这念心作恶露不净的观想，并且提醒自己：‘这念心是如此的生灭变异，无常迅速，变迁不定，应该忏悔改过，不要再造作恶业。’这些每日食啖尸体的鸟兽，正是色身不净的证人啊！”

此时，田主人听闻比丘所说的教诲，泪洒满面，哽咽难言。原来这位田主人过去生在迦叶佛住世时，长年不断地修不净观，观想色身不净，因而听闻比丘所说的道理后，迅速转烦恼为菩提，和比丘都证得须陀洹果。

佛教认为，烦恼生于无明。心无明，则心魔会生起。世间之事，最难的是什么？就是战胜自己的心魔，控制住自己的欲念。生活中，人们常常有这样的体会，战胜自己很难。在头脑发热、任性冲动之时，你是否可以一念之间让自己清醒、冷静下来？在欲火焚身，面对诱惑之时，你是否能够当下把持自我，坐怀不乱？在面对巨额金钱、物质利诱与良知道德、自我约束间摇摆不定之时，你是否能够把握自己，做出正确选择？在消沉颓废、懈怠懒散之时，你是否可以立即振作自我，把志气奋发起来？在人生挫折、事业失败，陷入困境万劫不复之时，你是否能够依旧心平气和，笑面人生？一切真的很难！事实上，我们往往被自己的贪、嗔、痴、慢、疑、见等心魔所控制和左右；魔心炽盛，只能成魔。

佛与魔都是在人中成。人能对自我进行约束和修炼，人性中的杂质得到净化，人格升华到了极致，无我利他，就是佛；相反，人对自我不加约束，使之不断膨胀，恶习成性达到极致，就是魔，在世是恶人，或执持邪见，死后就随业力化为恶鬼或修罗。

人的一生，要经历很多困境，面临很多诱惑，它们随时在引诱你，随时在招惹你，随时可以把你吞没下去。面对诱惑，只要一念放下，破除我执，转迷成悟，则“一切烦恼皆是佛种”，所至之处，皆是清凉胜境。

佛说：“狂心若歇，歇即菩提。”“狂心”就是无明烦恼，“狂心若歇，歇即菩提”就是妄灭真露。“菩提”就是佛性、菩提道。不歇就是烦恼，烦恼就是苦。由于无始劫来，我们生生世世贪著世间这一切，身口意造诸恶业，有一种积重难返的生死习气，心很难歇下来的。所以佛让我们修六度万行一切善法，修一切善法就能灭除无始劫来的一切过恶，恢复本来佛性。

六祖慧能在《坛经》中说：“凡夫即佛，烦恼即菩提。前念迷即凡夫，后念悟即佛。前念著境即烦恼，后念离境即菩提。善知识，摩诃般若波罗蜜，最尊最上最第一，无住无往亦无来，三世诸佛从中出。当用大智慧，打破五蕴烦恼尘劳。如此修行，定成佛道。变三毒为戒定慧。”

六祖在此明确提出“凡夫即佛，烦恼即菩提”的主张，但要注意到“即”不是泯灭是非的同一。迷与悟的差别在于是否著境。凡夫与佛都本具佛性，但这不等于成佛的现实性。要成佛就要“转”，通过修行实践打破五蕴烦恼，“变三毒为戒定慧”。

既然我们处在世间的凡夫位上，同时又内在地具有清净佛性，那么，我们当下的此心就是烦恼与菩提、迷与悟、邪与正、妄与真、染与净的辩证统一体。从凡圣同具的自性中，产生“摩诃般若波罗蜜”，三世诸佛即从这般若而出。而凡夫之所以为凡夫，在于迷失自性，执著于虚妄之境。

宋代柴陵郁禅师悟道之后作偈云：

我有明珠一颗，久被尘劳封锁。
一朝尘尽光生，照破山河万朵。

凡夫与佛，都有一颗明珠（佛性），但凡夫的佛性被烦恼的尘埃所遮蔽。因此，从凡夫升进到佛的高度，关键在于心念的迷悟之转。“转”，即运用般若智慧，反观此心，在此真妄相即不二的动态统一体中，借妄修真。“尘”是妄，“光”是真，两者相即不二，此“即”是从本体上说。“尽”是

消除烦恼尘劳，“生”是显发本具的佛性，这就是“转”的修行实践，这是从用上说。

通过修行，除去心上的污染，佛性立放光明，妄念一起，立刻觉知；遇逆缘、逆境，随缘了业，这样就不会烦恼了。如果有人没有明心见性，却鹦鹉学舌地说，烦恼就是菩提，甚至主张就不用修行，反正都一样，那就只能永远处在烦恼中不能自拔。

正因为有烦恼的煎熬逼迫，才能生厌离烦恼、上求佛道、下化众生的菩提心。释迦牟尼佛当日，因见生老病死苦，才立“不断八苦不回王宫，不成正觉不转法轮”之宏愿。其后，更历五年访道、六年雪山、一麻一麦之苦，方得圆满菩提。可悲的是，众生在烦恼苦海之中，执迷不悟，不但不能认烦恼为菩提之因，而且在烦恼中造烦恼，如此流浪生死，何时才是解脱自在之日！

生死即涅槃

在佛陀的正法时代，有一天，优婆先那比丘尼在石窟里面坐禅的时候，被一条毒蛇咬了，她的弟子看到了，急得不得了，想赶快带她去求医，优婆先那比丘尼却静静的说：

“不用了，蛇的毒液已经蔓延全身了！”

弟子们一听，忍不住哭了起来。优婆先那很镇静地派人把舍利弗请来嘱咐后事。舍利弗来了以后，看见优婆先那平平静静地含笑坐着，一点没有临死的惊怖之情，觉得很奇怪，就问：

“优婆先那！你被毒蛇咬了，眼见即将死去，怎么气色这么好呢？”

“尊者！”优婆先那比丘回答道：“我最近修‘空观’，把自己安于无住涅槃之中，毒蛇只能咬我的色身，哪里咬得到我已修证涅槃寂灭的心呢？”

涅槃是学佛修行人千辛万苦所希望求得的，但是一般人由于不了解涅槃的意义，对涅槃生出种种的误解。

例如，我们常常看到挽联上写着“得大涅槃”，或者听人家说：“气得一佛出世，二佛涅槃”，把涅槃当做是死亡的意思。如果涅槃是死亡的话，那么人们辛苦学佛，求证涅槃，只不过为了追求死亡，岂不是太荒谬可笑了吗？

把涅槃当做死亡、消灭、消失、虚无都是错误的见解，不但不了解涅槃的真谛，也曲解了佛教精深的教义。

当初释迦牟尼佛在菩提树下金刚座上，夜睹明星证悟宇宙人生真理，成正等正觉，这种正等正觉就是涅槃，也就是泯除人我关系的对立，超越时空的障碍，而证悟了生命永恒无限的境界。

人的生命在时间上只不过短短几十年，白云苍狗，无非梦境；在空间上也不过是七尺肉身之躯，“大厦千间，夜眠不过八尺；良田万顷，日食不

过几斛”。面对着这样有限的生命，如果我们能证悟涅槃，就等于突破时空的藩篱，将生命遍布于一切空间，“竖穷三际，横遍十方”；将生命充满于一切时间，“亘古今而不变，历万劫而常新”。这样的生命无处不在、无时不有，就可以超越生死无常的恐惧，在无限辽阔的时空中生生不息了。

人们常说“人生无常”，可是，在这个无常里面有一个恒常的涅槃。人生是苦，而涅槃却是极乐。人生无我，因为这个“我”不究竟；而涅槃有我，因为涅槃里的“我”是真我。人生很污秽、烦恼，而涅槃是人生最究竟、最清净的本性乐土。

涅槃如莲花。莲花在佛教里被视为最洁净的花朵，莲花不能离开淤泥而生长，但是却不被淤泥所染。涅槃也和莲花一般，不为一切烦恼所污染，涅槃不能远离生死而证得。

以佛教般若慧透视诸法本体，了知诸法本体毕竟空性，诸法所成乃缘起，缘起诸法乃性空。缘起诸法不碍性空，性空不碍缘起诸法，缘起与性空是一体两面的。

佛陀怕众生执著一切法为实有，因此才说一切法是空性的，无常的，无实体的，幻化不可得的。佛陀说一切法空，有两层意义：一则破众生执著诸法实有；二则显示诸法之性，毕竟皆空。

一切皆空，则生死当体即空性，涅槃即空性。涅槃在迷妄中，不知空性，那么，涅槃即是生死；生死在觉悟中，已体证空性，那么，生死即是涅槃。生死与涅槃，只是迷与悟之差别、染与净之差别、空与不空之差别。

大菩萨能正见生死与涅槃两者皆空性，幻化不可得，只是迷悟、染净、空与不空之别，于是发起大乘慈悲度化众生之心，于累生累劫中，不住生死，不住涅槃，誓愿度脱无量众生，皆成佛道。

菩萨觉悟之后，了知生死与涅槃是一体的、是中道的、是不二法门的，心里明明朗朗，灵灵觉觉：我自已有生死，众生也有生死；我有痛苦，众生也有痛苦；我有情绪黑暗的时候，众生也同样有情绪黑暗的时候；我有轮回，众生亦有轮回；我想转凡入圣，众生也想转凡入圣；我想得到究竟快乐，众生也想得到究竟快乐；我想证悟菩提，众生也想证悟菩提；我想成佛，众生也想成佛。

大菩萨了知世间万法皆空，万法无常，万法空幻不实，一切无非因缘生，因缘灭，菩萨心境永远与空性相应，永远随缘不变，永远不变随缘，菩萨的心境，就这样的平静、统一、自在、和谐、安详！

菩萨道以万法空性为正见，以大慈悲心为根本动机，不受时空的约束，无量大千世界任遨游，任意度化一切众生，无所障碍，因为菩萨心境已空去一切相、一切念，无所住，与诸法空性相应，来去自如。

正所谓："菩萨清凉月，常游毕竟空，众生心垢尽，菩提影现中。"巍巍菩萨道，既博大又精深，般若空性是无际的，大慈悲心是无边的，大誓愿是无终程的，菩萨依此进修，无止尽的广度无量众生；在空有无碍的大前提之下，菩萨心地始终不沾染众生，菩萨心地始终不为名闻利养所诱惑，菩萨于五欲六尘能出入自在，菩萨心地已破时间的牵缠，菩萨心地不受人我是非的诽谤，菩萨心地不受顺逆之境所动，菩萨心地始终动静一如，菩萨心地永远处于不二法门、中道法、实相法、历久不衰，本末一致，直至成就佛道，终无变异。

菩萨对空性般若之法了知无余，所以能视生死与涅槃等同空花，生死与涅槃如幻如化，生死不异涅槃，涅槃即生死。

《宝积经·卷五十二》说："若诸经中，有所宣说：厌背生死，欣乐涅槃，是不了义。若有宣说生死涅槃二无差别，是名了义。"《大集经·卷二十九》说："了义经者，生死涅槃一相无二。"可见，只有宣说生死即涅槃甚深见地的佛经才是了义的佛经，才真正明了般若空性。

生死即涅槃，那么，一个实证了般若空性、了知生死涅槃一相无二的人，其生活的当下即是大涅槃的境界。涅槃虽然是远离世俗而安住空性之中，可是这个澄明空境却并非脱离现实生活而证得。对于一个证悟者而言，离俗而又住世的涅槃生活，又是什么样的状态呢？

住世的涅槃生活，至少要能随遇而安、随缘而住、随心自在、随机应化：

随遇而安的生活——像六祖慧能大师悟真法之后，为了避开四处争夺衣钵的人，在猎人队中藏身了十五年之久。每天虽然也随着猎人们到深山打猎，可是只要一看到有什么小动物误入陷阱，总会设法开网放生，又常常在休息的时候对猎人们宣说佛法慈悲大意。逢到猎人们把打来的野兽升火煮食的时候，慧能大师就到荒山野谷找些可以吃的树叶、野菜回来，放在锅里煮；人家笑他有肉不吃，他就说："我只吃肉边菜！"这样刻苦艰难的群居生活，慧能过了十五年犹不以为苦，因为他早已体证涅槃常乐的妙

谛，所以能随所遇而逍遥自在，安住于不说法而随时说法，不持戒而处处持戒的境界。

随缘而住的生活——涅槃之后的生活，是一种随缘而住的生活。像释迦牟尼佛，他虽然体证了涅槃妙境，可是依照《金刚经》的记载，还是可以看到他随缘而住的六度生活："尔时世尊，食时，着衣持钵，入舍卫大城乞食。于其城中，次第乞已，还至本处。饭食讫，收衣钵，洗足已，敷座而坐。"这一段穿衣、托钵、乞食、用饭、洗脚、打坐的生活，表面上看起来是最庸俗平常的生活。可是在佛法上，佛陀却完整地显现了涅槃境界的随缘生活：着衣，是身上放光；托钵，是手中放光；入舍卫城依次行乞，是足底放光；吃饭，是口中放光；敷座而坐，是通身皆放般若智慧光。像佛陀这样证悟涅槃的人，也一样要吃饭、睡觉，一样有行住坐卧，并不排斥世间生活，可是一粥一饭之中，早已泯除世间的贪爱痴迷，蕴涵着随缘而化的般若光芒，心月孤明，光吞万象，是与平常人的吃饭睡觉时的境界完全不一样的。

随心自在的生活——证得涅槃的人，既然已经了知毕竟空境，对于眼前身旁的烦恼障碍，能够观照它的无常性空，自然不执取一法而生起爱憎心；心平行直，无处不自在，就是火宅欲海也变成了清凉安乐的国土。像《维摩诘经》里的维摩诘居士，"虽处居家，不着三界；示有妻子，常修梵行"，过的便是这种住于红尘而不染一尘、自在洒脱的生活。所谓"百花丛里过，片叶不沾身"。

随机应化的生活——真正的涅槃生活不是只求自己完成，能够随遇而安、随缘而住、随心自在，对境不起迷惑而已，还要积极地投入世间，以无上的智慧方便随机度化众生、成就有情。大慈大悲的观世音菩萨千处祈求千处应，手持杨枝遍洒清凉，以甘露法水止熄众生热恼渴爱的火宅，这就是随机应化的涅槃生活。

日用即神通

很多中国人接触佛教，是从读《西游记》开始的。孙悟空拜菩提祖师为师修道，修成了七十二般变化的神通。于是乎，很多人就误以为，学佛修行，就是修神通；谁有神通，谁有“特异功能”，谁就修得好。甚至有些人学佛修行，就是为了求得神通，然后卖弄神通，显异惑众。

佛教说的“神通”，是指修持禅定后，而得到的一种无碍自在的不可思议的力量，大致可分为天眼通、天耳通、他心通、神足通、宿命通、漏尽通六种。

然而，佛陀所要教导众生的，是烦恼的彻底止息与生死轮回的解脱，这不是神通所能成办的。依据相关佛经记载，在五百位比丘的解脱者中，慧解脱阿罗汉的数目高达三百二十位，占百分之六十四之多。而慧解脱阿罗汉，一般是没有神通能力的解脱者。由此可知，神通与解脱没有必然的关系了。

在《佛遗教经》中，即将涅槃的释迦牟尼佛告诫弟子们：“当自端心，正念求度。不得包藏瑕疵，显异惑众。”即：应当端正诚直之心，思惟正法，以自我解脱和引导他人解脱。不得包藏覆盖自己的缺陷和过失，更不能靠神通等特异功能来迷惑众人，来博得声望和供养。

利用神通或神迹来弘扬佛教，似乎是一个好点子，即使在今天，恐怕都还不免有人会这样认为。其实，两千多年前佛陀就曾经明确地拒绝了。当时的婆罗门教，流行咒术咒语，讲求神通神迹，如果佛教的开拓，也随一般人投其所好，以神通为招牌，就很容易破坏佛法的纯正。佛陀评估这样的方法是弊多于利，所以不愿意以神通来宣扬佛法，也不要出家比丘们以神通来吸引人众。今天的人们，好奇心很重，对神通与神迹趋之若鹜，基本上与佛陀时代相差不多，想要以展现神通来开拓佛教的“版图”，恐怕

非但不得其要，反而容易引魔法入佛法，终究会得不偿失。

麻谷等五位大德悟道后，行脚参方，以资增益。

当时天热口渴，麻谷等看见路旁有一婆婆卖茶，于是招呼道："请来五杯茶!"

婆婆问五位和尚："大德何往?"

麻谷等答道："参善知识。"

婆婆送上茶后，说："我这里茶要有神通才能喝，无神通不能喝!"

五位大师虽已开悟，但神通未发，面面相觑，不敢举杯饮茶。

婆婆见状哈哈大笑道："五个呆鸟看老婆子逞神通喝茶!"

说罢，举起杯来，一一饮尽。

五人看罢恍然大悟，齐声道："今日才是我等真正悟道时！我等时时在神通，不知是神通，还向外驰求。今日不逢婆婆，又几错过一生矣!"

真正悟透佛教般若空慧、明心见性的人，会发现日常生活中，时时是神通，处处有禅机，所谓"神通与妙用，运水及搬柴"。可惜，多数人由于内心无明覆蔽，意识不到自身本来具有的无限潜能与神通，真可谓"百姓用而不知"!

马祖道一的会下，有一位庞居士，他最早是亲近南岳的石头和尚。

见到石头和尚以后，庞居士就提出一个问题："不与万物为侣者是什么人?"石头和尚用手掩住庞居士的口。庞居士当下就明白了，然后就在石头会下住下来，保任此心。

一日，石头和尚见到庞居士，就问："子见老僧以来，日用事作么生?"你庞居士见到我以后，得到了一个东西；得到这个东西以后，在日用当中是怎样保任的呢?

庞居士回答说："若问日用事，即无开口处。"为什么没有开口处呢?因为时时事事处处未离本有的佛性，所以才没有开口处，才用不着来描述佛性的状相。不过，庞居士最后还是旁通一线，写了一首偈子上呈石头和尚，其中有一句说：

"神通并妙用，运水及搬柴。"

意思是，在生活日用中，时时处处都在显神通。谁在显神通呢？自己本具的佛性，自己的本来面目，昼夜六时中，都在六根门头，放光动地，大显神通。显神通做什么呢？做平常的事。

运水及搬柴，就是生活中的平常事，以平常的心，来做平常的事。以运水搬柴作一个代表，来说明佛性的神通妙用在什么地方来发挥。神通就是在生活日用中起作用。也就是说，修行做功夫，得到了受用以后，不是把这种受用来显异惑众，而是用来做平常的事，做日常中那些微不足道的事，做人们生活中一件也不能少的事。

禅宗六祖慧能大师说："若欲修行，在家亦得。"修行不一定要出家；在家入世，只要保任佛性，在尘劳中不染尘，在尘劳中来度脱尘劳，生活中的日用事，都是自己显示神通妙用的地方。

日用即神通，就是禅宗主张的"日用是道"的禅修理论。"日用是道"得到很多禅师的认可和推崇。

道悟即是这一理论的实践者。崇信跟随道悟禅师学法时，一次问道悟："我跟随师父修行多时，却从来没有听到过您指示心要。"道悟说："你递茶来，我接；你端饭来，我吃；你行礼时，我点头。何处不在指示心要？"崇信听了，顿时开悟。道悟的所指示的开悟之道竟是如此简单易行。

一次，有源法师问慧海禅师："僧人修道，还用功吗？"

大珠慧海回答："用功。"

问："如何用功？"

答："饥来吃饭，困来即眠。"

问："所有人都是这样，他们跟你的用功一样吗？"

答："不一样，他们吃饭时不肯吃饭，百种须索；睡时不肯睡，千般计较，所以不一样。"

大珠慧海认为，只要随缘任性度日即是用功，即是无修之修。其"饥来吃饭，困来即眠"之语，即源于此理。已明了者也是饿了吃，困了睡，在外相表现上与常人无异。他们的心总安住于当下，再无驰求，对外境之违顺便能不拒不迎，自然随缘。如此"饥来吃饭，困来即眠"，与佛道合，才是用功。常人心思总在造作分别，不能停歇，于诸境上百种追求，千般计较。遇顺境者，则千方百计留之恋之；遇逆缘时，则费尽心机除之去之。若图谋不成，则忧上添忧，怖上加怖，乃至惶惶然不可终日。至此境地，食不甘味，寝不成眠，虽求"饥来吃饭，困来即眠"，亦不可得。明白此理之后，无论吃饭睡觉，乃至日常生活中种种行为，皆为修行，皆是神通，皆成功德，皆是随缘度化。

大珠慧海的“饥来吃饭，困来即眠”后来成为禅门传诵的佳话和禅僧恪守的信条。饥餐困眠，是禅宗随缘任运、率性适意精神面貌的形象表述。禅宗对随缘任运尤为推崇，守端禅师则以“饥来要吃饭，寒到即添衣。困时伸脚睡，热处爱风吹”，作为他的“四弘誓愿”。而沩山与仰山的一段公案，也是饥餐困眠的生动体现：

仰山禅师有一次到远方去度夏，解夏之后就回来看望他的师父沩山。

沩山问仰山道：“一个暑期都没有见到你，你在那边都做了些什么？”

仰山回答道：“我耕了一块地，播了一篮种子。”

沩山赞美仰山说：“这样看来，这个暑假你没有白过。”

仰山接着问沩山说：“这个暑期你做了些什么呢？”

沩山说：“白天吃饭，晚上睡觉。”

仰山同样赞美师父说：“那么，这个暑假老师你也没有白过啊。”

沩山认为，禅就是生活，所以禅者的砍柴、除草、犁田，种种劳作，都是修行。对于真正的修行者来说，行也是禅，睡也是禅；动也是禅，静也是禅。饥餐困眠，处处皆道场。所以仰山禅师说师父沩山暑天没有白过。

日用即神通，在马祖道一“平常心是道”的思想中有具体体现。“平常心是道”这句话，始见于马祖道一禅师的语录：“平常心是道，无造作，无是非，无取舍，无断常，无凡无圣。只今行住坐卧，应机接物，尽是道。”平常心就是长沙景岑禅师所说的“要眠即眠，要坐就坐，热时取凉，寒时向火，没有分别矫饰，超越染净对待”的自然生活，是本来清净自性心的全然显现。如果着意追逐客尘，有心造作攀求，反而会丧失平常心的和谐性、平衡性，而成为反常心、异常心。

宋朝有一位大慧宗杲禅师，他是一位大解脱、大修行的人，是禅宗的中兴祖师。他一生接引无数达官贵人信仰佛法，修习禅宗，明彻佛心。大慧宗杲禅师说，修行这件事，没有离开日用事；就是要在日常事务中来勘验此心，考验此心，训练此心。他说：“修行这件事，茶里饭里，喜时怒时，与朋友相酬酢时，侍奉尊长时，与妻儿聚会时，行时、住时、坐时、卧时，触境遇缘、或好或恶时，独居暗室时，不得须臾间断。”

大慧宗杲禅师说的是古代的生活情景。今天的生活内容更加丰富，在挤地铁时，在搭公交时，在超市买东西时，在电脑前，在电视机前，在电梯上，在街上看到人来人往，在海边听到涛声，在林中听到鸟叫……事物缘生缘灭，处处都有佛性，时时都在显神通。

当然，这并不否认佛教所说的天眼通、天耳通、他心通、神足通、宿命通、漏尽通等六种神通的存在；修证到一定境界，这些神通会自然而得。不过，佛教认为，求证神通必须具备下列四种条件：

其一，依于慈悲——《大智度论》中说："菩萨离五欲，得诸禅，有慈悲故，为众生取神通，现诸希有奇特之事，令众生心清净，何以故？若无希有事，不能令多众生得度。"即：菩萨烦恼已尽，因为慈愍众生，发大菩提心，求证神通，以救度更多的众生。为什么度化众生需要神通呢？由于众生愚痴，对于平常道不觉珍爱，以奇为贵，所以菩萨要现种种奇特希有的神力，来摄化他们。可见，求证神通是菩萨为了慈悲度众的方便手段，而不是修行的真正目的。因为一切的修持如果离开了慈悲，即为魔薮，缺乏慈悲心的神通，如虎添翼，其危害将更大。因此，修学神通，最重要的前提，就是要培养慈悲心。

其二，住于净戒——以戒律来约束自己的行为，就不会依仗神通而胡作非为，伤害众生；合乎戒律，有益于大众的事，才方便以神通去助长。因此，要修学神通，必须要持戒谨严，否则神通不仅无益，反而成为外道邪魔害人的"妖通"。

其三，安于忍耐——有了神通，如果忍耐的功夫不够，稍微遇到不顺心的事，就怒火中烧，仗恃神通，随心所欲，打击对方。这样的神通充其量不过是伤人的利器而已。而能够安于忍耐，不到最紧要关头，绝不轻易滥用神通，即使不得已运用神通，也是为了维护佛教正法，利益众生。

其四，用于平常——佛法提倡生活的净化、道德的修养，而不是神奇怪异，平常心才能永恒长久，而神通只能用于一时。

佛陀一再告诫弟子们：神通不能去除根本烦恼，获得生命的圆满解脱，所以神通非究竟之法。神通也不敌业力，即便"神通第一"的目犍连尊者，也是没有办法敌过宿业。神通也比不上功德，有神通并不一定拥有幸福，只有功德才是取之不尽、用之不竭的宝藏，功德没有圆满时，不能成就神通。积功累德的人生比神通更为广大，般若空的智慧比神通更为高远；与其求取神通的力量，不如在生活日用中体悟般若空，应用般若空，不断完善自己的功德。

红尘即道场

《维摩诘经》中，文殊师利菩萨说，菩萨行者不会像小乘罗汉一样，躲在深山中，寻觅清净，而是积极到红尘中做事，不怕烦恼。因为烦恼可以开启智慧之门，使人更加睿智、超脱、快乐，红尘就是修道场。

但是，当今一提到学佛修行，很多人马上联想到的是念经拜忏，不然就是打坐闭关。这是一般人对学佛修行的刻板印象，认为修行要有一定的场所，或是要有很多的时间，所以导致有个错误认知：生活在现代社会的人们，白天工作忙碌，晚上回到家中已疲惫不堪，在没时间又没场所的情况下，修行成了“以后再说”的事情。

学佛修行的内容，既包括礼佛、持咒、供养、打坐，也包括研读深奥的经、律、论，但这都只是部分的内容。佛教修行的精髓，在于如何修心、断除烦恼。没有烦恼的产生，就不会有恶业的造作，而能使内心常保平静，进而脱离轮回的痛苦，这才是佛教修行的真谛。

其实，学佛本不同于世间学习某类知识，只是在学这种知识的时候，才想到这个知识，平时可以不去想到它。而学佛本是学会生活，佛法不离生活，生活诸事本身就是佛事。如果在做生活中的任何事情的时候，都本着一颗菩提心，利乐有情，那么俗世生活就是我们做功德的道场，每一个我们身边的人就是常住僧、就是诸佛菩萨。我们做的每一件事就是供养十方佛、十方法、十方僧。若以清净心，把我们的真诚投注于每件事中，以侍奉三宝的心来做，这个功德是做在遍人间的大道场的，这个功德力，自然很大。因此，我们每天面对的红尘世间，就是修行的最好场所。

有位女教师是佛门居士，她撰文这样描述自己的修行细节：

走路的时候，挺胸收腹，身心敞开，不想过去、现在、未来，走路就是走路，眼睛可看，耳朵可听，但看非看、听非听，如此走路，走很长的路也不会累，而且还矫正了十多年来“含胸”的身姿。哈！修行还可健美呢！

睡觉的时候，取吉祥卧，注意力放在呼吸上，或观想佛菩萨，如此摄心入睡，睡眠质量大提高，不再做乱七八糟的梦，恶梦更没有啦！

给学生讲课，有意识全身心放松，然后告诉自己现在在讲课，要全身心讲课。结果四节课下来并没觉得怎么累。而这之前，上完两节课都觉得头昏脑胀，口干舌燥。

坐在电脑桌前办公，先端身正坐，然后闭目养神一两分钟，告诉自己现在在办公，不可神思外驰。这样专心致志地做事，居然体会到了打坐的感觉。头顶、手心有清凉的生命能量升起，丹田处有热气在涌动。

不仅是行住坐卧，生活中一些常被忽略的小事也可见修行的功夫。

课间上卫生间，见粗心的学生没扭紧水龙头，便随手把水龙头扭紧。卫生间一边是装有玻璃镜子的洗手盆，一边是下面有大塑料桶接水的水龙头，见学生总是喜欢到洗手盆洗手，白花花的水白白流淌，而用来贮水冲厕所的塑料桶总没有水，便告诉学生要养成珍惜水源的好习惯，到有塑料大桶的水龙头下洗手。放学的时候，不走中间的楼梯，而是走楼层尽头那个楼梯。因为经过一个个教室，可顺路看看哪个教室的风扇没关、灯管未熄，然后一一帮他们关闭。

不在校外买房子，因为我要步行上班。看着同事的小车一辆辆从身边开过，步行的我却从所未有的踏实、坦然。不再像以前一味追求昂贵的服饰，只要穿在身上得体就行。

因为做的是“教师”的职业，除自己身体力行外，还要这样教育学生，要求他们养成随手关灯、关风扇、关紧水龙头的好习惯。而且告诉他们，一个脱离物欲追求的人，才是真正自由的人。

在我的影响下，学生养成了好习惯，贫困的学生去捡破烂、回收废品、做钟点工。今年，我班学生没有一个申请困难补助的。

而这之前，很多学生认为捡破烂、做钟点工是可耻的，在同学中抬不起头。

学生身心受益，对我这个老师亦更加尊重，哈哈，修行还可以让我做一个好老师呢！

在学校门口进进出出，前段时间发现多了一个修车档。修车的是个三十岁左右的男子，肮脏、孱弱，像是蹲了很多年监狱出来的，或者因为长期吸毒就要走向死亡。从衣着的破烂可看出他的贫穷。校门口只有他这一档修车的，一万多的学生，他的生意应该不错才对。但学生大概被他的样子吓坏了，宁愿把要修的车子推到附近的中学门口去修。

每次见到这样的情况，心总是很痛。一是因为这绝望挣扎求生存的人，一是因为冷漠不仁的学生。悄悄找来本班的四个学生，一个是班长，很有能力，三个是贫困生，曾接受过省级、国家级的困难补助。告诉他们有这样的一个人，不要追究他过去做过什么，单凭他想通过自己努力生存下去的意志，我们就应该帮助他。而且告诉他们，一个人不要看他多漂亮、多有钱，或多有地位，要看他是否有一颗同情弱小、悲天悯人的心。

四个学生大受感动，他们在吃饭的时候，跟同学说笑、闲谈的时候，总会委婉地劝告同学们在需要修车时能够帮助一下这位可怜的人。当然，我再三叮嘱他们不要说出是我叫他们这样做的，也叫他们不要暴露自己。

现在，这个修车档生意兴隆，甚至有学生排队让他修车子。当我看到这位可怜人因看到生活的希望而显示出一点活力的时候，当我看到他靠自己的劳动换来一盆香喷喷的饭菜的时候，真的，我那感觉像打坐时看到佛菩萨般激动、高兴。

噫！谁说修行就要在深山老林？就要诵经念佛、盘腿打坐？真有行持的人，十字街头、酒肆淫坊，都是办道场所。但情不附物，物岂碍人？

真正的学佛修行，从你一早醒来，上厕所洗漱时就可以开始修行。大小便时，这样观想：尽虚空遍法界所有众生的诸种恶习种子，恶业烦恼全随之排除，所有众生悉同受乐，永离诸苦，成就佛道。正如《大方广佛华严经·净行品》中所说：“大小便时，当愿众生：弃贪嗔痴，蠲除罪法。事讫就水，当愿众生：出世法中，速疾而往。洗涤形秽，当愿众生：清净调柔，毕竟无垢。以水盥掌，当愿众生：得清净手，受持佛法。以水洗面，当愿众生：得净法门，永无垢染。”

洗澡时，用心观想：这是十方三世一切诸佛加持过的甘露水，这水淋去所有尽虚空遍法界所有众生万种尘劳，心得清净，消除病痛、烦恼、离苦得乐，成就佛道。正如《大方广佛华严经·净行品》中说：“若入水时，当愿众生：入一切智，知三世等。洗浴身体，当愿众生：身心无垢，内外光洁。”

若是能在做每件事情的时候，更发广大心，做如是想：让我的工作，带给尽虚空遍法界一切生灵安康、祥和，让每一个享受我工作成果的生灵与佛法结缘，都能够种下一颗菩提种子，因果成熟见佛闻法，毕竟成佛。那么，你做的再普通的工作，它的功德也是尽虚空遍法界的。我们的工作也许是忙碌的，但我们的心是清净的、自由的，如果我们只是为了自己的衣食或妻儿而工作，那么这个心量不大，所得的利益也是宿命中应得的。如果我们一念清净，心中怀着为大众，为尽虚空遍法界生灵的心去做，那么这一念的功德力便是尽虚空界，是不可估量的。

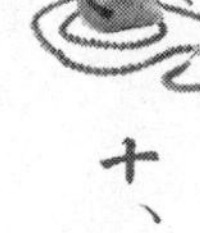

比如一位清洁工，她的任务只是把她所分管的那段道路打扫干净。如果她只是为了自己的家庭而做清洁工作，做得再好所得的也只是得到应得的工资。但如果做清扫的时候，她这样想：我每扫一下，都在清洁所有生灵万物有情的心地，清扫出一片佛国净土，让每一个行走其上的生灵，皆得种下一颗成佛的种子，使他们悉皆成佛，这个发心所得功德就非常大。

因此说，功德的大小，功德的做法，不在于形式，而在于至真、至纯的一念之间。只要心到了，那么再小的事情，也有无量的功德，因为你的心量有无限大。可见，只为一日三餐而工作，那只得到三餐的好处；若为尽虚空遍法界的有情、无情众生而工作，那就得到尽虚空遍法界的功德。

譬如，生产、销售牙膏的工人，可以这样做功德：心里至诚观想，凡用了我牙膏的众生，皆得口业清净，出美妙音声，见佛赞叹，见法随喜，都得菩提深种，成就佛道。把这样的心放进去，那么，他所生产和销售的牙膏，功德力就很大。

在单位上班，同事完成了深受老板赞许的企划案，这时的你，心情又是如何？是抱着随喜赞叹的心？还是因为嫉妒开始造谣中伤呢？如果你选择随喜，那么随喜的美德，可以让你分享成功者一半的功劳。相反地，看到别人成功却不会随喜反而恶口中伤的人，不但没有丝毫的功德可言，反而让嗔恨在心中滋长坏事而已！

同事中可能有处处找你麻烦的人，先别忙着找方法对付他。可以把他观照成你的老师，当成一位修忍辱的对象，不论这个同事如何刁钻难缠，就当他在为自己消业障。如果这个方法，还是不能让你平心静气与他相处，想想《佛子行三十七颂》的一句话："吾以如子爱护人，彼若视我如怨仇，犹如母怜重病儿，倍悲悯是佛子行。"如果有人把你当仇人，你以慈母对待重病在身的孩子一般的心来悲悯他；他之所以处处与人作对，难以相处，不正是因心里受无明的痼疾所苦而不自知，谁忍心再去苛责一个有重病在身的人？

下班回家的路上，经过花店、珠宝店时，可以观想：将这些珠宝和鲜花供养给诸佛菩萨，不但可以为自己累积功德，也替花店、珠宝店的主人，积下了善业。路上看到车灯、路灯和闪烁的万家灯火，都可以观想成明灯供佛。也许我们没有足够的经济能力去供养，但发自内心的善念，也有一样的功德。更可贵的是，这样的方法会让我们举目所及，皆是美好。最直接受益的人，不正是我们自己吗？

有位女居士，信仰佛法后，无比虔诚和热忱，整天往寺庙跑，工作、家庭都抛在了脑后。终于，他的丈夫受不了了，找到了方丈，请方丈劝劝她，还她一个妻子。方丈大吃一惊，把女居士叫到一边，问她："你修行的目的是什么？她说：为了了脱生死，普度众生。"方丈说："你的爱人、你的孩子、你工作时服务的对象不属于众生吗？"

这位女居士豁然明了！开始踏踏实实地做好工作，把家庭照料得异常温馨，工作也做得尽善尽美。后来，她的丈夫受到感化，也皈依了佛门。

家庭主妇，在干家务或炒菜烧饭时，如果念念带着抱怨、不满和气愤，那么这个菜一定有毒，这个家庭一定不会快乐，每个人都会有各种不顺利的事情，健康状况一定不好。如果在干家务或炒菜、烧饭时，放入这样的心念：让所有的家庭和乐安康，愿我所做的一切给尽虚空遍法界的一切家庭带来祥和快乐，愿所有的家庭皆闻佛法，蒙佛教化，共成佛道，则无疑是在修行菩萨道了。

走路时，这样观想：每向前迈进一步，就带着众生走向幸福、光明和快乐，走向极乐世界。正如《大方广佛华严经·净行品》所说："发趾向道，当愿众生：趣佛所行，入无依处。若在于道，当愿众生：能行佛道，向无余法。涉路而去，当愿众生：履净法界，心无障碍。"

下雨时，这样观想：请诸佛菩萨加持，让这雨滴淋去尽虚空遍法界所有众生的烦恼，心得清净，业障消除，离苦得乐。

刮风时，这样观想：诸佛菩萨慈悲加持，让此风吹在众生身上，令众生尘劳消除，心得清净，因果成熟，自在成佛。

……

若每天在在处处、时时刻刻系念"尽虚空遍法界"一切众生，这样行、住、坐、卧、衣、食、住、行、工作，时时如此，久久行之，你就会发现，心量大了，自我小了，直到有一天，你会突然发现念念执著的"我"消失了，真正进入了彻底解脱的大自在境界。

禅宗六祖慧能说："佛法在世间，不离世间觉。"佛无处不在处处在，佛法就在生活当中、工作当中。很多修佛的人天天都在念："一尘中有尘数刹，一一刹有难思佛。"哪里没有佛啊？工作单位里怎么没有佛呢？家里怎么没有佛呢？都有佛！哪里都是塔庙，哪里都有佛菩萨。正所谓：人生无处不修行，红尘处处为道场！

后　记

我系统地研修佛法，是在 2006 年。那一年，我遭遇了人生的又一个黑暗时期，困苦、失落、烦闷、彷徨；也正是在这个艰难时刻，因缘际会，我深入研读了大乘佛法的代表经典——《金刚经》，甚至倒背如流。从此一发不可收拾，“法门无量誓愿学”，我遍览佛教的各家各派，并且力所能及地去修证实践。

佛陀实在为三界众生点燃了光明四射的大法炬，佛法实在是引领众生离苦得乐的灯塔。自修习佛法以来，我的人生一扫过去的阴霾和黑暗，迎来了前所未有的黎明曙光。

毫不夸张地说，笔者得遇佛法，如婴儿得遇慈母，如暗夜得遇明灯，如贫者得遇宝藏！对我而言，天大地大不如佛恩大。

为了和天下有缘人分享我从浩瀚如海的佛法宝藏中受到的利益和快乐，也为了报答佛恩，我不辞愚钝，誓愿“荷担如来家业”，以弘扬大乘佛法、利乐有情、庄严国土为己任。近两年来，连续编写并出版了《听老和尚解心经》、《听高僧大德解金刚经》、《佛法就是活法》等图书，得到广大读者的普遍欢迎。这部《佛度有心人Ⅱ》，是弘扬大乘佛法、利益广大读者的又一部作品。

释迦牟尼佛教导众生要“上报四重恩”，我愿以本书的写作和出版，略报父母养育深恩、佛法僧三宝护持大恩，以及国家、社会、众生恩。北京今世智远文化有限公司的蒋端红女士，她虔诚地从事于佛教文化的传播和以佛法普利众生的有益事业，是推助这本《佛度有心人Ⅱ》和读者很快见面的增上缘，我特此表达对蒋女士的感恩之心！愿佛陀保佑蒋端红女士的事业！愿佛光普照中华国土，普照尽法界虚空界一切众生！

佛法无边，修习佛法是一个无止境的过程，每天会有新的感悟，每天会有新的超越，所以我现有的作品中肯定存在偏颇和谬误之处，祈请方家大德和广大读者批评指正。如果您在工作和生活中遇到难题和困惑，我愿意深入具体地贡献给您佛法上的破解之匙，我也愿意与您更直接地进行修证经验的交流。我的邮箱：zhidanl@163. com，QQ：622000735。

照空空照　恭记

2010 年 9 月